U0136067

臺灣史研究名家論集

（二編）

尹章義　王見川　吳學明

李乾朗　周翔鶴　林文龍

邱榮裕　徐曉望　康　豹

陳小沖　陳孔立　黃卓權

黃美英　楊彥杰　蔡相輝

蘭臺出版社

作者簡介（依姓氏筆劃排序）

尹章義　社團法人臺灣史研究會理事長、財團法人福祿基金會董事、財團法人兩岸關係文教基金會執行長。中國文化大學民國 106 年退休教授，輔仁大學民國 94 年退休教授，東吳、臺大兼課。出版專書 42 種（含地方志 16 種）論文 358 篇（含英文 54 篇），屢獲佳評凡四百餘則。

　　　　　赫哲人，世居武昌小東門外營盤（駐防），六歲隨父母自海南島轉進來臺，住臺中水湳，空小肄業，四民國校、省二中、市一中畢業，輔仁大學學士，臺灣大學碩士，住臺北新店。

王見川　1966 生，2003 年 1 月取得國立中正大學歷史所博士學位。2003年 8 月至南臺科技大學通識教育中心任助理教授至今。研究領域涉及中國民間信仰(關帝、玄天上帝、文昌、媽祖)、預言書、明清以來民間宗教、近代道教、佛教、扶乩與慈善等，是國際知名的明清以來民間宗教與相關文獻專家。著有《從摩尼教到明教》(臺北新文豐出版公司，1992)、《臺灣的齋教與鸞堂》(臺北南天書局，1996)、《漢人宗教、民間信仰與預言書的探索：王見川自選集》(臺北：博揚文化公司，2008)、《張天師之研究：以龍虎山一系為考察中心》(臺北：博揚文化公司，2015)等書。另編有《明清民間宗教經卷文獻》、《中國預言救劫書彙編》《臺灣宗教資料彙編：民間信仰、民間文化》、《中國民間信仰、民間文化資料彙編》、《明清以來善書叢編》等套書。

吳學明　國立臺灣師範大學歷史學碩士、博士，現任國立中央大學歷史研究所教授，曾任國立中央大學客家社會文化研究所所長、客家研究中心主任等職。主要研究領域為臺灣開發史、臺灣客家移墾史、臺灣基督教長老教會史與臺灣文化史，關注議題包括移民拓墾、北臺灣隘墾制與地方社會、南臺灣長老教會在地化歷程等。運用自民間發掘的族譜、契約文書等地方文獻，從事區域史研究，也對族群關係、寺廟與社會組織等底層民眾行動力進行探討。著有《金廣福墾隘與新竹東南山區的開發（1835-1895）》、《頭前溪中上游開墾史暨史料彙編》、《金廣福隘墾研究》、《從依賴到自立──臺灣南部基督長老教會研究》、《變與不變：義民爺信仰之擴張與演變》、《臺灣基督長老教會研究》

與學術論文數十篇，並着編《古文書的解讀與研究》（與黃卓權合編著）、《六家林氏古文書》等專書。

李乾朗　中國文化大學建築及都市設計系畢業，現任國立臺灣藝術大學古蹟藝術修護學系客座教授。致力於古建築田野調查研究，培養古蹟維護的專業人才，並積極參與學術研討會發表研究成果。曾出版了《臺灣建築史》、《古蹟入門》、《臺灣古建築圖解事典》、《水彩臺灣近代建築》、《巨匠神工》等八十餘本與傳統建築或近代建築相關之個人著作，同時也主持多項古蹟、歷史建築的調查研究計畫，出席各縣市政府之古蹟評鑑會議或文化資產議題會議，盡其所能地為臺灣古建築的保存與未來發聲。2011 年榮獲第十五屆臺北文化獎，2016 年榮獲第三十五屆行政院文化獎。

周翔鶴　廈門大學臺灣研究院歷史研究所副教授。

林文龍　南投竹山人，現寓彰化和美。1952 年生，臺灣文獻館研究員。喜吟詠，嗜藏書，旁及文房雅玩。近年，以科舉與臺灣書院研究為重點。著《臺灣的書院科舉》、《彰化書院與科舉》、《臺灣科舉家族──新竹鄭氏人物與科名》，以及《掃籜山房詩集》、《陶村夢憶雜詠》等集。別有書話《書卷清談集古歡》，含〈陶村說書〉、〈披卷餘事〉二編。

邱榮裕　臺灣省桃園縣中壢市人，1955 年生，臺灣省立臺北師專、國立臺灣師範大學、日本立命館大學文學碩士、博士。歷任國小、國中教師、臺灣師範大學專任助教、講師、副教授，全球客家文化研究中心主任；兼任中央大學客家學院副教授、臺灣大學客家研究中心特聘副研究員、中華民國斐陶斐榮譽學會榮譽會員等；曾任國立臺灣師範大學校友總會秘書長、臺灣客家研究學會第六屆理事長、考試院命題暨閱卷委員、客家委員會學術暨諮詢委員、臺北市客家事務委員會委員等。
學術專長領域：臺灣史、客家研究、文化資產與社區。專書有：《臺灣客家民間信仰研究》、《臺灣客家風情：移墾、產業、文化》、《臺灣桃園大溪南興庄纘紳公派下弘農楊氏族譜》、《傳承與創新：臺北市政府推展客家事務十週年紀實（民國 88 年至 98 年）》、《臺北市文獻委員會五十週年紀念專輯》等，並發表相關研究領域學術研討會論文數十篇。

徐曉望　生於 1954 年 9 月，上海人。經濟史博士。現為福建社會科學院歷史研究所研究員，閩臺文化中心主任。2000 年獲評國務院特殊津貼專家，2012 年獲評福建省優秀專家，2016 年獲評福建省文史名家。廈門大學宗教研究所兼職教授，福建師範大學歷史系兼職教授，福建省歷史學會副會長。2006 年被聘為福建師範大學社會歷史學院博士導師。主要研究方向為明清經濟史、福建史、海洋史等。發表專著 30 餘部，發表論文 300 餘篇，其中在《中國史研究》等核心刊物上發表論文 100 餘篇，論著共計 1000 多萬字。主要著作有：主編《福建通史》五卷本 186 萬字，《福建思想文化史綱》40 萬字，個人專著有：《福建民間信仰源流》《閩國史》《福建經濟史考證》《早期臺灣海峽史研究》《媽祖信仰史研究》《閩商研究》《明清東南山區經濟的轉型——以閩浙贛邊山區為核心》等；近著有：《福建文明史》《福建與東南：海上絲綢之路發展史》等。獲福建省社會科學優秀著作一等獎一次，二等獎三次，三等獎二次。

康　豹　1961 年在美國洛杉磯出生，1984 年耶魯大學歷史系學士，1990 年美國普林斯頓大學東亞系博士。曾經在國立中正大學歷史研究所與國立中央大學歷史研究所擔任過副教授和教授。2002 年獲聘為中央研究院近代史研究所副研究員，2005 年升等為研究員，並開始擔任蔣經國國際學術交流基金會研究室主任。2015 年升等為特聘研究員。研究主要集中在近代中國和臺灣的宗教社會史，以跨學科的方法綜合歷史文獻和田野調查，並參酌社會科學的理論。

陳小沖　1962 年生，廈門大學歷史系畢業。現為兩岸關係和平發展協同創新中心文教平臺首席專家，廈門大學臺灣研究院歷史研究所所長、教授，《臺灣研究集刊》常委副主編。出版《日本殖民統治臺灣五十年史》等多部專著及臺灣史學術論文數十篇。主持或參加多項重大科研課題。主要研究方向：海峽兩岸關係史、殖民地時期臺灣歷史。

陳孔立　1930 年生，現任廈門大學臺灣研究院教授、海峽兩岸和平發展協作創新中心學術委員會委員。曾任廈門大學臺灣研究所所長、中國社會科學院臺灣史研究中心副理事長、中國史學會理事。主要著作有：《臺灣歷史綱要》（主編）、《簡明臺灣史》、《臺灣歷史與兩岸關係》、《臺灣史事解讀》、《臺灣學導論》、《走近兩岸》、《心繫兩岸》、《臺灣民意與群體認同》等。

黃卓權　1949 年生於苗栗縣苗栗市，現籍新竹縣關西鎮。現任客委會諮詢委員、新竹縣文獻委員、國立交通大學客家文化學院客座專家、《關西鎮志》副總編纂。專長臺灣內山開墾史、客家族群史、清代地方制度史。發表研究論著約百萬言，主編「新竹研究叢書」及文史專輯等十餘冊。主要著作：《苗栗內山開發之研究》、《跨時代的臺灣貨殖家：黃南球先生年譜 1840-1919》、《進出客鄉：鄉土史田野與研究》、《古文書的解讀與研究》上、下篇（與吳學明合著）等書；出版詩集《人間遊戲：60 回顧詩選》、《笑看江湖詩選》二冊；參與編撰《新竹市誌》、《獅潭鄉志》、《大湖鄉志》、《北埔鄉志》等地方誌書。

黃美英　政治大學宗教研究所博士生、法鼓佛教學院碩士（主修：佛教史、禪學）。清華大學社會人類學研究所碩士（主修：歷史人類學、宗教人類學、族群史）。臺灣大學中國文學系畢業、臺灣大學考古人類學系肄業。中央研究院民族學研究所研究助理、國立暨南國際大學歷史學系兼任講師。相關學術著作《臺灣媽祖的香火與儀式》、《千年媽祖》及論文二十多篇，主編十多冊書籍。

楊彥杰　男，廈門大學歷史系畢業，長期從事臺灣史和客家研究。歷任福建社會科學院研究員兼臺灣研究所副所長、科研組織處處長、客家研究中心主任、中國閩臺緣博物館館長等職，2014 年退休。代表作：《荷據時代臺灣史》、《閩西客家宗族社會研究》。撰著或主編臺灣史專題、客家田野叢書十餘種，發表論文百餘篇。

蔡相輝　中國文化大學史學研究所博士，歷任任國立空中大學人文學系主任、圖書館館長、總務長等職。現任臺北市關渡宮董事、臺南市泰安旌忠公益文教基金會董事、北港朝天宮諮詢委員、中華媽祖交流協會顧問等職。
著有：《臺灣的王爺與媽祖》（1989）、《臺灣的祠祀與宗教》（1989）、《北港朝天宮志》（1989、1994）《臺灣社會文化史》（1998）、《王得祿傳》（與王文裕合著）（1998）、《媽祖信仰研究》（2006）、《關渡宮的歷史沿革》《關渡宮的祀神》（2015）、《天妃顯聖錄與媽祖信仰》（2016）等專書及論文篇多。

《臺灣史研究名家論集》——總序

　　《臺灣史研究名家論集》即將印行，忝為這套叢刊的主編，依出書慣例不得不說幾句應景話兒。

　　這十幾年我個人習慣於每學期末，打完成績上網登錄後，抱著輕鬆心情前往探訪學長杜潔祥兄，一則敘敘舊，問問半年近況，二則聊聊兩岸出版情況，三則學界動態及學思心得。聊著聊著，不覺日沉西下，興盡而歸，期待半年後再見。大約三年前的見面閒聊，偶然談出了一個新企劃。潔祥兄自從離開佛光大學教職後，「我從江湖來，重回江湖去」（潔祥自況），創辦花木蘭出版社，專門將臺灣近六十年的博碩士論文，有計畫的分類出版，洋洋灑灑已有數十套，近年出書量及速度，幾乎平均一日一本，全年高達三百本以上，煞是驚人。而其選書之嚴謹，校對之仔細，書刊之精美，更是博得學界、業界的稱讚，而海峽對岸也稱許他為「出版家」，而不是「出版商」。這一大套叢刊中有一套《臺灣歷史文化叢刊》，是我當初建議提出的構想，不料獲得彼首肯，出版以來，反應不惡。但是出書者均是時下的年輕一輩博、碩士生，而他們的老師，老一輩的名師呢？是否也該蒐集整理編輯出版？

　　看似偶然的想法，卻也是必然要去做的一件出版大事。臺灣史研究的發展過程，套句許雪姬教授的名言「由鮮學經顯學到險學」，她擔心的理由有三：一、大陸學界有關臺灣史的任務性研究，都有步步進逼本地臺灣史研究的趨勢，加上廈大培養一大批三年即可拿到博士學位的臺灣學生，人數眾多，會導致臺灣本土訓練的學生找工作更加雪上加霜；二、學門上歷史系有被社會科學、文學瓜分，入侵之虞；三、在研究上被跨界研究擠壓下，史家最重要的技藝——史料的考訂，最後受到影響，變成以理代証，被跨學科的專史研究壓迫得難以喘氣。另外，中研院臺史所林玉茹也有同樣憂慮，提出五大問題：一、是臺灣史研究受到統獨思想的影響；二、學術成熟度仍不夠，一批缺乏專業性的人可以跨行教授臺灣史，或是隨時轉戰研究臺灣史；三、是研究人力不足，尤其地方文史工作者，大多學術訓練不足，基礎條件有限，甚至有偽造史料或創

造歷史的情形，他們研究成果未受到學術檢驗，卻廣為流通；四、史料收集整理問題，文獻資料躍居成「市場商品」，竟成天價；五、方法問題，研究者對於田野訪查或口述歷史必須心存警覺和批判性。

　　十數年過去了，這些現象與憂慮仍然存在，臺灣史學界仍然充滿「焦慮與自信」，這些焦慮不是上文引用的表面問題，骨子裡頭真正怕的是生存危機、價值危機、信仰危機，除此外，還有一種「高平庸化」的危機。平心而論，臺灣史的研究，不論就主題、架構、觀點、書寫、理論、方法等等。整體而言，已達國際級高水準，整個研究已是爛熟，不免凝固形成一僵硬範式，很難創新突破而造成「高平庸化」的危機現象。而「高平庸化」的結果又導致格局小、瑣碎化、重複化的現象，君不見近十年博碩士論文題目多半類似，其中固然也有因不同學門有所創見者，也不乏有精闢的論述成果，但遺憾的是多數內容雷同，資料重複，學生作品如此；學者的著述也高明不到哪裡，調研案雖多，題材同，資料同，析論也大同小異。於是乎只有盡量挖掘更多史料，出版更多古文書，做為研究創新之新材料，不過似新實舊，對臺灣史學研究的深入化反而轉成格局小、理論重複、結論重疊，只是堆砌層累的套語陳腔，好友臺師大潘朝陽教授，曾諷喻地說：「早晚會出現一本研究羅斯福路水溝蓋的博士論文」，誠哉斯言，其言雖苛，卻是一句對這現象極佳註腳。至於受統獨意識形態影響下的著作，更不值得一提。這種種現狀，實在令人沮喪、悲觀，此即焦慮之由來。

　　職是之故，面對臺灣史這一「高平庸化」的瓶頸，要如何掙脫困境呢？個人的想法有二：一是嚴守學術規範予以審查評價，不必考慮史學之外的政治立場、意識形態、身分認同等；二是返回原點，重尋典範。於是個人動了念頭，很想將老一輩的著作重新整理，出版成套書，此一構想，獲得潔祥兄的支持，兩人初步商談，訂下幾條原則，一、收入此套叢書者以五十歲（含）以上為主；二、是史家、行家、專家，不必限制為學者，或在大專院校、研究機構者；三、論文集由個人自選代表作，求舊作不排除新作；四、此套書為長期計畫，篩選四、五十位名家代表

作，分成數輯分年出版，每輯以二十位為原則；五、每本書字數以二十
萬字為原則，書刊排列起來，也整齊美觀。商談一有結論，我迅即初步
擬定名單，一一聯絡邀稿，卻不料潔祥兄卻因某些原因而放棄出版，變
成我極尷尬之局面，已向人約稿了，卻不出版了。之後拿著企劃書向兩
家出版社商談，均被婉拒，在已絕望之下，幸得蘭臺出版社盧瑞琴女史
遞出橄欖枝，願意出版，才解決困局。但又因財力、人力、市場的考慮，
只能每輯以十人為主，這下又出現新困擾，已約的二十幾位名家如何交
代如何篩選？兩人多次商討之下，盧女史不計盈虧，終於同意擴大為十
五位，並不篩選，以來稿先後及編排作業為原則，後來者編入續輯。

　　我個人深信史學畢竟是一門成果和經驗累積的學科，只有不斷累積
掌握前賢的著作，溫故知新，才可以引發更新的問題意識，拓展更新的
方法、理論，才能使歷史有更寬宏更深入的研究。面對已成書的樣稿，
我內心實有感發，充滿欣喜、熟悉、親切、遺憾、失落種種複雜感想。
我個人只是斗膽出面邀請同道之師長友朋，共襄盛舉，任憑諸位自行選
擇其可傳世、可存者，編輯成書，公諸同好。總之，這套叢書是名家半
生著述精華所在，精彩可期，將是臺灣史研究的一座豐功碑及里程碑，
可以藏諸名山，垂範後世，開啓門徑，臺灣史的未來新方向即孕育在這
套叢書中。展視書稿，披卷流連，略綴數語以說明叢刊的成書經過，及
對臺灣史的一些想法、期待與焦慮。

卓克華

2016.2.22 元宵　於三書樓

《臺灣史研究名家論集》——推薦序

陳支平教授在《臺灣史研究名家論集》第一輯之《推薦序》裡精闢地談論海峽兩岸學者共同參與「臺灣史研究」學科建設的情形，並謂「《臺灣史研究名家論集》，在一定程度上體現了當今海峽兩岸臺灣史學術研究的基本現狀和學術水準。這套論集的出版，相信對於推動今後臺灣史研究的進一步開拓和深入，無疑將產生良好積極的作用」。誠哉是言也！

值此《臺灣史研究名家論集》第二輯出版之際，吾人亦有感言焉。

在中國學術史上不乏「良好積極」的示範：一套叢書標誌著一門學科建設的開啟並奠定其「進一步開拓和深入」的基礎。

譬如，1935—1936 年間，由編輯家、出版家趙家璧策劃，蔡元培撰序，胡適、鄭振鐸、茅盾、魯迅、鄭伯奇、阿英（錢杏邨）參與編選和導讀，上海良友圖書公司編輯出版了十卷本《中國新文學大系》。於今視之，《中國新文學大系》之策劃和序論、編選與導言、編輯及出版，在總體上標誌著「中國新文學史研究」學科建設的開啟並為其發展奠定基礎。

「臺灣史研究」的學科建設亦然。1957—1972 年間出版的《臺灣文獻叢刊》具有發動和發展「臺灣史研究」學科建設的指標意義和學術價值。1988 年 1 月 30 日至 2 月 1 日在臺北舉辦的「臺灣史學術研討會」開始有邀請大陸學者、邀請陳孔立教授「共襄盛舉」的計畫。由於政治因素的干擾，陳孔立教授未能到會，他提交了論文《清代臺灣移民社會的特點》，由臺灣學者尹章義教授擔任評論人。陳孔立、尹章義教授的此次合作，值得記取，令人感慨！2005 年，陳支平教授主持策劃的《臺灣文獻彙刊》則是大陸學者對於「臺灣史研究」學科建設的一大貢獻。

在我看來，作為叢書，同《臺灣文獻叢刊》、《臺灣文獻彙刊》一樣，《臺灣史研究名家論集》對於「臺灣史研究」學科建設的意義和價值堪當「至重至要」四字評語。

《臺灣史研究名家論集》第二輯的作者所顯示的學術陣容相當可觀。用大陸學界的習慣用語來說，陳孔立教授、尹章義教授及其他各位教授

均屬於「臺灣史研究」的「學科帶頭人」、「首席學者」一類的人物。

　　臨末，作為學者和讀者，我要對出版《臺灣史研究名家論集》的蘭臺出版社與籌劃總主編卓克華教授表達敬意。為了學術進步自甘賠累，蘭臺出版社嘉惠學林、功德無量也。

汪毅夫

2017 年 7 月 15 日記於北京

《臺灣史研究名家論集》──編後記

　　《臺灣史研究名家論集》〈二編〉就將編校完成，出刊在即，蘭臺出版社編輯沈彥伶小姐，來電囑咐寫篇序，身為整套論集叢書主編，自是不容推辭。當初構想在每編即將出版時，寫篇序，不過（楊）彥杰兄在福州一次聚會中，勸我不必如此麻煩，原因是我在《初編》中已寫過序，將此套書編集成書經過、構想、體制，及對現今研究臺灣史的概況、隱憂都已有完整交待，可作為總序，不必在每編書前再寫篇序，倒不如在書後寫篇〈編後記〉，講講甘苦談，說說些有趣的事兒，這建議非常好，正合我意，欣然同意！

　　當初以為我這主編只要與眾位師長、好友、同道約個稿，眾志成城，共襄盛舉就好了，沒想到事非經過不知難，看似簡單不過的事兒，卻曲折不少。簡言之，有三難，邀稿難，交稿難，成書更難。此話怎說？且聽我一一道來：

　　一、邀稿難：這套論集是個人想在退休前精選兩岸臺灣史名學者約40-50位左右，將其畢生治學論文，擇精編輯，刊印成書，流傳後世，以顯現我們這一代學人的治學成績。等到真的成形，付諸實踐，頭一關便遇到選擇的標準，選誰？反過來說即是不選誰？雖然我個人對「名家」的標準指的是有「名望」，有「資望」，尤其是有「重望」者，心中雖有些譜，但真的擬定名單時，心中卻忐忑不安，擔心得罪人。一開始考慮兩岸學者比例，以三分之二、三分之一為原則，即每編15位學者中，臺灣學者10人，大陸學者5人，大陸學者倒好處理，以南方學者為主，又集中在廈門大學。較困難的是北方有那些學者是研究臺灣史的？水平如何？不過，幸好有廈大諸師友的推薦過濾，尚不構成困擾。較麻煩的反倒是臺灣本地學者，列入不列入都是麻煩，不列入必定會得罪人，但列入的不一定會答應，一則我個人位卑言輕，不足以擔此重任，二則有些學者謙虛客套，一再推辭，合約無法簽定，三則或已答應交給某出版社出版，不便再交給蘭臺出版社，四則老輩學人已逝，後人難尋，難以

簽約。最遺憾是有些作者欣然同意，更有意趁此機會作一彙編整理，卻不料前此諸多論文已賣斷給某出版社，經商詢該出版社，三番兩次均不答應割愛，徒呼奈何。此邀稿難。

二、交稿難：我原先希望作者只要將舊稿彙整擇精交來即可，以15萬字為原則，結果發現有些作者字數不足，必須另寫新稿，但更多的作者都是超過字數，結果守約定的學者只交來15萬字，因此割愛不少篇章，不免向我訴苦，等出版社決定放寬為20萬字時，已來不及編輯作業，成為一大憾事。超過的，一再商討，忍痛割捨才定稿。更有對昔年舊稿感到不滿，重新添補，大費周章，令我又佩服又慚愧。也有幾位作者真的太忙，拖拖拉拉，一再延遲交稿，幸好我記取《初編》經驗，私下有多約幾位作者，以備遞補，遲交的轉成《三編》、《四編》。但最麻煩的是有一、二位作者遲遲不簽合約，搞得出版社不敢出版，以免惹上著作權法的法律問題。

三、成書難：由於不少是多年前的舊稿，作者雖交稿前來，不是電子檔，出版社必須找人重新打字，不免延擱時間。而大部份舊稿，因是多年前舊作，參考書目，註釋格式，均已改變，都必須全部重新改正，許多作者都是有年紀的人，我輩習慣又要親自校對，此時已皆老眼昏花，又要翻檢原書，耗費時日，延遲交稿，所在皆是。而蘭臺出版社是一家負責任且嚴謹的公司，任何學術著作都要三校以上才肯出版，更耗費時間。

不可思議的在《二編》校對過程，有作者因年老不慎跌倒，顱內出血；或身體有恙，屋漏偏逢連夜雨，居然又逢車禍；或有住家附近興建大廈，整日吵雜，無法專心校對，又堅持一定要親自校對……等等，各種現象都有，凡此都造成二編書延遲耽擱（原本預計九月底出版），而本論集又是以套書形式出版，只要有一本耽誤，便影響全套書出版。

邀稿難，交稿難，成書更難，這是我個人主編《臺灣史研究名家論集》最大的切身感受，不過忝在我個人自願擔負此一學術工程的重大責任，這一切曲折、波折都是小事，尤其看到即將成書的樣稿，那心中的

喜樂是無法言宣的，謝謝眾位賜稿的師友作者，也謝謝鼎力支持，不計盈虧的蘭臺出版社負責人盧瑞琴女士。

卓克華

106 年 12 月 12 日　於三書樓

李乾朗

臺灣史研究名家論集

（二編）

蘭臺出版社

目　錄

自序

　　《史記》開宗明義說歷史是「通古今之變，究天人之際，成一家之言」，臺灣史之研究近年的量與質明顯提高，不同領域或不同史觀的論述，各有千秋，豐富了研究視野。承蒙老友卓克華邀約，他建議我將二十多年來有關臺灣古建築所寫的文章彙整編入《臺灣史研究名家論集》之中。我想大部分文章係當年受政府單位委託所作的古蹟或歷史建築調查研究報告，礙於報告書之特定格式，有些顯得內容生澀且文字生硬，對一般讀者來說有點隔閡，因此我特別附上圖片或墨線圖，希望圖文互補，也許可提高讀者閱讀的興致。

　　建築史之研究始於西方，從希臘、羅馬以降，至十九世紀，西方的建築史學已有幾個重要脈絡可尋，早期受黑格爾哲學影響，多將建築視為美術或藝術史的重要支柱來分析探討，至二十世紀，隨著社會的變動與思想啟蒙運動之深刻影響，具有批判立場的論述隨之而起，歷史本來就是一種解釋的工作，不同時期與不同觀點將引發不同的論述。歸根究底，所有的歷史論述皆能充實與豐富人類的文化內容，它使我們看事情，有更多選擇。因而西方建築史上有些著名建築物，有人歌頌，也有人詆毀，依其好惡，各取所需。

　　對於中國古建築，1930 年代梁思成開其先河，最早以嚴謹的科學態度進行實地調研測繪，史料逐漸充實之後，看出來大勢之發展，再以社會、文化、藝術及技術來評價建築之地位，他研究古建築的方法，至今仍是典範。論音樂，不能捨棄旋律及節奏，否則連門都走不進去。論建築，如果捨棄機能、材料、構造的物質條件或視覺美學之探討，那麼連門也沒有。

　　收錄在這本論集裡的建築，大多是臺灣清代迄日治時期的建築，包括大範圍的城池、砲臺、古厝或寺廟，也有小至一座惜字爐。無論其規模大小，年代之遠近，建築構造之難易，或藝術成就之高低，它們皆有如歷史之錄音帶或記憶卡，透過後人之解讀或解碼，我們獲得了文字所無法記載的信息。建築史之可貴亦即在此，一座建築就如同一座古碑，

經由專業的解讀，我們可與過去對話。

　　古建築的內涵，除了物質本體的變遷之外，它背後的故事也在這些文章中可見一二。淡水福佑宮石門楣上記載清初惠安石匠姓名，可證當時匠師來自福建。而且石柱上泉、漳及永定信眾捐獻銘記，也佐證淡水為閩、粵移民登陸點。艋舺清水巖的樑柱牆體皆有清代落款，歷史價值極高。臺北府城牆為知府陳星聚任內所完成，透過出土石料及木樁，見證清末工程技術之水準極高。陳德星堂石柱上有陳霞林及陳維英名款，供桌則有陳應彬名款，人物史與建築結合，並且正殿還是一座「對場」建築。臺北龍山寺的研究，則對溪底派匠師王益順有深入的探討。宜蘭昭應宮的研究，從木雕的「道光」字樣推斷其年代。鳳山城的研究，則分析新舊兩座鳳山城之變動史。雄鎮北門砲臺的研究，論及牡丹社事件後，沈葆楨與淮軍在臺灣的工事。我想，如果有人要撰寫這些曲折的歷史故事或戲劇腳本，那麼有許多現成的建築場景可派上用場。

　　收集在本書中的文章，大體按照建築年代排列，我保留原來的文字內容，沒有更動，只有增加圖片而已，前後花了一年的時間整理，文字與初編工作，助理顏君穎小姐、鄭雅文、郭亦甄出力最多，在此特別誌謝。

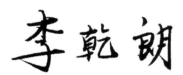

李乾朗

2018 年謹誌

第一章 淡水福佑宮

第一節 歷史沿革

一、台灣媽祖信仰的背景

台灣的民間信仰為台灣宗教信仰發展之重要特色，民間信仰的寺廟為數極多，一般善男信女長將佛教、道教與民間信仰合流，多神並祀，例如在傳統民宅中，供桌上奉祀關帝、觀音佛祖、土地公以及祖先牌位，樑下還懸掛天公爐。

雖然如此，但是如果仔細分析，我們將發現民間信仰所奉祀的神明大多有其歷史根據，大多為中國古代具有高尚功德者，例如有功於人民，忠孝節義為國犧牲者，或某種行業之首創者，成為一種職業守護神。這些神祇，經過數百年或上千年之流傳，演變成神，信徒建造祀廟供奉之。其中，媽祖的信仰最盛，媽祖廟很多，幾乎每一個較具歷史的城鎮都有媽祖廟。特別是臨海的港口城市，因早期閩粵移民渡海來台，為求航海平安，媽祖廟很快即被建立在港口旁邊。淡水的福佑宮即為典型例。

有歷史學者指出，在隋、唐及宋朝，福建一帶出現了許多的民間信仰之神明，這是有其特殊歷史背景的，而其中媽祖與陳靖姑臨水夫人屬於較少見的女神崇拜，據晚近史家研究，與巫之信仰有關。[1]

媽祖相傳為福建莆田湄州嶼人，宋代林愿之女，在世時為女巫，死後常顯靈救助遇海難者，遂成為護海之神，歷代均被加封，原封為天妃，至清代封為天后。每年農曆三月二十三為其誕辰，隨著閩粵移民入台，台灣的媽祖廟增多，祭典規模浩大，且不再限於海上守護之神，成為保佑平安之神，家家戶戶皆奉祀。可以說，台灣的媽祖廟與台灣的開發或聚落城市之發展息息相關，要研究早期城鎮之開拓，媽祖廟之建置是一個里程碑。

---

[1] 參見徐曉望著「福建民間信仰源流」第五章元明清福建信仰的發展，頁303，福建教育出版社，1993年。其中指出古代閩人有「貞女崇拜」，進而有尊重母親之潛意識。

二、淡水福佑宮與福建省莆田湄州媽祖廟之關係及其初建

淡水河是清代移民進入台北盆地之門戶要津，其下游很早即出現媽祖廟。近年各地時有「開台媽祖」之爭，訴之文獻或傳說考證，恐亦不得到答案。淡水河口附近的媽祖廟均見於方志記載，都是入清以後才建的。其中淡水干豆門（今關渡）天妃廟，康熙五十一年（1712）通事賴柯鳩眾合建，後又稱靈山廟，一說康熙五十六年由諸羅知縣周鍾瑄建。近代成為台北盆地規模最大的媽祖廟。[2]

其次八里坌街的天后宮，據淡水廳志載為乾隆二十五年（1760）建，此廟經近代改建，位置是否改動尚不可考。至於淡水河口北岸的滬尾街天后宮，即福佑宮，首見於淡水廳志，謂嘉慶元年建，與目前廟之石柱落款年代相符。但據連橫「台灣通史」謂：

> 「福佑宮在縣轄滬尾街，乾隆間建，祀天上聖母。光緒十二年巡撫劉銘傳奏請賜匾，御書『翼天昭佑』四字，懸於廟中，今猶存。」

這段記載或可推證連雅堂曾親至淡水福佑宮查訪。目前「翌天昭佑」匾高掛於正殿前拜亭。匾為金底黑字，中央上方有御印，下方有海浪凸紋，並有雙龍圖案，作天翻地覆狀，甚為生動。[3]

在淡水的三座主要寺廟，包括福佑宮、清水祖師廟與龍山寺等在清末中法戰爭之後曾獲朝廷頒賜匾額，亦值一提，福佑宮為「翌天昭佑」匾，清水祖師廟為「功資拯濟」匾，（艋舺清水祖師廟為原物，淡水者為仿製品），龍山寺為「慈航普度」匾（但已佚失）。

滬尾街與福佑宮密不可分，據乙未割台之前幾年來台的浙江餘姚史久龍「憶台雜記」中所記述：

> 「滬尾惟沿山一街，約長三里許，山上亦有小市（按指今重建街上端崎仔頂），不及山下之繁庶。山下亦惟媽祖宮前為最。」又

---

[2] 諸羅縣志，卷十二雜記志寺廟及淡水廳志卷六典禮至祠祀篇。

[3] 福佑宮近年自印之簡介謂創建於清乾隆壬寅年〈西元 1782 年〉，與連雅堂台灣通史記載相同，且指出年代。

記載「行漳泉各民船，則媽祖宮前鹽館後，一望皆是。每當春夏之交，輪舟載茶腦以去，民船載鹽載貨以來，尤形繁鬧」。

其中提及之鹽館，為滬尾輸入唐山鹽之主要配運機構，有時係自台南運來，輸入台北。

如果要從「淡水廳志」以外的史料來考證淡水福佑宮的初創年代，恐不易。淡水河口的聚落，在荷蘭時期以北岸興盛，故紅毛城築在北岸山崗之上。入清之後，南岸的八里坌反而居上，主因是航道改變，北岸不利停泊。此時八里坌在乾隆二十五年（西元 1760 年）才出現了天后宮。但乾隆末年航道又有了改變，南岸逐漸式微，而北岸復甦，福佑宮初建。細檢視福佑宮樑柱及石垛上所有的年代落款，沒有超過嘉慶元年以前者，是故可以推斷嘉慶元年確是初建年。其前殿右側牆上所嵌「望高樓碑誌」亦為嘉慶元年之物。

依據現場勘查，將石柱與石垛上所刻鐫刻的年代作一整理，尚不失為進一步了解福佑宮初建與後代修建之記錄。綜觀全廟，年代最早為三川殿（前殿）的步口石柱，落款「嘉慶元年」，包括明間八角石柱與對看牆的附壁柱。另外，正殿前拜亭的龍柱亦落款「嘉慶元年」，這幾根石柱的存在，說明了福佑宮在嘉慶元年初創時，已是至少兩殿式的格局。

其次，有嘉慶二年（1797）落款的三川殿石門柱。之後出現最多的是道光十九年（1839）與道光二十年（1840）的石垛。正殿金柱也是道光十九年所立。匾額方面，懸於正殿中龕之下的「天上聖母」為嘉慶二年（1797），同樣中龕之上的「水德揚靈」亦落款嘉慶二年，前殿門楣後方懸「靈奠海邦」匾則亦為嘉慶二年所立。正殿前拜亭則懸道光二十年的「惠風法雨」匾。核對起來，我們可以推證如下：

1. 乾隆年間—在滬尾港可能已有簡陋媽祖宮，但確實年代不可考，三川殿左門楣聯有「廟堂更新靈昭芝山福地」或可為證。據福佑宮管理委員會自印之簡介，謂始建於乾隆四十七年（1782）至嘉慶元年才完工，雖未見出處，但建廟用去十多年籌備與建造，實屬合理之事。

2. 嘉慶元年—在滬尾公館口現址初建福佑宮，前殿與正殿同時建。

3. 嘉慶二年—尚在繼續建造，並已供奉神像，故有三方匾額出現。

4. 道光十九年—前殿之部份石垛、左楹門、兩廊之方石柱以及正殿之金柱。可能原係木窗或木柱，經過四十五年之久後腐朽，乃易以石材。前殿後步柱有聯「新廟宇靈庇淡水」為證。

5. 道光二十年—前殿右門楹及部份石垛抽換。如果比較前殿左門與右門，左門（龍）比右門（虎）早一年，似乎也符合傳統建造習俗。

6. 日據昭和二年—正殿內左右牆建假山神座，供奉羅漢等神明。

7. 民國四十九年—因鎮殿媽祖像久經蟻蝕，以火化去，另雕塑新神像供奉。同年內殿修建，重新油漆安金。

8. 民國六十一年—因前殿略向前傾斜，廟方乃僱工在牆上釘木樑鞏固，正殿與兩廊之牆體貼上大理石片，正殿前增築欄杆。

9. 民國六十八年—在修葺屋頂及正殿。

以上的排比，大致可讓我們了解福佑宮的興建與修繕過程。經過現場勘察，除了內牆的大理石貼片與正殿前欄杆為一九六〇年代所添加外，幾乎所有的大木結構，包括斗栱、木雕與石垛全然皆屬清代原物，具有很高的文物研究價值，尤其是它的捐獻人落款籍貫與姓名，更清楚地說名嘉慶元年前後滬尾港的一些人文背景，對於我們進一步了解淡水聚落之發展史有莫大之助益。

另外，從滬尾聚落與市街之發展先後，也可知福佑宮的出現與市街幾乎不可分，福佑宮附近的地名稱為「公館口」這一帶是古街崎仔頂之起點（今重建街）。當時滬尾最主要的兩條街滬尾街與崎仔頂街之交點，而這兩條街皆在乾隆年間已初步形成。

過去也許我們認為滬尾街是由泉州人所開闢的，但依據福佑宮石柱與石垛之捐獻者銘記，事實上還包括了閩粵數地之移民或船頭行之商賈。茲分列如下：

泉蚶弟子—係泉州外港蚶江之信徒（三川殿步口右牆）

武榮弟子—係泉州府南安縣一帶之信徒（三川殿步口右牆）

惠邑弟子及螺陽弟子—係泉州府惠安縣之信徒（三川牌樓石垛）

晉水弟子—係泉州府晉江縣之信徒（三川左門石垛）

霞漳弟子—係漳州南靖縣之信徒（兩廊石柱）

桃源弟子—係永春州大田縣之信徒（三川牌樓門柱）

清溪弟子—係泉州府安溪縣之信徒（兩廊石柱）

永邑弟子—係閩西汀州府永定縣信徒（兩廊石柱）

興郡弟子—係興化府之信徒（兩廊石柱）

銀同弟子—係泉州府同安縣信徒（正殿匾額與神案）

粵東信士—係廣東省東部客籍信徒（正殿龍柱）

　　分析起來，福佑宮的捐建者已涵蓋了泉州三邑人、同安人、安溪人、興化人、永定人、漳州人及粵東潮汕或嘉應州的客家人。滬尾港作為清代乾嘉之際台北盆地之登陸口岸，能滙聚如此多不同籍之人士捐獻，多少反映了當時各籍人士對於媽祖信仰的一致性。並且，滬尾港也接受各籍移民進出，這點與鹿港街擁有泉人之龍山寺、興化人之媽祖廟或粵東人之三山國王廟情況相似。不過永定人在淡水有鄞山寺供奉定光古佛，所以後來不參與福佑宮之廟務。

　　針對石柱與石垛落款進一步分析，福佑宮的各部位似有不同籍信徒分別捐款，主從位置也反映了強弱之勢。

　　前殿—多為晉江、惠安、南安等三邑人與安溪人捐建。

　　正殿—多為晉江、同安及粵東人所捐建。

　　兩廊—多為漳州、永定、興化及南安人所捐建。

　　從福佑宮柱子與石樑上的捐獻者落款，可以知道乾嘉之際台北與滬尾郊行之一些情形。滬尾港是大陸與台北艋舺交通的中間站，當時船隻大都能直航艋舺，若遇退潮才停泊滬尾，福佑宮在道光年間的石垛出現「翁有來」與「翁有麟」之名字，與乾隆五十二年（1787）倡建艋舺清水祖師廟的翁有來與翁有麟為同人。另外，正殿內匾額有「張德寶」的名字，與今艋舺龍山寺後殿石堵及兩廊石雕窗刻有「張德寶敬獻」者，係同名，張德寶是道光年間的艋舺巨商的公號。到了日據時期昭和二年福佑宮重修，其中捐獻人許丙及滬尾淡水軒的名字亦出現在對岸八里開

天后宮殿前步口的龍柱與石堵上。易言之，福佑宮與八里天后宮、艋舺清水岩、龍山寺有關係，福佑宮的捐助者包含了八里天后宮、清水岩、龍山寺的捐助者。

在台灣較早期的媽祖廟中，有直接分靈或割香自湄洲祖廟者，也有自台灣的媽祖廟再分靈出去者。前者如北港朝天宮，在清康熙三十三年（1694）自湄洲天后宮分神像來台。後者如土庫順天宮，係清道光十四年自北港朝天宮分靈出去者。淡水的福佑宮則是直接從湄洲分靈而來者，以其地立之便耳。從湄洲直航至滬尾之航線可算海峽兩岸最近的一條路線。福佑宮正殿石柱上有對聯「苦海無邊誰向湄洲登彼岸」為證。

但是現存供奉於正殿的媽祖神像並非原始所塑，民國四十九年（1960）因鎮殿木雕媽祖久經蟻蝕，廟方經求神徵得同意後予以火化，另雕塑新神像供奉，從文物保存觀點視之，頗為可惜。事實上，湄洲島上的天后宮在大陸文革動亂中亦遭毀壞，現在所建殿宇全係近年所新建，其神像亦皆重新塑造。近年新建之湄洲天后宮殿宇，大體上仍建在原有基址之上，以石柱石牆為主，只有屋架仍為木結構。許多文物喪失殆盡，至為可惜。對研究台灣媽祖廟與湄洲天后宮之長久淵源關係頗為困難。[4]

三、福佑宮內「望高樓碑誌」所顯示對廟史之意義

在福佑宮前殿右側內牆嵌有一方石碑，石質幽黑，高約 90 公分，寬約 45 公分，碑名題為「望高樓碑誌」，它具有很重要的歷史文物價值。嘉慶元年所立之望高樓碑誌恰與福佑宮建造同年，為何望高樓碑誌不嵌入望高樓本身牆上？其原因是值得研究的。當時望高樓在油車口一處叫「假港」之地，出入船集所繳銀錢係透過福佑宮住僧僱守護工資及油火費用。可以推斷出入船隻停泊之處必定在福佑宮附近，住持平時收納航海者祭拜媽祖的香油錢，也兼收船戶所繳之「望高樓」費。仔細比對碑

---

[4] 湄洲的媽祖廟係在原址之上重建，格局與舊廟大同小異，但所有殿宇多以石柱建成。台灣北港朝天宮曾大力出資捐獻。

誌上的捐建人名與福佑宮柱聯落款人名，多數人是一致的，證實嘉慶元年重建福佑宮時，同樣的一群熱心人士也捐建望高樓。

從此點可以證明福佑宮的存在應當早於望高樓，亦即原先已有媽祖廟的住持僧人，對於福佑宮自印簡介所載創建於乾隆四十七年（1782）有旁證之作用。從乾隆四十七年（1782）初創至嘉慶元年（1796）有十五年時間，應該存在著一座滬尾港的媽祖廟。

伊能嘉矩在他的「台灣文化志」亦特別提到淡水港口的望高樓，指出其為避免航海危險所設之私設燈台。滬尾港的燈塔在日據時期望高樓廢弛之後，日人建造三座，其中一座在油車口附近，一座在今渡船頭，最裡面的一座在鄞山寺附近鼻頭角山上。

望高樓碑誌：

> 全立望高樓泉廈郊出海戶尾街董事茲為設立守望以便利涉事竊惟淡江港口係諸舡出入要津之所其東北勢旁有假港一處每遇黑夜沙汕障蔽莫辨真假前經一二舡隻誤認假港致遭不利矣是邀同船戶相議捐資建立望高樓一座在假港水涯付與。
>
> 福佑宮住僧廣西倩工守護每夜明燈照應諸船由燈下南勢進港可保無虞其建立費項業經在港諸船允捐銀壹六元外再到本港者每次出銀肆錢以為守樓工資油火寺費願我同人玉成其事捐金不替則眾生無迷津而諸船皆利涉矣。
>
> 嘉慶元年端月　　日公立
>
> | 黃從觀 | 王由觀 | 林景觀 | 洪德觀 | 歐居觀 |
> |---|---|---|---|---|
> | 林禎觀 | 陳評觀 | 林格觀 | 紀恭觀 | 紀暨觀 |
> | 林騳觀 | 朱相觀 | 林疑觀 | 黃經觀 | 薛鎮觀 |
> | 林簷觀 | 高二觀 | 傅橙觀 | 林鎮觀 | 洪的觀 |
> | 周古觀 | 紀意觀 | 傅球觀 | 紀草觀 | 王仕觀 |

望高樓碑誌中之捐建人名都有「觀」字，可能省去第二字，為何出

現這種情形，我們合理的推斷並請教林衡道教授，得到一個可能性很高的解釋。按清代台灣社會對於有身分地位者的尊稱，可在名字後加一「官」或「觀」字。例如清末艋舺頭人黃朝陽，人們稱呼他為「三桂官」（見台北文物第二卷第一期）。

碑文裡的人名之下加「觀」字，不只在福佑宮見之，在高雄左營舊城的乾隆三十三年「功德碑記」亦有（見明清台灣碑碣選集頁 510）。我們依據陳荊和與陳育崧合著的「新加坡華文碑銘集錄」所載（1970年香港中文大學出版），在南洋馬六甲「青雲亭」碑記的人名全下作「觀」字，另有碑銘則作「官」字，又引施鴻保「閩雜記」卷六「興、泉、潭、永等處，凡紳富皆稱為觀，蓋官字之訛也」。據此，福佑宮望高樓碑記中的「觀」字就得到解答了。

核對福佑宮柱聯，其中同樣的熱心人士有以下幾位：

望高樓捐建人	福佑宮柱聯
洪的觀	洪士的（三川虎邊石堵）
林禎觀	林廷禎（三川前簷柱）
林格觀	林道格（三川前簷柱）
林驕觀	林士驕（三川前簷柱）
林疑觀	林不疑（正殿前簷柱）
歐居觀	歐陽士居（三川前簷柱）

第二節　建築特色

一、大木結構

福佑宮之大木結構風格統一，可見前殿、兩廊與正殿均是同一時期完成。據廟方自稱始建於乾隆四十七年（公元 1782 年），至嘉慶元年（公元 1796 年）落成，前後約十四年。就一般同樣規模寺廟而言，施工期略長了一些。

三川殿屋架使用九架屋架，步口只有一架，因此束木較長，架內二通三瓜，通樑用料碩大，但束木之空隙較大，用桃形瓜，顯露出泉州派

之特徵。正面排樓在石楣之上有「楣引」，起墊高之作用，上置常見之三彎枋及連栱。但次間之後排樓斗拱卻省卻。

簷口「外撩」出吊筒，用蓮花圖案，「托木」則在明間使用「帶邊剔底雕」，此亦泉派慣用之法，可與鹿港龍山寺作比較。

福佑宮前殿古時直接面臨碼頭，老一輩的淡水人士皆持這種看法，從淡水中正路（古滬尾街）的地理形勢觀之，依山傍水，當屬可信。因此福佑宮前殿對面前狹隘的廟埕也作了結構上的反應。那即是步口廊只作一架，顯得較窄。

前步口廊較窄的作法屬於變通式，台灣也有一些古建採用此法，例如鹿港的金門館，其前步口也只得一架。

正殿架內用「三通五瓜」，通樑用木亦碩大，桃形瓜筒尤為飽滿，次間「附壁棟架」只作步口軒，架內為山牆擱檁式，作法與三川殿相同。次間排樓用一斗三升補間與連栱技巧，較三川殿考究一些。

兩廊用捲棚，用矮胖之瓜筒，作工甚精。值得注意的是天井中的戲亭，其結構為六架捲棚，用「彎栱」。為求結構穩定，另以小樑連繫於廊柱與三川殿之後步口柱。

從大木結構的幾個特色來剖析，它所表現的泉州風格很明顯，在此分項略作討論，以為進一步比較其他泉派建築之基礎。

1. 三川殿、拜亭以及正殿所用之瓜筒，全為瘦身之木瓜形，如此可使通樑之空檔較疏鬆，正是泉派棟架之特色。雖然如此，但我們仍可見三川殿瓜筒之瓜腳（或謂瓜鼻）較長，「瓜仁」較小。而拜亭之「瓜仁」很修長，包住了通樑，為典型之「趖瓜筒」。三殿之瓜筒仍有差異，可見其匠心獨運。

2. 束木（月樑）皆使用「肥身」，即圓形斷面，這亦是泉派特色，（一般漳派及潮汕一帶多用矩形斷面）。所應注意者是「束頭」略高於「束尾」，福佑宮三殿皆符合此種原則，由於前殿屋頂坡度很緩，所以「架內」之束木幾乎接近水平狀。在正殿之前軒捲棚，我們看到「彎栱」更是幾乎呈水平狀態，比較同為泉派風格的彰化節孝祠，福佑宮的暗厝彎栱可算是特例了。

3. 大木棟架之柱子安排，一般在「架內」都採用對稱式，福佑宮也不例外，而前面為了留下較寬的「軒」，「前付點柱」與「金柱」之距離只留一架，「後付點」與「金柱」之間可留二架，福佑宮亦循此規則。但是福佑宮正殿卻將石雕龍柱置於「付點柱」，而不置於最前面的「步口柱」，在台灣古寺廟中亦屬罕見之例。

4. 兩廊的棟架採四架彎栱捲棚，但屋脊不立於中央，屋脊偏向外側，直接立於側牆之上，因此形成單坡屋頂，合乎古制「四水歸堂」之作法，因此在兩廊亦築「暗厝」。更值得注意者，為兩廊屋脊與前後殿之山牆對齊，連成一條連續的下垂曲線，此法可見於金門青嶼張祠，在台灣則頗為罕見，亦值注意。

二、淡水福佑宮在淡水河流域的媽祖廟之建築價值

淡水河流域的聚落與城市在清代曾有密切共生關係，即中下游的城市與大陸互相貿易，而上游的聚落則為台灣山產集散地，或負有山隘之重任。例如下游的滬尾、關渡為港口，中游的艋舺、新莊、板橋為商業城市，上游的三角湧、新店、三峽與大溪則為隘勇駐守之地，開拓茶、煤或樟腦之山產。這些城市所建的媽祖廟值得我們探究其間的關係。

清代台北附近所建的媽祖廟見諸文獻記載的有：

1. 干豆門天妃廟（關渡宮或靈山廟），康熙 51 年建在山頂，58 年後移建山麓，近代改建甚多。

2. 艋舺天后廟（後稱為新興宮，日據時毀）乾隆 11 年建。

3. 新莊天后廟（慈祐堂），乾隆 18 年，一說雍正 9 年或康熙 25 年，近代改建。

4. 錫口天后宮（慈祐宮），乾隆 22 年，近年全部改建。

5. 八里坌天后宮，乾隆 25 年建，但日治初期遷至現址。

6. 滬尾天后宮（福佑宮），嘉慶元年，或乾隆 47 年創建。

7. 芝蘭街天后宮（慈誠宮），嘉慶元年建，原在舊街，後遷至士林新街。

8. 大稻埕慈聖宮，同治 5 年郊商合建、日治時期遷至現址。

9. 台北府天后宮，光緒 14 年建，在府城內，日治時毀。

另外還有板橋媽祖廟（慈惠宮，同治 13 年）及汐止濟德宮（道光 2 年）等。這些媽祖廟並非皆直接傳自湄洲。其中真正能夠保存初建原貌者只剩下滬尾福佑宮，益顯其在建築藝術與文化史上之價值了。

福佑宮與艋舺方面郊行關係匪淺，廈新街的張德寶即是最著名的商號。台北古時俚諺謂「第一好張德寶，第二好黃阿祿嫂，第三好馬悄哥」。張德寶的起家是張秉鵬、經營船頭行致富。淡水福佑宮在嘉慶元年建造時，恰是張德寶鼎盛時期，因此也大力捐輸。（見台北文物第八卷第一期吳逸生艋舺三巨富起家談一文）。福佑宮正殿懸有張德寶所獻匾額，顯示艋舺行郊與滬尾之關係密切。

另外，翁有來與翁有麟為艋舺安溪人之頭人，嘉慶 22 年清水巖大修時，即為翁氏倡議集資，他們兄弟倆的名字亦見於福佑宮三川殿邊港門柱上，落款為道光己亥年。

至於咸豐年間淡水地方的頭人黃龍安也與艋舺有關係，黃隆安祖籍泉州，移居滬尾後經營德春行。我們在淡水龍山寺正殿龍柱上看到他捐助的名字（按龍山寺於咸豐 8 年修建）。漳泉械鬥時期，他也是泉方的頭人，後來德春行改設於艋舺。福佑宮建造時，黃隆安尚未興起，所以未見他的捐獻落款。

三、匠師來源之考證

福佑宮前殿排樓石垛之頂垛在我們進行實測時，發現一個罕見的落款，上刻「惠邑石匠陳炳樣」。我們推斷，這是清嘉慶元年興建福佑宮時的主要石匠師，通常主匠例如大木匠師或石匠師因責任重大，且其工程經費較龐大，所以有捐助一部份樑柱或石垛之慣例。

例如我們曾調查淡水對岸八里渡船頭的開台天后宮，它在近代重修時，石匠張火廣、辛阿救曾捐前殿對看垛「旗球」及龍柱。日治時期建造的淡水清水祖師廟，石匠張木成也捐一垛石雕，按張木成為張火廣之

子，他們父子在台北附近甚有名氣，不少寺廟的石雕出自其手。

　　另外，板橋石匠陳應彬也常在他所設計建造的寺廟裡留下捐獻的銘記，如頂泰山巖正殿的四點金柱、板橋接雲寺的旗球垛以及北港朝天宮正殿的水車垛。陶匠名師洪坤福在台北保安宮大殿內牆亦落款，從這裡可以佐證福佑宮的惠邑石匠陳炳樣應是當年的石作主匠。我們也知到福建的泉州惠安是出石匠最多之地，可謂之石匠的故鄉，至今天石匠及石材出口仍很著名。當然，在此得知福佑宮地石匠名字頗具史料研究價值，但陳炳樣的背景與師承卻不易查考。

　　其次，大木作部分尚未見任何銘記，無法考證福佑宮興建之大木匠師。也許未來局部落架整修時，斗拱榫卯內可能發現某些專業術語名詞或木匠的名字。不過，我們依據大木作的瓜筒、束木的造型與棟架設計的比例，可以判斷匠師源自何處。

　　依瓜筒出現木瓜筒及桃子形瓜仁來看，應屬泉州風格，特別是棟架坡度較緩，束木呈平狀，這是典型的泉州派作法。另外再從石垛捐造人名分析，前殿與正殿多為泉州三邑、同安與安溪等人，所以我們推斷大木匠亦可能來自泉州。在淡水幾座古建築中，福佑宮與龍山寺大木作風格相近，俱屬泉州風格。鄞山寺自成一格，屬汀洲風格，而清水祖師廟為名匠師廖石成所作，屬漳州風格。

　　對於清代台北盆地與淡水河流域各聚落城市的主要寺廟之建築風格，我們依據大木作之特色作比較，列表如下：

　　泉州派─淡水福佑宮、淡水龍山寺、台北清水祖師廟、台北龍山寺與新莊媽祖廟。

　　漳州派─淡水清水祖師廟、關渡宮、士林慈誠宮、台北保安宮、慈聖宮及中和福和宮等、汀洲匠─淡水鄞山寺與五股西雲寺、粵東匠─新莊三山國王廟。

　　其中福佑宮未經近代大整修，保存清代中葉之原物最多，可視為台北淡水河流域中最有代表性的泉州風格寺廟建築，歷史文化價值很高，彌足珍貴。

四、淡水福佑宮的風水分析

淡水河口的八里坌天后宮較福佑宮為早，但它的坐向可能不及北岸的福佑宮佳。從中國傳統風水之說來看，滬尾的地理位置在巒頭理論上，具備「龍」、「穴」、「砂」與「水」四要素。滬尾背山面水，古諺有云「背山面水稱人心，山有來龍昂秀發，水須圍抱作環形，明堂寬大斯為福，水口收藏積萬金」。滬尾當地民間有謂其地形為「五虎崗」，有五條山脈皆發源於大屯山。大屯山的山勢蜿蜒起伏如龍，以大屯山為主山或靠山，發出支幹伸入滬尾。臨河口第一崗為油車口，第二崗為紅毛城，第三崗即崎仔頂，山丘下有福佑宮，第四崗為今天淡江大學，第五崗為鄞山寺。山脈來龍於大屯山，水源出於大霸尖山，就大環境而言，滬尾實擁有良好條件。

福佑宮背後的山丘剛好又凸出，所以廟前中正路在宮前繞成弧線，這代表淡水河經此有環抱之局，即水局很好，所謂「抱水為吉」。當嘉慶元年選址時，主其事者及風水先生必然謹慎相度地形來選址，我們今天無法得悉他們原始文獻，但福佑宮反映出「枕山」（宮後山丘植花種樹，視為土胎），「環水」（淡水河至此環抱），「面屏」（對岸有觀音山），「水口」（西南為淡水河出海口）等諸多觀念，足證福佑宮具有良好的風水條件，今天附近雖然建造不少高樓民房，但我們仍然可以看出原來的格局與氣勢。

以文公尺檢驗福佑宮的門寬，我們發現有不少逢「凶」的尺寸。為此我們訪問擅長此道的大木匠師，據他們說法，事實上一座寺廟的門扇尺寸除了運用「文公尺」或「魯班尺」外，先決條件仍以羅經所定二十四山的方位來考量，測度了福佑宮的朝向，係坐丑向未兼辛丑。再按「納甲法」口訣核算所謂「尺白」與「寸白」。所以門的高度要合「天父卦」，門的寬度要合「地母卦」。福佑宮屬於「艮卦」，在九星中天父卦由武曲星起，地母卦由文曲星起算一尺。由此可推算出吉利尺白：

天父：1（武曲）、3（左輔）、4（右弼）、5（貪狼）、6（巨門）、10、12、13、14、15……

地母：3（武曲）、5（左輔）、6（右弼）、7（貪狼）、8（巨門）、12、14、15、16、17……

在尺寸方面，艮卦對應之天父尺寸白由「六白金」起，地母卦由「八白土」起算一尺。由此推算出吉利寸白：

天父：1（六白金）、3（八白土）、4（九紫火）、5（一白水）

地母：1（八白土）、2（九紫火）、3（一白水）、8（六白金）

以下列出尺白所用的九星：貪狼、巨門、祿存、文曲、廉貞、武曲、破軍、左輔、右弼。寸白則為：一白水、二黑土、三碧木、四綠木、五黃土、六白金、七赤金、八白土、九紫火。

1 魯班尺＝29.7 公分

1 門公尺＝42.76 公分，或約 45.7 公分

但我們依納甲法驗算吉凶尺寸如下表，發覺仍有部分不脗合，也許古時建廟因係神祇居所，可逢凶化吉，不受吉凶所繩也。

另外，從風水觀點來分析，我們也覺得河口的望高樓除了航海指南的作用外，也可能具備風水上的意義。中國古代常在河口建寶塔亦是這種想法的產物，風水上特別稱之為「龍首當鎮」。望高樓的正確位置不易考證，但依碑文所提假港，應偏公司田溪一帶，所以今沙崙外西側附近應很有可能為望高樓位置，淡水周明德先生亦作如此判斷。

福佑宮吉凶尺寸對照表

		三　川		正　殿		拜　殿		兩　廊	
中脊高度	cm	529	文曲（凶）	648	左輔（吉）	448	巨門（吉）	465	巨門（吉）
	尺	17.8		21.8		15.0		15.6	
進深	cm	800	巨門（吉）	1295	貪狼（吉）	489.0	貪狼（吉）	221.0	貪狼（吉）
	尺	26.9		43.6		16.4		7.4	
架內進深	cm	322	文曲（凶）	473	右弼（吉）	337.0	廉貞（凶）	163.0	左輔（吉）
	尺	10.8		15.9		11.3		5.4	

明間面寬	㎝	602	廉貞（凶）	542	祿存（凶）			406	破軍（凶）
	尺	17.8		18.2				13.6	
次間面寬	㎝	299.0	文曲（凶）	325	文曲（凶）			362	武曲（吉）
	尺	10.0		10.9				12.1	
前簷高度	㎝	382	左輔（吉）	418	貪狼（吉）	363	左輔（吉）	368	左輔（吉）
	尺	12.8		14.0		12.2		12.3	

位置	寬×高（cm）	合字（以 42.76 cm計）	合字（以 45.7 cm計）	尺白（以 29.7 cm計）	寸白（以 29.7 cm計）
三川中門	187x355	離（凶），離（凶）	財（吉），害（凶）	6（吉），11（凶）	2（吉），9（凶）
三川邊門	146x355	義（吉），離（凶）	病（凶），害（凶）	4（凶），11（凶）	9（凶），9（凶）
正殿側牆圓光門	85x239	本（吉），官（吉）	害（凶），病（凶）	2（凶），8（吉）	8（吉），1（吉）

淡水福佑宮依石柱銘記，現廟建於清嘉慶元年（1796）。

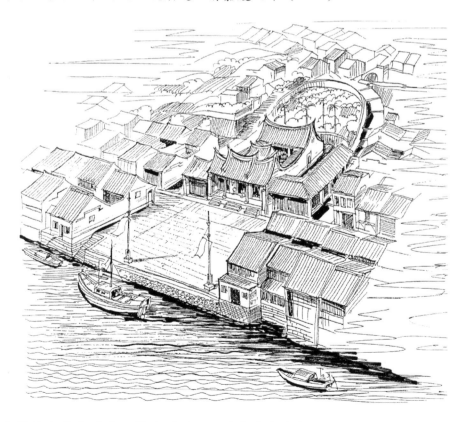

淡水福佑宮背山面海，前臨碼頭，附近為古街公館口。

早期閩粵移民渡海來台，為求航海平安，媽祖廟很快即被建立在港口旁邊，淡
　水福佑宮即為典型例。

淡水福佑宮前殿棟架剖視圖。

第二章　淡水崎仔頂施家古厝

第一節　歷史沿革

一、崎仔頂及米市的市街發展

　　淡水在清代中葉之前的文獻被稱之為滬尾，雍正元年（1723）時，主要的港口在淡水河口南岸，但進入乾隆年間，北岸的市街反而獲得發展，可能得利於河道的變化，北岸停泊船隻較多。滬尾媽祖廟福佑宮的石柱落款為嘉慶元年（1796），事實上，以台灣一般的傳統習俗，在正式建廟之前多會有一段草創期，吾人可以合理推論福佑宮應創於嘉慶元年之前。

　　福佑宮兩側的市街應是淡水所謂「滬尾街」最早之街道，古名為「公館口」，當時可能有較大的房舍或供公益用途之建物。福佑宮坐北朝南，背靠山丘，前臨淡水河碼頭，與淡水河對岸的觀音山遙遙相對。滬尾市街除了沿河的「下街」，相對地山丘上的市街向北延伸，發展出二條較陡的市街，即今天被稱為「重建街」與「清水街」。事實上，古時的街道常常分為多段，每段有一個街名。

　　「清水街」是近代的街名，取自於清水祖師廟，清代它有「崎仔頂」、「米市仔」、「崎仔下」及「後街仔」等名稱。本文所要論及的「施家古厝」，即位於「崎仔下」旁，近代也被稱為「大同巷」的一條小巷之內。

　　為了理解「施家古厝」建造的背景，先述及崎仔頂「米市仔」的市街背景。淡水北郊山區水源充沛，早期移民以開闢梯田、引水灌溉，稻米產量非常可觀，成為台灣北部重要的米倉。淡水港也是稻米的出口港。從北郊山區運下來的稻穀進入「崎仔頂街」，再送到「米市仔」，據耆老的說法，古時米市仔的房屋有「丈六」及「丈八」兩種寬度，即十六尺與十八尺，店舖內設有土礱間，共有十多家米店，所以被稱為「米市仔」。「米市仔」所供應的並非零售，而是中盤或大盤，供應大陸方面米糧，因此碼頭邊的挑夫應運而起，許多碼頭挑夫靠挑粟包為生，這些

工人共同尊崇「富美蕭府王爺」，因此，米市仔有兩座重要的廟，一是正對「米市仔」路口的「福德正神」土地公廟（今仍存）。另一是坐北向南，對著碼頭的「富美蕭府王爺」廟。

關於這座罕見的王爺廟，早在 1960 年代台灣省文獻委員會由林衡道教授曾作過訪查，知道它源自於泉州港，在泉州晉江富美碼頭邊有一座蕭府王爺廟，雖然廟規模與所供奉的神像尺寸不大，但非常受到碼頭挑夫的尊崇。台灣除了淡水之外，與泉州關係較深的，如新竹外港南寮也有一座富美蕭府王爺廟，這座廟近年已改建為大廟了。

富美蕭府王爺之研究史料甚少，今可見於泉州陳泗東之敍述：

「離泉州天后宮不遠的南門富美渡頭，還有一個蕭阿爺廟，奉祀西漢太傅蕭望之。泉州有兩尊蕭姓的神，一為幫忙漢高祖打天下的蕭何，一為漢元帝的師傅蕭望之。前者因其定律法，是訟師法吏的行業神，崇拜範圍有所局限，也無專廟奉祀。其神乃一官員騎白馬，取「蕭何月下追韓信」之意。後者即富美宮所記，或稱蕭府王爺，台灣頗多信奉者。這個王爺不被收入天后的廿四司，因為地位崇高。但被收入廿四司的其他如康王爺等，卻同時收入蕭王爺的轄下，從祀於富美宮。《前漢書》卷七十八〈蕭望之傳〉說他：『字長清，東海蘭陵人。…家世以田為業，至望之好學，…京師諸儒稱述焉。……（宣帝疾篤）詔以丞相御史，前將軍望之傅（漢元帝）。（後為宦官弘恭、石顯所誣），飲鴆自殺。』蕭望之是漢代著名儒家之一，人們很崇敬他。泉州何時供奉他為，史無可稽，我相信應是隨早期中原移民入泉的。
蕭太傅泉人稱他為『后母尾阿爺公』，神靈顯赫。祭祀有二特點：一是獻以生羊，以羊為祭祀古禮稱為「少牢」之祭，規格甚高，祭羊不殺，任其臥於廟下，四處覓食，人不敢傷；二是糊紙傳送往晉江順流出海，叫做『放王爺船』。因此蕭太傅就隨王爺船傳去台灣，多有奉祀。此神也是台灣泉州籍移民的保護神之一。
媽祖和蕭王爺都是福建向台灣移民的保護神，媽祖是福建本生本土的，蕭太傅是古代中原移民帶來，再由泉州出境的。媽祖信奉遍及全球華人，蕭王爺信仰只侷限泉州與台灣部分地區，這是兩

者的差別。因都與泉州海外移民史有關，故附此提及。」[1]

　　1995 年，筆者曾專程訪問泉州港邊的富美蕭府王廟，發現這座廟仍保存清代原貌，只有三開間的兩殿，格局小巧主要的支持者以碼頭服務業為主。「米市仔」的土地公廟剛好位居路沖，當地居民對市街與廟宇的空間組織有一說法，認為米市街為一條龍，而土地公廟為「龍珠」，清水祖師廟址則則坐落於「龍首」。

　　施家古厝創建的時代，與清水岩創建約略同時，我們依據清水岩自印的資料與建築物石刻落款史料，大體可以了解一些背景。

淡水崎仔頂施家古厝透視圖。

　　約一九三〇年代修建的施家古厝，採用台灣傳統的「正身帶左右護室」的格局，宅的護室並非很長，屋頂也未作「頂山」與「下山」，可能係受地形侷促限制，前臨狹隘小巷，左右被其他民宅包圍，宅後緊鄰坡崁，宅第面積較小。在施宅建造之前，崎仔頂米市仔及崎仔腳龍山寺一帶的市街早已形成。論及滬尾一帶的街道，除了順應碼頭與山丘地

[1] 陳泗東一文，收錄於《泉南文化》〈泉州海外交通史若干問題小考〉，1990 年第一期。

形外，風水及民間信仰的因素不可忽視，我們發現「米市仔」的土地公廟係正對街道，而「崎仔腳」轉入「大同巷」後，巷口與「滬尾」下街焦點之處也有一座土地公廟，宅背對淡水河，而面對大同巷。我們可以想見，在施宅及清水岩出現之前，這附近至少有龍山寺、西秦王爺廟、富美蕭府王爺廟宇兩座土地公廟，其密度不可謂不高。

二、淡水龍山寺、清水岩與崎仔頂街的關係

（一）施家古厝附近寺廟空間背景

施宅所在地的下方有一座龍山寺，創建於清咸豐八年（1858），而施宅上方的清水岩，創建於日治昭和七年（1932），這兩座廟信眾與淡水草東里一帶的居民有關係密切。淡水龍山寺與台北艋舺龍山寺一樣主要為泉州三邑人（晉江、惠安與南安三縣）所支持。淡水龍山寺正殿龍柱有黃龍安捐獻之銘記，他是清末台北盆地三邑人的領袖人物之一。而且石垛上也有不少「武榮」人士捐建之銘記，武榮即南安。反觀清水岩，捐建者除了「清溪」（安溪人）外，也有不少「武榮」，可證實淡水草東里泉州三邑人，特別是南安人是不可忽視的力量。

當昭和七年（1932）開始創建清水岩之前，也有一段整合過程。據傳說，清水祖師神像原奉祀於草東里東興街鄉紳翁種玉家，後來因為狹小不便，地方鄉賢乃建議將米市仔附近的蕭府王爺與西秦王爺廟拆除，取得土地後合建規模較大的清水岩，廟成後並將蕭府王爺與西秦王爺合祀在同一座廟內。

清水岩的建造前後耗費八年，正殿在 1932 年完竣，左配殿供奉蕭府王爺，右配殿供奉西秦王爺。至於前殿因捐獻不足，經東興街里民努力勸捐，克服困難，終在 1937 年才完成前殿。這段為期頗長的寺廟工程，大木匠師係由來自板橋埔墘的廖石成擔任，廖氏為台灣名匠陳應彬高徒，他曾參加台中林氏宗祠、木柵指南宮、台北劍潭寺及小基隆媽祖廟等。而淡水祖師廟為其出師後獨挑大樑之作。二戰後，台北龍山寺大殿重建亦由廖氏主其事。石匠張木成的名字出現在清水岩前殿石垛，張

氏出身泉州惠安淨峰鄉黃坑鋪，世代務打石工作，1923 年隨其父張火廣來台，參加指南宮工程，其後又作八德三元宮、八里天后宮、馬公城隍廟與新莊地藏庵。淡水清水巖前多石雕，整垛牆面皆為觀音山石所雕，張木成在此展現精雕細琢之工夫。清水巖前的石燈籠現今尚存「施萬松敬獻」石刻字樣以及三川殿前多處石垛「昭和丁丑年陽月立，株式會社施合發一同敬獻」、「株式會社施合發商行重役職員從業員一同敬獻」之落款，施合發商行及其所屬員工熱心捐獻的銘記，在在可以顯示施家與清水巖之關係十分密切。

我們找到一張日治時期老照片，依照片的建築大約可推斷拍攝於1932 年前後，時清水巖正殿剛竣工，其下方的施宅很清楚地顯露出來，視其屋瓦色澤明亮，應該也剛完成不久。

（二）施家古厝的位置

宅第坐落在陡坡上，這一段街道稱為崎仔頂，地勢較高，約高於滬尾市街二十公尺以上。在清代咸豐八年（1858），崎仔頂街下方由同安移民為主建造一座「龍山寺」，寺內正殿可見當時滬尾名人黃龍安捐獻龍柱之落款。在崎仔頂街的轉彎處有一座土地公廟，它的坐向與龍山寺相背，朝向西北方的市街，這一段被稱為「米市仔」，為清代淡水的主要稻米市場，稻米的來源主要為淡水北郊的鄉村，可能包括「水碓子」、「林仔街」、「水梘頭」、「南勢埔」、「北投仔」與「灰窯子」一帶。

在「米市仔」西側，聳立一座著名的「清水巖」，供奉安溪移民尊奉的清水祖師，後來也因此這條街被稱為「清水街」。施家古厝的位置恰在崎仔頂米市街下段，背倚山丘，而面朝淡水河關渡方向，如就風水形勢而言，應是絕佳的地理。

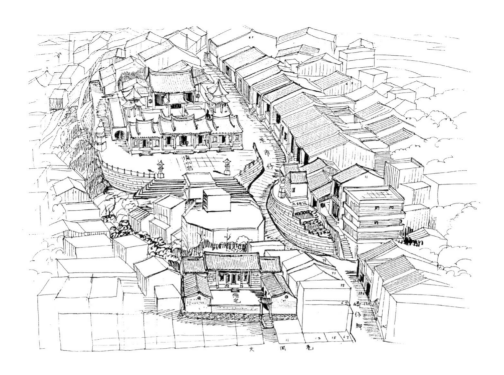

施家古厝與清水岩、米市仔、崎仔腳等關係位置透視圖。

第二節　建築特色

一、建築格局

　　施宅的格局受制於自然地形，選取最簡潔的「正身帶左右護室」布局，它的正身坐西北朝東南，取得向陽之優點，正身沿著山丘之等高線建造，背後臨陡坡，以坡坎處理陡峭山勢。正身前左右各伸出護室，由於基地狹小，護室並未分段為頂下山。正身前埕呈扁寬形，面寬大於進深，設門樓於左前方，合乎傳統的「坎宅出巽門」作法。

　　施宅的平面雖然屬於一般台灣北部常見的三合院，但就建築形式而言，卻出現少見的特色，即正身平面為三開間，但外觀卻作出五開間的分段。正身前面步口廊寬度加大了，步口廊簷柱獨立，簷柱是以弧形紅

磚砌成的圓柱體，這種磚砌圓柱盛行於清末日治初期，特別是一九〇〇年前後，在台北中北街（今迪化街）與艋舺老市街仍可見之。

　　正身的平面為三開間，但立面作出五開間，顯然裡外不一，在台灣民宅類型中，這是罕見之例，推究其因，可能係為增加步口廊面積，使正身前廊較寬敞。並且，在圓磚柱盛行的年代，圓磚柱能夠獨立在步口廊前，有如騎樓柱，也符合了審美的要求。

二、磚構造

　　施家古厝所使用的磚依尺寸來分析，共有四種規格，正身立面主要有 23.6cm× 11cm×5.8 cm 的紅磚，這是 1900 年代由日本引進來的所謂機器製作磚，由當時「台灣煉瓦株式會社」所生產，工廠分佈甚廣，台北附近以松山、內湖、大直一帶較多。第二種紅磚為正身次間轉角所用的「顏只磚」，其尺寸較小，為 23.5cm×9.5×4 cm，這是一種閩南傳統建築最常用於門框、窗框及轉角所用之紅磚。第三種磚為正身步口廊對看垛的半圓拱門所用之紅磚。第四種磚為左右護室立面牆體所用之紅磚，尺寸為 24cm×11.5 cm×6cm 與門樓磚柱相同，其色澤略異於正身，似乎品質不及正身所用。第五種為四分之一圓的紅磚，它用在砌圓柱子，這種紅磚品質極優，色澤均勻，且硬度也較高，應屬於一種機器製磚，也是日治初期「台灣煉瓦株式會社」（Taiwan Renga）所產，多用於騎樓之圓柱，如今尚可在大稻埕迪化街、艋舺貴陽街及台北縣三峽老街的街屋等亭仔腳可見之，它的尺寸為 23.5cm×5.8cm。另外，門樓屋脊上門樓屋頂上及正身步口廊石階旁地面尚見日治時期所產菱形內含「S」標記的紅磚，依其外觀可區分為光滑的「油面」與「網面」兩種，這種磚產自日治時英資在台設立的「撒木耳煉瓦會社」（Samuel & Samuel Company）[2]生產的 S 磚，亦可見建於 1925 年的淡水中學八角塔。

　　施宅正身立面及步口廊的圓磚柱砌法採用較考究的作法，使灰縫為

---

[2] S 磚由來，引自 http://tw.myblog.yahoo.com/min351205/article?mid=1276&prev=1301&next=-1；
　　另稱產自「SAMMEL」（三美路）資料引自淡江中學通訊
　　http://www.tksh.tpc.edu.tw/park/tmshome/53th/17.pdf。

凸線，俗稱「指甲圓」的弧線，在砌磚時，以清水洗淨磚面後，再以特殊的小鏝刀勾勒凸線灰縫，這種工法盛行於日治大正年間。施宅的弧形紅磚剛好為四分之一圓，因此以四塊磚可砌出一個正圓，每一皮採「錯縫」方式，每隔一皮「對縫」，構造合理，外觀工整，為一優異的磚柱。

三、大木結構

施宅正身明間使用較為考究的木棟架，而次間及邊間則使用硬山擱檁式，作法較簡單。明間的棟架作工甚精，屬於「穿斗式」，前並帶捲棚軒，這是一種很典型的台灣北部民居棟架類型。

依據現場測繪得知，正身明間穿斗式棟架為十五架，中脊桁下設「將軍柱」，步口軒有三架的寬度。橫穿有三支，步口通樑後尾插入牆中，前端伸出圓柱□，承挑「捧前桁」。所有的桁木皆為圓斷面。而桁下皆出「雞舌栱」，所用斗多為「桃彎斗」，細部雕琢頗為精美。束木用「肥束」，呈現立體感，「束隨」則雕卷草或螭虎圖案。值得注意的是瓜筒造型，瓜筒為圓筒形，下方開鼻，但未作「趖瓜」。瓜筒上的斗轉為八角形，有束藤。束尾多出卷草，「束隨」的圖案曲線與「束木」配合得當。若從屋坡斜度較緩和來判斷，施宅的大木較接近於泉州派作法。

由於前步口有直徑 33 公分的圓磚柱，入口正面牆厚亦達 33 公分，所以木棟架的步口通樑及束木被厚牆吃入較多，這種情況在二十世紀初期盛行水車堵的建築頗為常見。水車堵為一種用西洋線腳的水平帶裝飾，它常被置於門窗之上與屋簷之下，形成一條水平裝飾帶。在水車堵內通常以泥塑、交趾或剪黏的人物花草點綴，更益顯得華麗。

施宅的正身明間使用穿斗式棟架，而前步口廊出現捲棚作法，並有精雕的瓜筒，在淡水附近的古宅裡算是較考究的實例，據現場實測，前步口的瓜筒形式，接近於「尖峰筒」，筒身為圓斷面，但上端的斗為八角形，筒身出「卷草栱」，斗出「雞舌」。

瓜筒的細部頗精美，瓜腳向下伸出，左右亦雕雙牙，而瓜腳正中央浮雕一個小磬牌，在同類型的尖峰筒是很少見的作法。

步口通樑下方的員光卻採最簡潔的作法，只是一塊板狀物，兩端施淺雕卷草紋案，中央不施雕，觀其造型，與泉州風格較接近。

斗栱方面，正身簷柱的柱頭使用二跳斗栱，正栱為典型的關刀栱，副栱則為「葫蘆平」栱，曲線流暢，栱頭置「捧前砧」，以承「捧前桁」，因而正身簷口並不需要封簷板。

四、門窗構造

施家古厝正身的門窗作工頗精且多樣，門楣及窗楣皆為粗大的觀音山石所雕，正面中門為雙扇裝玻璃門，是否為原物無可考證，一般傳統中門多為板門，但一九○○年之後受到外來影響，中門也有裝玻璃窗之例。施宅正面明間的窗子上下皆為觀音山石條，並可見圓鐵棒的痕跡，明間鐵棒裝設七根，次間窗子較小，只裝五根鐵棒，這種作法多出現於日治初期至大正初年。據說在昭和年間太平洋戰爭前夕，鐵棒被日本軍方徵收去了，現已不存，只餘殘孔。

明間窗子上方尚闢有氣窗，頗具特色，這是一個巨大的洗石子仿假口斜櫺窗，每個小孔作成「柿蒂」形，這種巨大的氣窗在台灣其他處民宅甚為罕見，也可視為本宅的特色之一。

施宅的正身前步口的對看堵闢半圓拱門，係以清水紅磚砌成，兩門相對。拱門上方則以「畫磚」技法畫出「萬字不斷」圖案，「萬」字塗黑煙，而「地」為朱色。在正身邊間連通護室之處則又出現較大跨度的圓弧狀磚拱，這也是他處少見之作法，通過圓拱洞，則可通左右護室。背立面則使用傳統的磚砌直櫺窗。

護室的用磚品質不如正身，在簷下砌出簡單的「火庫」，並且留設十多個「十字形」孔以通氣，門窗上緣亦不置石條，只以磚作扇形砌，護室山牆上端留設小圓窗，住民稱左為「龍眼」，右為「虎眼」。

日治時期的淡水港，自河上清楚可見清水岩與施家之位置，圖左上為清水岩當
時只完成正殿前殿未蓋，圖中央為施家古厝。

2016 年整修後的施宅明間棟架。

淡水施家古厝正身步口棟架。

施家古厝正身步口通樑有施作包巾彩繪。

第三章　艋舺清水巖

第一節　清水祖師事蹟

　　清水祖師是一種中國南方特有的中國化佛教神明，在清初隨著移民引進台灣，所以台灣的清水祖師信仰源自福建。所謂清水巖，原本指的是福建安溪縣清水祖師之祖廟，該寺係座落於巨岩之下。

　　關於清水祖師，一般都認為是受到道教影響的通俗佛教信仰，也是宋代中國南方所初現的中國化佛教神明之一[1]。大體而言，所謂祖師，係古時候中國的得道高僧，後世人們將他們崇敬為神，當成是佛教的神明。台灣可以見到的祖師除了清水祖師外，尚有達摩祖師、顯應祖師、昭應祖師、蓬萊祖師、慚愧祖師等。奉祀祖師的寺廟通常即被稱之為祖師廟。

　　據清代台灣方志中所載，台灣的祖師廟至少有 21 座，其中大都分佈於中南部，尤以鳳山縣為多。北部地區只有艋舺祖師廟見諸淡水廳志。另有兩座著名的清水祖師廟未見於官修方志，即是三峽祖師廟長福巖與淡水祖師廟清水巖。前者的創建年代亦很早，據傳在乾隆間已存在了[2]。

　　清水祖師究竟是一位什麼性質的神明呢？臺灣的信徒常尊稱為烏面祖師，他的面貌呈黑色之故也。對清水祖師的生平來歷見之於《福建通志》，謂「普足，清溪縣蓬萊山僧也。本永春小姑村人，幼出家大雲院，長事大靜山明禪師，業就辭還，募造橋樑數十所，以渡往來。為眾請雨，如期輒應，眾大悅，築室蓬萊山清水巖以居之。」說明了清水祖師是中國古代高僧，後人尊之為神明的史實。以下再節錄《福建通志》

---

[1] 見林衡道「台北市的寺廟」一文，刊於台北文獻第二期，民國五十一年十二月。清水祖師歸納於通俗佛教之神祇，除了是安溪地方之守護神，也是一種水神。文中指出清水巖係受道教影響極多的通俗佛教信仰，廟中尚陪祀關聖帝君、文昌帝君及福德正神等。

[2] 見劉枝萬「清代台灣之寺廟」一文，刊於台北文獻第四期頁 101，民國五十二年，台北市文獻委員會。

與艋舺、淡水的清水祖師廟刊印之略傳，供為參考。這些雖不免有傳說性的神秘色彩，但仍不失為我們了解這位高僧背景之重要材料。[3]

> 「居巖十九年，造成通泉谷口，沙口諸橋，砌洋中亭路，靡費巨萬，皆出於施者。……一日屬以後事，說偈端坐而逝，建中靖國元年也。……俗傳，普足初築室時，有畬鬼穴其中，普足與約以法相勝，鬼置之穴中，火薰七日夜不死，普足出曰『汝任吾治』，其布懸崖，延鬼徧坐其上，布斷盡墜巖底，逐而穴閉之，今塑遺像黑，鬼之所薰也。」又謂「普足常指邑之閬山曰：『此真佛家鄉也，後數十年，吾當現身於此』。紹興四年七月十日，雷火燒山，自夜達旦，鄉人異之，躋攀崖險至石門，人跡不到處，見白菊一叢，薑三叢，香爐一，普足在焉，遂即其地創祠，號為清水別巖。」

這裡指出清水巖建寺之由來。

艋舺清水巖刊印之略傳大致上引自《福建通志》卷二六三，述其事蹟：

> 「清水祖師，亦稱麻章上人，蓬萊祖師。宋仁宗慶曆四年正月初六日誕生於福建永春縣小姑鄉。俗姓陳，名應，亦謂昭，字普足。幼出家大雲院。稍長，自結茅庵於高太山，持戒律甚嚴。終日閉關燕坐，塵慮不入。乃聞大靜山明松禪師，道法高超，頗通諸經妙諦，往師之。從讀釋家書，力參三年得悟，辭歸高太山。臨行，明松禪師授衣缽而戒之曰『我佛最大功德，莫如行仁。故須捨棄萬緣，一以利物濟世為職志。』上人俯伏諾之。既返，庵為風毀，逐遷於麻章。施醫濟藥救世，輒奏奇功。」
>
> 「神宗元豐六年，清溪大旱，鄉人素聞麻章上人道行深高，求為祈雨。法駕比至，雨隨霑足，眾皆怡悅，因有築室延居之願。時上人駐於蓬萊山石宮，地近映月池，青山帶霧碧水籠煙，清靜離

---

[3] 福建通志卷二百六十四寺觀，「清水寺在崇善里，宋普足禪師所居，舊為清水巖，中有來憩亭，嘉定台趙彥公侯瑕遊憩於此，出水石，石上鐫宋淳熙年間，寺田無水應圓頭陀杖石出水。」另安溪縣又有大山寺，「在感化里，宋紹興四年僧顯應坐化於此，因建寺，國朝康熙二十二年里人 李光地重建。」

塵。上人喜居此，眾乃醵金開闢草萊，構築精舍奉居。上人睹門前石泉清冽，名之「清水巖」居巖十九年。造成通泉谷口、沙石諸橋。砌洋中亭路。皆上人化緣而來。一朝囑以後之事，說偈端坐而逝，時未徽宗九年，是年六十五歲。」

「相傳上人居清水巖時，有畬鬼穴其中，約以法勝，鬼置上人於穴中，火薰七日夜不死。出謂鬼曰『汝今任吾治』。上人收伏其鬼，使之棄邪歸正，乃張、黃、蘇、李，四大將軍。今塑像面黑如鐵，鬼用火薰故也，烏面祖師得名由此。」

「上人曾至邑南之閬山曰『此真佛家鄉也，數十年後，吾當現身於此也。』宋高宗紹興四年七月十日雷火燒山，自夜達旦，鄉人異之，攀崖險至石門，人跡不到處，見白菊一叢，薑三叢，香爐一，上人在焉。逐於其地創祠，號為清水別巖。上人逝後，築亭其上，名真空塔，遺命大弟子楊道為傳人。有司以其靈跡顯著上聞，敕賜『昭應大師』封號。」

「宋孝宗熙十一年德化縣民請來乞雨靈應，賜『昭應慈濟大師』。宋密宗嘉泰元年，加封『昭應慈濟廣惠大師』。景泰元年，泉州苦旱飢人相食，太守鄒公迎上人佛身入城，方及州門，陰雲四合。及晚，天降豪雨，五邑俱甦。再賜『昭應慈濟廣惠善利大師』。」

以上這些描述，顯示出來清水祖師常因旱災時被請來乞雨顯靈應，屢被加封。[4]

淡水清水祖師廟所刊印之簡介，祖師之略傳亦大同小異，文字較簡要：

「姓陳名普足，生有道骨，幼出家於大雲院，及長結庵於高太山。仰大靜山明公禪師，法慧道行，高超圓滿。往拜為師，講求大少乘妙諦，道即通靈。辭歸高太山，師授衣缽，戒之曰『非值嚴重大事、毋著此衣』，並囑『其後捨棄萬緣、一心利物濟人為志』。祖師遵而實踐廣行。嗣移高太山麻草庵，祖師精通醫術，屢募捐

---

[4] 關於清水祖師的來由，另有說法與福建通志所載不同，新北市三峽長福巖簡介資料認為陳昭應為宋朝人開封人，宋朝末年曾投效文天祥抗元軍，後來率眾南移到泉州安溪縣，改穿僧服，暗中進行反抗異族的工作。明朝時由明太祖朱元璋敕封為護國公，並於安溪清水巖建祠崇祀。

修造路橋，施醫藥符水以治人病、及貢獻交通，遇旱疫為人祈禱，輒著奇效，宋神宗元豐六年癸亥，清溪大旱，鄉人公議、延祖師祈雨。立獲甘霖，旱象銷，廣濟群農。眾感祖師道行，能感動天地，敦留祖師駐錫。經祖師願意，由眾集資，於張岩山之側，開闢草蓬、構庵數架以居，因石泉清冽，爰改名「清水巖」。是年祖師三十九歲。迺錄楊道，周明為弟子、主持巖事，遂雲遊長汀，漳州，閩南七縣，歸後感梵宇狹隘、為之改建，時棗樹祇有一株，旋經多栽樹木，並建洋中亭，更修造路橋，而在亭中施濟醫藥。」

「迨宋建中、靖國九年五月十三日，乘劉公銳至巖，祖師囑以後事，謂『形骸外物，漆身無益』說偈訖，端然坐逝。遠近聞知，雲集瞻禮，越三日神色不異，鄉人葬師於巖後，運石甃塔，築亭其上，名為「真空塔」。遺囑立大弟子楊道為主持。祖師勤修梵行，到處為人治病，沿門托缽募捐所得用以施捨貧窮，拯恤孤寡。曾為宋寶皇太后治疾，瘥後贈以金帛、婉辭僅指一大沉香木請贈，即後來所彫之祖師之正身是也。」

福建省安溪縣蓬萊清水巖管理處所刊印之安溪清水巖簡介中祖師小傳內容如下：

「清水祖師，原名陳普足，福建省永春縣小姑鄉人氏。生於宋慶曆七年（公元一○四七年）元月初六日。幼出家大雲寺，持齋戒殺，講求經識，後結庵於高太山，聞大靜山長老明公禪師、法慧高超、道行圓滿，即詣山參拜，以師事之。授以衣缽後移住麻章庵，以慈善為本，以利物濟人為志，樂於募捐，修橋築路，施醫濟藥，弘揚佛法，不久，麻章上人，聲名大噪，遐邇皆聞。
元豐年六年癸亥（公元一○八三年）清溪（原安溪縣名）大旱，蓬萊鄉人，素聞師所行多神蹟，公議延其蒞鄉祈雨。法駕初至，甘霖驟降，果著奇驗，鄉人大悅。眾意敦留在蓬駐錫。師慕蓬萊山川奇麗，風景優雅，當即應允。遂由眾集資於張岩（今岩山）之側開闢草萊，構庵數椽居之，師睹是處，石泉清冽，改名清水岩。
師留岩後，錄楊道、周明為弟子，續修廟宇，廣植禪林、募建通道橋樑，並在洋中建亭，施醫濟藥，且雲遊汀洲、漳州等地，為

人驅災除疾，所至輒應。遠近鄉人，每逢災疫，也跋涉延請，從此，寺業大興、師名更噪。

建中靖國元年（公元一一○二年）五月十三日，祖師端然坐逝，據傳：『越三日，神色不異』。遠近聞知，雲集瞻禮。鄉人葬師於岩後，運石甃塔，築亭其上，名曰『真空塔』（俗稱「祖師墓」，今猶存），並刻沉香木為師像，供奉殿中。

宋隆興二年（公元一一六四年）父老姚添等以大師幼年出家，為陀苦行，亢旱祈雨著名，請縣轉有司入朝奏請，帝賜『昭應大師』徽號。後來，每求迭應，事蹟昭著，屢經保奏，晉號加封。宋淳熙十一年，賜為『昭應廣惠大師』；宋嘉泰元年，敕賜為『昭應廣惠慈濟大師』；宋嘉定三年，又賜為『昭應廣惠慈濟善利大師』，從此，師名垂千古，譽遍海內外，為眾生所供奉。」

另台灣廟神傳中，亦有關於清水祖師之文字描述：[5]

「有謂清水祖師，又稱為三代祖師，一般寺廟文獻謂祖師有烏面、金面、文面及赤面之分，烏、金、文面三色祖師，及清水祖師之代稱。赤面祖師為顯應祖師之代稱。又有謂烏面為清水祖師，金面、文面為三代祖師。」

「清水祖師之生歿時間，諸說不一，有謂漢景帝時人，有謂為唐時蓬萊山高僧，有謂為宋徽宗建中靖國年逝，有謂生於宋仁宗慶曆四年正月初六日，逝於宋徽宗九年，享年六十五歲。按：宋徽宗在位二十五年，計有六個年號，建中靖國僅一年，徽宗九年應為崇寧八年。」

「清水祖師何以又稱為烏面祖師，相傳祖師居清水岩時，有畬鬼穴其中，約以法勝，鬼置祖師於穴中，火薰七日夜不死，鬼服其神功，聽祖師指揮，亦即所謂張、黃、蘇、李四大將軍，今之祖師像所以面黑如鐵，即為鬼火所薰之故，是烏面祖師之得名由此。一說為祖師之嫂生產，炊煮不便，祖師為之燒煮柴盡，以雙足代柴，炊畢，從煙筒昇天，今之烏面，煙筒灰也。」

以上所錄之清水祖師事蹟，經過整理，我們大體上可以歸納出下列

---

5 見仇德哉《台灣廟神傳》一書，頁 455、456，民國 68 年。

幾項：

1. 清水祖師，原名陳普足，福建永春縣小姑鄉人。光緒年間福建通志所記其字為普足，亦有可能。

2. 出生於宋慶立七年（西元 1047 年）元月初六日。福建通志記為宋慶立四年（西元 1044 年），相差三年。

3. 幼年在大雲院出家，再師事大靜山長老明公禪師。後移往麻章庵，故又被稱為麻章上人。

4. 常為旱災祈雨，廣濟農民，並托鉢募捐，修造橋樑，造福百姓。

5. 宋元豐六年（西元 1083 年），清水祖師至安溪蓬萊山清水巖，傳弟子楊道與周明。並施醫濟藥，為人驅災除疾。

6. 宋徽宗建中元年（西元 1102 年）五月十三日，祖師坐逝，鄉人為其建墓，曰祖師墓。

7. 宋隆興二年（西元 1164 年），帝賜「昭應大師」。

第二節　台灣的清水祖師信仰

安溪屬閩南，風俗習慣及語音亦與閩南泉州三邑或同安大同小異。它位於泉州西北部，不靠海，因此居民擅長農耕技術。全縣多山，耕地多在山坡地帶，茶葉是主要的經濟作物，因此安溪茶成為當地的特色，以鐵觀音尤著。台灣的安溪移民似乎也有共同的居住現象，多居於山坡地區，施展他們的農業專長，同時也種植茶樹。

安溪的清水祖師廟位於距縣城西北十多公里的上游蓬萊山，山中因有著名的清泉飛瀉，故名清水巖。據傳清水巖的祖師廟初創於宋朝，係築在當時普足上人修行的山岩前，普足上人在山岩中居住 19 年。清水巖的寺廟沿著山坡興築，山徑旁尚有相傳由普足上人手植的鐵觀音茶樹、樟樹與羅漢松。廟宇雖係後代所修，且有近代海外華僑捐獻重建者，但仍不失古意，與附近地景頗為相襯。建築物因地制宜，分為數層段落，且就地取材，多用岩石砌成。大殿高三層樓，屋頂採歇山式，以木結構為之。兩側的護室及附屬禪房則為砌石造，闢拱窗，有如城堡，頗為堅

固。殿後為清水祖師墓與舍利塔。塔高約二公尺餘，上有六角形頂，中置蓮花形剎，塔身呈六角形鼓狀，下以蓮花座托起，其整體造型與閩南一般作法如泉州開元寺或漳州南山寺所見一樣，顯然屬於相同的風格。

　　蓬萊山清水巖的建築歷經多次修建，據近年安溪縣蓬萊清水巖管理處所刊印資料

> 「清水岩，為閩南著名的名勝古跡之一。地處安溪縣蓬萊鄉蓬山之麓。海拔七百六十公尺。奇峰突兀，繁林蔚茂，樓閣崔嵬，石泉清冽，風景宜人，素稱『泉石無雙地，蓬萊第一峰』，『人間天上』、『仙境之地』。
>
> 岩宇始建于北宋元豐六年（西元 1083 年）。景炎二年（西元 1277 年）遭火焚，僧人募款重建，至元代廷祐四年（西元 1317 年），歷時十二年，殿閣、宮亭始建完成。嘉靖四十三年（西元 1564 年）重修，殿宇輝煌，超過舊觀，其時僧尼，相傳達七、八十人之多。
>
> 岩宇主體，依山而建，面臨深壑，呈樓閣式，外觀『帝』字形。由下而上，共分三層：第一層為『昊天口』，當心設通道石梯；上又虛設一層附在岩壁，後檐及中間各減柱四根，成為廊道。第二層為『祖師殿』（主殿），面寬三間，進深三間，補間鋪作兩朵，雀替精雕龍鳳。當心間如意斗栱、、穹窿藻井，餘為平棋天花。殿前有兩根青石雕刻的翔龍蟠柱，殿中供奉宋雕清水大師，後座有金身如來一尊，整個布設莊嚴肅穆。第三層為『釋迦樓』。石檐當心間設木龕，供奉盤足，仰蓮座的釋迦佛像。據傳，師崇釋迦，故上建釋迦樓。主殿的兩側，依次建樓，層疊回護。第一層東西側為檀樾廳、觀音廳、芳名廳等，危樓曲閣，雕龍畫棟，相傳為九十九間，均係元、明、清構築。」[6]。

　　它所供奉的清水祖師是安溪人的守護神，清代安溪移民入台，乃將清水祖師分爐來台灣，只要是安溪移民聚首之處，仍多可見到清水祖師廟或法主公或保儀尊王廟。台灣的安溪人大約在清代乾隆、嘉慶年間由

---

[6] 引自安溪清水巖簡介，福建省安溪縣蓬萊清水巖管理處刊印。

大陸移入。當時中南部平原地帶多已由泉州三邑人，同安人以及漳州
人、客家人開墾，因此北部的山區乃成為安溪人分佈較密集的地區。

　　台北盆地四周的山區是安溪移民的大本營，據針對族譜調查，包括
台北樹林清溪陳氏，佛耳山詹氏，虎邱林氏，板橋巖岑王氏，古瀨葉氏，
鶯歌虞都許氏，台北武功周氏及木柵安平安高氏等統計，安溪人移民台
北附近為數最多，據日據大正十五年（西元 1926 年）之調查統計，台
北州的安溪移民人口約二十萬二千人，佔台北州漢族人口的百分之二十
八，就全台灣而言，則安溪移民約佔百分之十一點七。

　　台北景美為安溪人聚落，仍有高氏捐贈的集應廟，供奉安溪人守護
神保儀尊王。台北三峽亦為安溪人開拓的古聚落，他們在清乾隆三十二
年（西元 1767 年）回安溪迎來清水祖師，不久及建造長福巖，這座著
名的清水祖師廟歷經多次重修，民國三十六年（西元 1947 年）之後又
經當地畫家李梅樹用心指導，以精雕細琢態度整修，目前已經成為台北
附近最著名的寺廟建築。

　　在台北淡水的清水祖師廟也是規模較大的，它的出現較晚，現在的
寺廟建築於日據昭和七年（西元 1932 年）。但若據廟方自行刊印的說
法，係大約清末光緒年間由清溪的清水巖和尚恭奉一尊蓬萊老祖師（即
俗稱的落鼻祖師）來淡水，上陸後安奉於滬尾東興街濟生號鄉紳翁種玉
之家，因佛力顯靈，提醒蒼生災厄，屢以落鼻示警，因而香客絡繹不絕，
香火逐漸鼎盛，乃於西元 1932 年建廟供奉。關於淡水的清水祖師又有
兩項記載，廟中石柱彫琢的聯句「祖德施石門昔日震災殫佛力，師勳建
沙崙當時制敵顯神通。」上聯指的是清同治丁卯年（西元 1867 年）仲
冬石門（今新北市石門鄉）迎祖師遶境，至港口落鼻，莊民咸以為奇，
爭相奔到港口，時地震屋倒，而人事全安。下聯係指光緒甲申年（西元
1884 年）八月三十日法軍進犯淡水，孫開華部隊在淡水沙崙禦敵，使
法軍損失慘重，未能得逞。而滬尾市街化險為夷獲得平安，居民認為此
乃祖師爺神助之功，為此清廷特頒賜「功資拯濟」匾額給淡水的清水祖
師廟。

　　關於這段傳說尚未有明確史料佐證，因為根據台北艋舺的清水祖師

廟刊印的資料，其所供奉之神像係由安溪人之下郊在清乾隆末年捐資三萬元，並推翁有來為董事，負責籌建廟宇。當時神像共七尊，其中蓬萊祖師即俗稱的「落鼻祖師」尤為靈異。在清末中法戰爭時，淡水人將艋舺清水祖師廟請去助陣。事平後，淡水方面希望將神像留下來，而艋舺方面不同意，後來雙方協議祖師神像雙月供奉於淡水，單月供奉於艋舺。而且淡水方面將清水祖師得道升天的日子，即農曆五月初六定為淡水的大拜拜。

第三節　艋舺清水巖之創建及沿革

在台灣北部的清水祖師廟中，以艋舺、三峽與淡水三地為最重要，其中又以艋舺者地位最顯著。在台北早期歷史發展過程中，艋舺清水巖象徵著三邑人、同安人、漳州人與客家人之外的第四種移民勢力的存在。

眾所周知，艋舺之興起，三邑人、同安人與安溪人之功勞皆不可沒。文獻可考的較早期寺廟有清乾隆三年（西元 1738 年）的龍山寺、乾隆十一年（西元 1746 年）的新興宮媽祖廟、乾隆二十五年（西元 1760 年）的地藏王廟與乾隆五十三年（西元 1788 年）興工的清水巖。

從艋舺的市街發展，可以證明祖師廟居於重要地位，且當時安溪人的社會角色頗有份量。從碼頭邊的歡慈市街向東延長，接上「直興街」及「草店尾街」，中段是媽祖廟新興宮，東段終點即是祖師廟。而且，祖師廟坐東朝西，面對街道。

艋舺清水巖始創於清乾隆末年，同治十年官修志書《淡水廳志》記載：

> 「在艋舺街，泉州安溪分派，乾隆年間捐建，嘉慶二十二年重修，咸豐三年分類燬，同治六年重建。」

廟方刊印之簡介則明確地指出係由泉州安溪人之下郊捐資三萬元，推翁有來為董事，於乾隆五十二年（西元 1787 年）開始籌建，五

十三年五月初七日興工，於五十五年（西元 1790 年）十二月九日落成。[7]

　　乾隆五十五年（西元 1790 年）落成的艋舺清水巖具備幾殿的規模不得而知，但二十七年後的嘉慶二十二年（西元 1817 年）六月八日，卻遭遇暴風雨所毀，再由翁有來向鄉人募捐五千元重修。到了咸豐三年（西元 1853 年），頂下郊分類械鬥時，遭頂郊人焚毀。事後，再由董事白其祥向安溪人募銀二萬五千元，於同治六年（西元 1867 年）四月八日開始整修，至光緒初年方克竣工。這段記載引自清水巖刊印之簡介，所提之董事人物與年代日期皆很明顯，似乎有所本，應是轉引自李根源〈艋舺寺廟記〉一文。而且與淡水廳志所載：「乾隆年間捐建，嘉慶二十二年重修，咸豐三年分類燬，同治六年重建」完全一致。

　　關於咸豐三年（西元 1853 年）頂下郊拼事件，清水巖被焚毀一事，究竟史實如何？據民國四十二年（西元 1953 年）二月由台北文獻會所舉辦艋舺耆老座談會記錄（收入台北文物第二卷第一期），黃元愷氏謂：

> 「下郊人本計畫一個大攻勢，但這被頂郊人無意中得悉，於是他們為先發制人，向安溪人借路，用菁桶當作遮蔽進攻八甲，祖師廟就在這時候燒燬，而風勢吹向同安人的住區八甲，所以八甲也被燒光，同安人於是背奉城隍，逃往大稻埕定住。」

黃元愷氏為艋舺耆老，相信係艋舺老一輩人士相傳的說法。[8]

　　另外，李根源氏「艋舺寺廟記」一文所載只提到「至咸豐三年頂下郊拼，遭火焚燬」未述明原因為何。黃啟木氏在「分類械鬥與艋舺」一文中謂「頂郊人因物資、人力方面均佔優勢，自然戰事亦佔上風，他們和八甲庄之間被池塘隔阻，無法攻入，所以相持許久未能消滅下郊人。

---

[7] 艋舺清水巖至今為止未發現碑記，頗為憾。吾人推斷以台北盆地安溪人之勢力當有能力建大廟，並置石碑。然碑記闕如，可能亦毀於咸豐三年兵焚之災。

[8] 因頂下郊拼遭焚毀後重建清水巖，當時董事白其祥出來募捐經費。關於白氏，台北文物第五卷的二、三期合刊號問樵一文「白其祥的事蹟」述之甚詳。文中謂白其祥為清末民初台北附近安溪移民之頭人，「以祖師廟建在八甲庄及沿河地區交界，如把該廟拆除，可以另闢大路，進兵直搗下郊人的巢穴。因為祖師廟是安溪人士鳩資所建的廟宇，於是三邑的首腦就相邀去向他借路。安溪人士聽到這個消息，輿情譁然。他極力勸和不能收效，怕安溪人士也被捲入戰禍，遂毅然答應。」

最後由於中立的安溪縣人好意，准許將其所建之祖師廟借他們燒燬，闢為進攻路。」這項說法，使得近帶討論有關艋舺鄉土史的文章大都採信並沿用下來。姑不論械鬥發生時，頂郊人如何焚廟借道，以現存祖師廟同治六年至八年石柱與石珠之落款，似乎重建捐獻者仍為安溪移民，並非三邑人所償還之物。例如：

前殿石珠—　同至八年歲次已巳梅月重修，本邑吳姓眾帝子敬奉。
　　　　　　同治戊辰年葭月立，本邑弟子劉姓敬獻。
前殿石柱—同治六年本邑軍功職員翁瑞玉、翁種玉再敬獻。
　　　　　　同治七年戊辰葭月重建，貢生本邑魏姓眾弟子敬獻。
正殿石柱—　大清同治七年歲次戊辰佛生日，欽加五品銜總董事長白欽銘率男同知銜其祥敬獻。
　　　　　　同治戊辰孟春之月重建，鄉進士孝廉方正四品花翎內外史官淡蘭
　　　　　　主講宗裔維英敬撰幷書，鄭姓弟子宗裔芳蘭長勝同再敬獻。

　　從這些石珠與石柱聯對文字可以了解，重建時並非由頂郊的三邑人出資，而且陳維英又為之撰聯，我們據此判斷，所謂頂下郊拼時，頂郊人要求燒毀祖師廟，並於事平後償金重建之事恐與事實有出入。較合理的推斷，應是祖師廟在亂事中被無辜波及，事後仍由安溪移民自行鳩資重建。[9]

　　同治六年（西元 1868 年）重建因遭械鬥戰火波及的清水巖，是否從廢墟中重建呢？這也是一個值得探討的問題。據現場石珠石柱的落款年帶調查：

前殿—中門左楹聯為嘉慶二十二年（西元 1817 年）（據石材研判，應為同治六年新雕成）
中門右楹為同治六年（西元 1867 年）
牌樓封柱為同治七年（西元 1868 年）

---

[9] 對祖師廟於同治六年重建是否為頂下郊拼時，應頂郊之請，假途焚廟一事，提出質疑者，王國璠主修台北市志卷八文化志名勝古蹟篇清水巖部分已述及。

四點金柱為同治七年（西元 1868 年）

前步口廊牆磚彫為嘉慶二十二年（西元 1817 年）

排樓石垛為同至八年（西元 1869 年）

正殿—步口龍柱為同治七年（西元 1868 年）

四點金柱為同治七年（西元 1868 年）

從這些石彫及磚彫年代判斷，清水巖仍有嘉慶二十二年（西元 1817 年）之山牆磚彫及中門柱，在咸豐三年（西元 1853 年）兵燹之災中，仍保存牆體及地面石板，重建時更換樑柱罷了。依據文獻及現存物年代落款，我們可以建構艋舺清水巖之建築沿革表：[10]

1. 乾隆五十二年（西元 1787 年）—艋舺安溪人共推翁有來為董事，募捐三萬元。

2. 乾隆五十三年（西元 1788 年）—五月七日興工。

3. 乾隆五十五年（西元 1790 年）—十二月九日竣工，施工共用約二年半。

4. 嘉慶二十二年（西元 1817 年）—六月十八日遭暴風雨毀壞，董事翁有來再勸捐五千元修築。

5. 咸豐三年（西元 1853 年）—頂下郊拼，遭火焚燬。

6. 同治六年（西元 1867 年）—四月八日重建，董事白其祥勸捐兩萬五千元。

7. 同治七年（西元 1868 年）—前殿及正殿樑柱完成。

8. 同治八年（西元 1869 年）—樑架大體上完成。

9. 光緒初年（西元 1869 年）—全部完工。（一說為光緒二年）

10. 明治二十八年（西元 1896 年）—充為國語學校附屬校。

11. 大正十一年（西元 1922 年）—四月設立州立第二中學校於祖師廟（第二中學即今成功中學，為當時台灣人所唸的第一中學）。

---

10 同治年間重建的清水巖，前後三殿格局，規模宏大。據前引台北文物問樵「白其祥的事蹟」一文謂「輪奐一新，華麗莊嚴，遠勝於當時知龍山寺云。」同治六年安溪人重建清水巖，同治七年下郊人新建大稻埕天后宮，同至九年新建艋舺育嬰堂，數廟同時建造，或互有影響。

12. 昭和十五年（西元 1940 年）第三殿（後殿）倒毀。

13. 民國六十年（西元 1971 年）右護室因拓路被拆去局部。

最後，我們討論艋舺清水巖的規模與形制演變，淡水廳志為同治十年（西元 1871 年）撰修，距清水巖同治六年（西元 1867 年）重建才四年，卷六典禮志的祠廟中所記載的正確性應很高。但廟的規模卻未描述出來，殊為可惜。我們依據日據時期一張西元 1925 年台北市地圖，確知清水巖在同治六年（西元 1867 年）重建之後共有三殿，亦即屬於「三殿兩廊兩護」之格局。[11]

據居住清水巖附近地方耆老言，後殿大約在二次大戰期間失火燒毀，現在尚殘留一些柱礎散佈於廟中天井角落。後殿的規模不得而知，未見古照片保留下來，但據地圖配置規制視之，應同為面寬三開間，其左右兩側設護室，現在仍保存在左邊護室。尤其特別是一種二層樓式的護室，這種作法在台灣並不多見，例如宜蘭羅東媽祖廟即屬之，台北地區仍保存木結構二樓式護室者，只有清水巖。另外，正殿與後殿之間連以中廊，屬工字殿形態。[12]

至於原來後殿所供奉的媽祖神像則移往正殿左龕，正殿中龕供奉清水祖師，配祀普庵祖師、文面祖師、文昌帝君、關帝君、朱衣夫子、大魁夫子及金甲夫子等，說明這是一座道教化與儒教化之佛寺。昔日農曆正月初六日祖師降誕，從五日起到二十五日，安溪移民各性必醵金演戲。

---

[11] 見李乾朗《台灣的寺廟》頁 143，台灣省政府新聞處發行，民國七十五年。

[12] 後殿據艋舺耆老回憶，於日據後期約 1940 年左右倒毀。後殿供奉媽祖，後來神像恭移奉祀於 正殿左龕內。如今看來，神像頗覺巨大，與神龕不甚相配，蓋原供奉於後殿也。

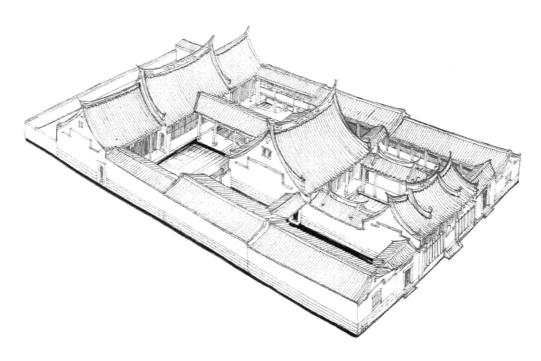

艋舺清水祖師廟初建於乾隆五十二年（1787），咸豐三年（1853）遭戰火波及，
　　現廟為該時重建之物。

艋舺清水祖師廟空拍照，原為三殿兩護室，今只存二殿。

第四節　建築特色

一、大木結構

（一）三川殿棟架

清水巖現存之各殿棟架皆係同治六年（西元一八七六年）重建後之產物，除了油漆彩繪近代多次重繪外，木結構之構件幾乎全都是同治年間原物，在建築史的研究上具有很高的價值。它讓我們了解到，十九世紀中葉時期台灣大木結構之流行形式，也讓我們可以將同時期的其他作品作比較，襯托出清水巖的特色來。

整體看來，清水巖棟架的技巧甚為高明，節路優美，力學結構合理，細部雕琢亦中規中矩，可視為一組經典的棟架，值得細加品味。

三川殿為兩坡「硬山式」，面寬三開間，進深三間，屋架為「十一架」，前後用四柱，即前後「步柱」各一，架內為「點金柱」。如以「宋營造法」之制而言，可謂「十架椽屋，前後乳栿，用四柱」。棟架形式與山西大同華巖寺海會殿相同，屬於「廳堂結構形式」。所差別的是閩南式棟架所用架數較多，桁木距離較小，因而一座四柱建築可用到十一架屋架。

屋頂之坡度很緩，比較台灣所見其他清代道光、咸豐及同治年間之古建築，如淡水鄞山寺（道光二年）或彰化節孝祠（光緒十三年），艋舺清水巖三川殿均來得緩。核算它的坡度，前後挑簷桁之距離比中脊高度，得五比一，這種比例較之於宋法式所定四比一還要更緩。如核算「架內」之坡度，則出所謂「四分半水」，即每一尺升四寸半。

棟架前後納入捲棚，使前步口與後步口皆有較完整之屋頂。「步口通樑」用料碩大，後端插入金柱上端之木石交接縫，有加強鞏固柱子之效，前端伸出龍柱之外。員光則相反，其前端穿過龍柱上端木石交接縫，後端插入金柱之中。這種互相咬合的技巧屢見於清水巖，可證係出自高明熟練之匠師之手。

架內為「二通三瓜」，「通樑」斷面肥碩飽滿，輪廓圓融，上下施「板

路」。瓜筒為金瓜形，瓜腳伸長包柱通樑，為「趄瓜筒」。疊斗皆為三層，各架層數雖相同，但以「斗」之高低大小來調整，亦屬簡潔之法度。次間用「附壁棟」，方樑與方筒，筒腳開鼻，每支方通下緊接檁木，節路優美。

三川殿屋身低，使得「排樓」面構件較少，在石門楣之上直接置「楣引」，上面置蓮花斗抱。次間有明顯「生起」，為屋脊曲線提供一個良好基礎。三川殿棟架有一項特色值得提出，經實測結果，前簷口較後簷口為低，且前坡長於後坡。如此看來，三川殿似乎應反過來看，成為所謂「倒座」，面向正殿。

（二）兩廊之棟架

清水巖正殿前左右兩廊作得較高敞，棟架為捲棚式，用彎桷。柱子亦較細小，用方柱。簷口用挑用「捧前楹」，兼作簷板。通樑伸出柱外轉成關刀栱，前置砧木，上置「捧前楹」，構造簡單而有力。通樑因與屋頂距離近，所以只置斗座草，不用瓜筒。一般台灣清代寺廟之兩廊多採此法，清水巖並無明顯之特色。

（三）正殿之棟架

清水巖正殿亦為兩坡硬山式，面寬三開間，進深則為六間，空間顯得深遠。除了供拜亭、佛龕外，後面尚留有後步口廊道，可以接通後院。前後用七柱，比宋法式的「前後劄牽乳栿用六柱」還大。

它的棟架頗具特色，值得詳論。桁木架數為偶數，設十六架，後坡多一架。神龕後留設捲棚廊，可供出入。這種在正殿後方正中央闢門的作法多見於有後殿之寺廟。

正殿不作附壁棟架，桁木及壽樑直接插入山牆之中，山牆內壁為粉刷作法，但前部則露出磚柱，並有同治庚午年之磚雕及水車堵，這種作法使得殿內仍見前後之分，前為「拜亭」，後為神龕。

前「步口通樑」前端穿過龍柱上部的木柱，但後尾插入「付點金柱」上部的石木交接縫中，前後有別，且加強牽制。「步通」下的「通橢」

員光前端則穿入龍柱上部石木交接縫，功能相仿。從這裡，可窺出當年匠心獨運之智慧。且員光之雕刻題材與手路左右相異，推斷木雕應為兩位匠師對場之作。雕刻線條流暢，用刀如筆，疏密合宜，與近代繁瑣作風互異。

「架內」用標準的三通五瓜，（台灣一般清代寺廟，前殿用「二通三瓜」，正殿用「三通五瓜」幾乎成為定制），通樑肥碩巨大，上下施「板路」，大木作風格與前殿一脈相承。細部作法亦有同工之處，各架疊斗數一樣，以斗之大小高低作調整，可視為清水巖之棟架主要特色，（一般常見作法為大通疊四斗，二通疊三斗，三通疊一斗，依次遞減之法）。

正殿前步口軒高於後步口軒，前後有別。同時後簷不施吊筒，以「步口通樑」穿出柱外，直接承「挑簷桁」，簡潔至極，且用料巨大，予人以雄渾之感。正殿的屋架坡度較前殿陡，據實測得知，前後距比為 4:1，合乎宋法式之標準，但比前殿的 5:1 為陡。各架之間所用束木（月樑）皆作肥身，但束頭只比束尾略高少許，顯得平穩。

架木的前排樓，「壽樑」之上依次為「斗抱」、「三彎枋」、「連栱」、「桁引」及「桁木」，用料皆厚實，起著攀間之作用。這裡未施橫披窗，顯係一種加強橫向結構之法。

（四）護室之棟架

清水巖的左右護室頗具特色，它與前殿一樣，具有帶軒的棟架。明間施「抬樑式」，次間施「穿斗式」，主從分明。捲棚軒用斗座草，無瓜筒。架內「二通三瓜」，出金瓜筒，瓜身輪廓渾圓，瓜腳線條明確，此為一般寺廟之護室所罕見者。

次間作「穿斗式」，方樑及方筒，筒腳開鼻，與正殿「附壁棟」相同。護室前方的過水門內壽樑上施斗，用「一斗三升」式，分佈疏朗，但中央不相連，此種手法常見於台灣古寺廟之中軸線斗栱。

歸納言之，清水巖之大木結構用料足，樑身豐腴，樑柱卷殺之處甚多，收分明顯。且高低粗細大小之配得宜，樑柱質樸古拙，細部雕琢線條亦優雅，在台灣古建築之中誠屬罕見，其棟架技巧之水準可與宜蘭昭

應宮及淡水鄞山寺相比美。

二、斗栱分析

三川殿屋身較低矮，斗栱在視線所及之處，用材與雕飾至為明晰。前步口龍柱上出「螭虎栱」，上置圓斗，直承「步口通樑」之樑頭，樑頭外置蓮花吊筒。

入口排樓在石門楣之上先置「楣引」，「引腳」下緣曲線婉轉，頗少見。「楣引」上置蓮花「斗抱」，雕線鐫刻明顯，上承圓斗，斗呈正圓狀，未作「腰斗子」，益使斗栱顯得厚重。

前步口軒為捲棚作法，所不同的是明間出雞蛇，但次間卻以桁引代之，此為有利於結構之作法，頗具一氣呵成之效。同樣技巧亦見於正殿，台灣一般寺廟作法常將次間斗栱省略，明間斗栱後尾被截為一小段，在美觀及力學上顯然不若清水巖之作法。

架內棟架斗栱用料甚厚，約有三寸。在桁木之下緊接著雞舌，作工頗講究細部，與護室所用之簡單型不同。正栱甚短，其下副栱係以「力士抬栱」代之，站立於蓮花之上，此法亦見於咸豐八年（西元一八五八年）之淡水龍山寺前殿。清水巖所見之力士穿著整齊，且戴帽作神情愉悅狀，頗令人駐足久觀。

提到雕刻，前後明間步口軒皆施獅座，但次間附壁棟有使用蟹者，取其有科甲之寓意也。正殿前步口之龍柱上出所謂「葫蘆平」栱，栱身上緣有凹眼，下緣呈葫蘆之半邊線條。栱端置蓮花斗，直承「步通」之樑頭，外置「吊筒」。

架內之「三通五瓜」棟架用材甚大，束木亦作肥身，除了三通之瓜筒外，其餘瓜筒較近於「木瓜筒」，筒身造型較修長。桁下雞舌未若前殿精緻，但亦是在正栱下置力士，力士立於蓮花之上，蓮花又立於瓜筒上，顯與前殿同樣風格。正栱較一般作法短，此或許為配合其下的力士構建使然。

排樓面之斗栱具有穩定左右棟架之功能，向以疊多層為佳。清水巖

在壽樑上置「斗抱」，上承「彎枋」及「連栱」，共疊三斗，可算是一種基本型。其特色是連栱之栱身較平，幾呈一直線。

後步口深度較小，但仍疊三斗，下置「斗抱」。值得注意的是簷口下只見「步通」樑投直出磚柱，下端以一支壯碩簡單之「關刀栱」支撐，形式帶古勁，應是一種最原始的「丁頭栱」了。

清水巖左右護室仍為木構架，架內斗栱自修長的雞舌下出正栱，副栱雕花草，自瓜筒上伸出，形制簡單。排樓面則亦為基本型，自桁木之下為「桁引」、「連栱」、「彎枋」、「斗抱」與「壽樑」，皆未出現「看架斗栱」。

第四章　台北府城牆

第一節　城牆位置與構造

　　台北城的城牆正確位置並不容易勘察出來，據日據初期陸軍部所測繪的地圖看，其中北邊（忠孝西路）、東邊（中山南路）與西邊（中華路）的城牆大體上呈現直線的配置，但南邊（愛國西路）則呈現曲折形。而且經實測得知城門與城牆銜接之處並非完全一致，各座城門有各自的尺寸。因之，要很準確地判斷城牆位置顯非易事。

　　北邊（忠孝西路）的城牆，經過幾張日據時期的地圖與舊照片比對判斷，我們得到一些結論。根據大正九年（1920）與大正十四年（1925）兩張台北市地圖研判，清代的北邊城牆大體上與今天的忠孝西路平行，但城牆並未與道路中心線完全重合。再根據一張日據初期埋設忠孝西路馬蹄形大排水涵管的照片視之，則城牆在大排水涵管之北邊約三公尺處。以上是藉由早期地圖與照片比對所得到的結果，再者，根據此次捷運施工挖掘現場出土文物判斷，懷寧街口的砲台基礎位於「馬蹄形排水涵管」北側的三公尺處，與地圖的研判大致相符。至於館前路口的水關，它的基礎遺址更偏北側，距離「馬蹄形排水涵管」平均有五公尺左右，似乎不在城牆的正下方。如此情況該作如何解釋？

　　如果再仔細觀察日據初年所測繪的地點，將發現北邊城牆的水關一帶有一條河流穿過城牆，它在城內的一段較窄，但城外的一段卻很寬闊，依比例尺度量，大約有二十公尺至三十公尺以上。顯然可以推想當年因為城牆要通過這段較寬的河水，它就得先築水中基礎或水關的地下結構。而水關的地下基礎作得寬廣，且凸出於城牆之外。此次之捷運施工挖掘，出土了為數上百根的木樁，每根皆長達一公尺至兩公尺，深入地面下約七公尺，已觸及硬土層。木樁之上且再鋪一層橫木，每根約三公尺至五公尺不等，橫木之上再以交錯排砌石條達十層以上。這樣紮實的構造，在在說明了當時城牆係通過這條河道。木樁即是水底下的基礎

加強構造，因此，地下基礎的範圍可能大於城牆的垂直投影面積了。

　　至於城牆的寬度，依據北門牆體所遺留下來的接縫，約在五公尺左右，若減去稚堞厚三尺，則與文獻所載「城牆馬道寬一丈二齒」（約合四公尺）大致吻合。

　　中國古代橋梁之水中基礎也有用橫木之例，福建在一九八五年拆除一座叫金雞橋時，發現基礎使用數十根長約五至八公尺的橫木，又稱為「睡木」，顧名思義，這些橫躺著的睡木即有傳遞重力之作用。（見中國古橋技術史，茅以升主編）

第二節　城牆之建材來源

　　此次出土的數百根石條與木樁，數量龐大，且係百多年來初次被挖掘出來，有許多備隱藏的寶貴訊息值得記錄與分析，而且也解答了一些疑問。首先是城牆建材的來源。

　　台北府城在台灣清代所築府縣城池中是屬於較嚴謹的一座，無論在材料、構造或平面格局方面都顯示出頗為考究。平面方面，是台灣唯一的矩形城池，其他如台南府城、鳳山縣城、新竹縣城及彰化縣城等均為不規則之圓形。在建築材料方面，台北城全部採用人工修整之石條，城牆構造非常堅固。關於當年初建時所用之材料得自何處？相信是一個值得深入研究的問題。我們除了查考相關文獻外，也將進行實地勘查。

　　關於台北府城的建材，未見清末文獻記載。最早的記錄應是民國四十三年刊行「台北文物」第二卷第四期的「城內及附郊耆宿座談會」與黃得時「城內的沿革與台北城」一文。據黃得時文所載：

> 「築城所用的石材，起初擬採掘圓山的山石，惟因該山所有者張、陳兩姓不肯。其後，改採唭里岸山石試用。結果，因為石質太脆軟而不用。最後，才採取大直山北勢湖的山石。門樓所用的磚瓦，是命劍潭大直莊北勢湖和枋寮莊的磚窯煉製的。石灰是用大稻埕河溝頭石灰窯所燒的。」

對於老一輩的台北人而言，建城材料的來源可能言之鑿鑿。日據時期出版的伊能嘉矩「台灣文化志」中提及築城時總理工事的地方士紳，如林維源、潘成清、王廷理、王玉華、葉逢春、李清琳、陳鴻儀、陳霞林、潘慶清、王天賜、廖春魁、白其祥、林孟岩、陳受益等。但未提及建材知來源。

初步比對出土之石條，發現絕大多數接近唭里岸所產之石材，少數為灰色的安山岩，材質接近觀音山石。至於大直北勢湖所產之石材，尚待進一步採集標本化驗才能判定用於何處。

另外，目前在台北金山南路電信局附近的一段石砌高牆，是日據時期台北監獄所遺留，據一般說法，此石材及部分原台北市道路旁水溝邊石係取自台北府城牆，我們認為可信度很高，如經檢驗分析其成份，也許可獲證實。

此次捷運施工所挖掘出土的石材中，有長有短，斷面亦略有差異。尤其值得注意的是挖掘自砲台基礎的數跟石條，發現有墨跡，上書「大山」或「老紅」，我們推測這字跡也許顯是當年石材供應者的店號，亦即負責採集石材者的名字，而且至少有二家供應者。

如果大部分的石材多來自大直的北勢湖，那麼運輸將是一項繁重的工作。從北勢湖到府城的直線距離約七公里之譜，其中尚要跨越基隆河。因此，我們推斷可能利用水運，從基隆河順流而下，經葫蘆島（今社子）接到淡水河，再轉往南向，至河溝頭上岸，運抵府城工地。這條路線從經濟原理而言，似乎頗為合理。

按照台北府城的規模，大約可以推測當時所耗用的石材數量，據文獻記載，城壁四周共長 1506 丈，內外壁則為兩倍，約 3012 丈。內壁高 15 尺，外壁有雉堞，高 18 尺。總計石材面積在五萬平方尺以上，如果馬道亦鋪石材，那麼則近七萬平方尺。如果再加上五座城門，砲台與水關基礎，每根石條以 3 平方尺計，則大約採集三萬根以上之石條。在北段水關與砲台所挖掘之基礎十條即有六百多條。此龐大的石條如何運輸是值得我們研究的。

其次，此次挖掘，在水關之地下出土了六百根的木樁，據初步研判

應多為杉木，直徑約為 20 公分至 30 公分不等。它的來源未見諸文獻。它是在沼澤池塘所作的地樁，以承受上面的石條城牆重量。合理研判應是台北附近所產之木材，但地點尚未明瞭。木樁的一端以斧頭劈成尖狀，斧痕猶很清楚。

　　為了更進一步了解大直北勢湖方面的石材，經實地調查，並訪問了幾位老一輩的居民。同時也進行採樣比對分析。大體上得到證明，一百多年前築造之台北城時所用的石材中，大部分皆來自大直北勢湖無誤，但有小部分可能來自觀音山方面的安山岩。

　　大直北勢湖一帶在清代即為著名採石區，有數十家採石商營業。他們從較低之處開採，日久之後漸漸拓展至山腰及山上。運輸石條的方法也很特殊，由於石條很重，不易以人工挑運，因此他們想出滑行的辦法，在採石區闢一條寬約二尺的滑行道聯接基隆河畔的碼頭。同時在滑行道上插上密密麻麻的竿菜桿，將竿菜桿折曲，便有如竹筏式的滑行道。然後再以木板作成滑板，上面運載一塊或兩塊石條，前面以人工用繩索拖拉滑行。據老一輩人說，較陡之處係讓石條自動靠重力滑下山坡。

　　從大直的基隆河邊碼頭運至台北淡水河邊河溝頭的船隻係一種駁船，即一種可載重物的長形舢舨船，從水路要比陸路搬運省時、省力與省錢。

台北府城東門。

台北府城小南門。

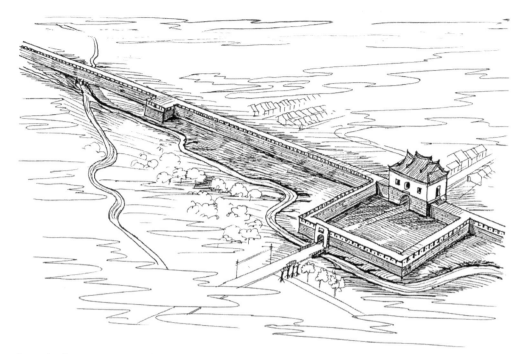

台北府城北門附近示意圖。

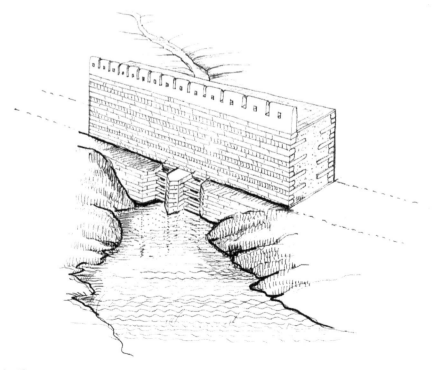

台北府城水關。

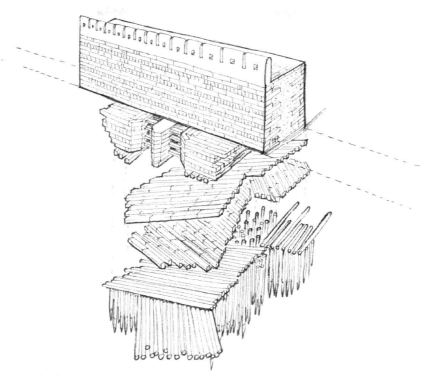

台北府城水關基礎示意圖。

台北府城北門剖視圖。

北門內部的捲棚迴廊。

北門內部中樑之太極八卦為清代原物。

第五章　台北陳德星堂

第一節　歷史背景

　　陳德星堂在日治大正元年（西元 1912 年）被日本殖民政府勒令從城內遷建至大稻埕古名稱為「奎母卒」的地方。這個地方屬於大稻埕東區，清初原為平埔族凱達格蘭人「奎母卒」社，文獻上又可寫為「奇武卒」及「奎府聚」，皆取原住民語之譯音。

　　奎母卒在清末咸豐年間因頂下郊拼的械鬥，同安人從艋舺八甲庄退至此定居而逐漸發展起來，主要的動力是河運與茶葉兩種主要因素。因咸豐十年（西元 1860 年）之後，開放通商，洋人雲集，據耆老回憶記載，大稻埕為茶葉大市，每年三月初至十月底，婦女聚集大稻埕揀茶高達三、四千人。新開設的茶莊多集中於大稻埕建昌街、六館街與千秋街一帶。洋行如寶順（Dodd）、德記（Tait）、水陸（Brown）與和記（Boyd）皆建洋樓在港邊。但位於大稻埕東邊的地區仍屬稻田，亦即今天重慶北路圓環一帶。

　　據日治時期，一九二〇年代大稻埕鬧區東邊的道路已有太平街（今延平北路），東西向的道路已有朝陽街（今民生西路）、建興後街、維興街（今南京西路）、建成街（今天水路）、六館後街（今長安西路）。而陳德星堂所在地最主要的道路為朝東街、朝東後街與維新街。

　　在一九一二年陳德星堂準備遷建於今址時，當時附近仍為一片稻田，陳德星堂移建前後，大稻埕公學校（今太平國小）亦同時設立女子分校（西元 1911 年），首任校長樺山岩見，共有學生二百八十三人。至大正六年（西元 1917 年）在陳德星堂北側新築校舍，為二層樓紅磚建築，大正十一年（西元 1922 年）改稱為「台北市蓬萊公學校」，至一九四一年又改名為「台北市蓬萊國民學校」。從這裡可以看出日本殖民當局企圖毀去陳德星堂的居心，因陳德星堂在一九一四年遷建落成，一九一七年日人隨即在其北側興建公學校，並將整個街廓劃為學校用地，埋下日後拆除陳德星堂之伏筆。

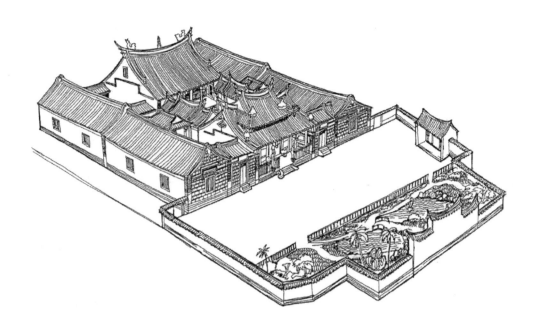

台北陳德星堂建築透視圖。

第二節　建築格局與特色

　　陳德星堂原在台北府城內核心地區，當時附近另有一座林氏家廟，因日人欲利用其地興建總督府廳舍，遂勒令陳、林兩座祠堂遷建他處。林氏家廟遷至今太原路後車站附近，坐北朝南，只有兩進。這座祠堂後於一九七〇年代遷除，改建為十層樓，而祠堂被置於頂樓。陳德星堂則被遷建至現址。

　　陳德星堂在府城內時坐東北朝西南，方位與今相近，但原擁有三殿。遷建時因經費或其他原因，只重建二殿，即三川殿及正殿。經過現場調查，核對所有石垛及石柱上的年代、人名落款，我們得知大部分的石材係遷建時新置，只有少部分為城內時期舊物。

　　石雕以落款甲寅年最多，即一九一四年。依據文獻資料，清宣統三年（1911）時，陳德星堂被迫遷移，大正元年（1912）於現址興工，至1914 年才落成。早於這個年代的有正殿「後點金柱」及前後「附點金

柱」，落款為光緒辛卯年（1891）。正殿這幾根高大的石柱所落的人名款亦值得注意，包括陳維英（1811－1869）、陳樹藍、陳儒林（1839－1898）及陳霞林（1834－1893）等數位清末台北文士。除了陳維英外，其他人士在城內初創時都躬逢其盛，但陳維英逝世於清同治八年（1869），可能係陳德星堂最早創建於清咸豐十年（西元 1860 年）時，他所撰寫的聯對，後來在由陳樹藍題寫。

　　另外，正殿「後點金柱」也出現陳朝駿敬獻落款。他曾於 1914 年建造圓山別莊，曾任台北茶商公會理事長，年代與陳德星堂幾乎同時。陳德星堂正殿的數根巨大石柱是否為城內時期之原物？

　　古時也許人們認為遷建至今址，仍要保留幾根重要的石柱，特別是正殿的點金柱。現在陳德星堂後院仍散置著一些石材，有的還埋入土中。故可推斷 1912 年從城內移至現址時，舊有材料繼續留用。除了正殿金柱之外，地面及中庭的鋪石亦可能皆為舊料再利用。

一、平面佈局

　　陳德星堂在清光緒十八年（西元 1892 年）初建於台北府城內時，為三殿式平面，除了前殿、正殿外，尚有後殿。由於沒有詳細的地圖或照片保存下來，我們無法探知原本三殿式佈局的形態。但現在正殿後院仍保留部分的石材，據傳即為後殿的原始石材。

　　現在的陳德星堂為壬子年（西元 1912 年）由陳應彬所設計承建的，它的方位經實地測量，為坐東北朝西南，其方位應可能與在城內時相同或相近。平面佈局屬於「兩殿兩廊兩護室」之形式。兩殿即三川殿及正殿，左右兩廊及左右護室。左右對稱，大門設於宗祠之東南角。為台灣中型寺廟宗祠典型之平面配置。

　　三川殿面寬三開間，進深三間，前面留出口廊。正殿面寬亦為三開間，進深五開間，前面設步口廊，有捲棚頂，後面容納巨大的神龕，最值得注意的是背牆闢中門，可自正殿後院進入。推測在台北城內時，正殿左右小港間應無神龕，可以經由背面中門進入後院及後殿。自從遷建

至現址後，因神龕不足，才將小港間填滿。

　　兩殿之間以廊道相接圍住中庭，廊道未設隔離牆，使得中庭視野開敞。兩側護龍與中軸的正殿及三川殿，左右共置八個過水廊相連，除了一般常見的前後各設一個，中間通常設在正殿前步口廊兩側，陳德星堂在兩廊中在加夾一歇山式屋頂的敞廊以通護龍，這使得兩殿與護龍行走的動線更為方便，不受天雨之影響。

　　三川殿前置大埕，埕前尚有小花園及照壁，花園立有一對石燈及小橋水池。正殿後種有大樹，目前為幼稚園之兒童遊樂運動場。整座建築雖座落於市區塵囂中，但環境幽靜。

二、大木結構特色

　　陳應彬在日治大正年（西元 1912）所設計建造的陳德星堂是一座深具研究價值的建築作品，特別是它的大木結構技巧，代表著台灣寺廟木結構發展史的一個高峰。陳德星堂的年代介於著名的北港朝天宮與台北保安宮之間，前者完成於日治明治四十四年（西元 1911 年），後者完成於大正六年（西元 1917 年），由於陳德星堂恰在這兩座大廟之間，我們可以較深入地探討陳應彬所運用的大木技巧。

　　以三川殿來比較，北港朝天宮是台灣近代採用「假四垂」的現存最早實例。它用「九架」屋架，「架內」用五架，前後「步口」各得二架，合計為九架。這種形式和一九一二年所建的陳德星堂一樣。易言之，陳德星堂延續了朝天宮的屋架模式，唯一不同的是朝天宮出現「看架」斗栱與排樓面的「斜栱」。而陳德星堂顯得較簡潔一些。

　　再與稍後一九一七年所建的保安宮比較，保安宮三川殿面寬五間，比朝天宮與陳德星堂寬，所以採用「十一架」屋架，「架內」仍用五架，即標準的「二通三瓜式」，但前後步口各採用三架，共計十一架。由於前後步口加寬，所以增加了「暗厝」，前步口用單桁的「暗厝」，後步口用「雙桁」的捲棚式暗厝，前高後低，變化極為豐富。再者，保安宮步口雖不施「看架」，但「架內」卻出現有如「網目」的成列「看架斗栱」

屬於僅次於結網（藻井）的構造了。

　　歸納言之，陳德星堂的年代在朝天宮與保安宮之間，其三川殿大木結構技巧也反映著一種過渡性格。

　　正殿的大木棟架使用十七架，前後用六柱。前面二柱構成步口，後面二柱為神龕，中央金柱獨立。前步口施用捲棚，用獅座，「架內」用「三通五瓜」式。棟架前後對稱，空間合理利用，在陳應彬的寺廟作品中屬於較常見的典型。

　　值得注意的是，「架內」的三通五瓜，各通樑之間的距離很近，只容「員光」，空隙非常少，這樣的棟架呈現面狀的效果，在結構力學而言，更為穩定。愈上面的瓜筒愈小，合乎常理，最上面的瓜筒已不雕筒狀物了，而代之斗座草，瓜筒形式則為典型的彬司金瓜形，上面雕老鼠咬瓜，與朝天宮相同。但前殿的瓜筒不用鼠咬瓜題材，反而出現一種捲螺造型，為他廟所罕見。

　　其次，後步口為了容納巨大的神龕，棟架不施複雜的雕刻，且深度較大。中港間的神龕之後尚保留一小段通道，以利背牆闢中門出入。邊港間的神龕直抵背牆。提供較多的位置供給數百尊陳姓族人的牌位。

　　在兩護室方面，棟架多採簡潔式樣，施雕很少，在廊下的橫批窗出現交叉的斜櫺，與溪底派王益順在台北龍山寺及孔廟所用之天花板相似，但年代更早。

　　兩廊的棟架亦屬簡潔形式，不用瓜筒，而施作以「騎樑栱」。出簷則用「捧前桁」，即將簷板與挑簷桁合一之作法。廊的外側在初建時可能有牆，近年為了擴大空間，才易以水泥柱。

三、斗栱構造

　　陳德星堂的斗栱種類不多，作為一座祠堂，陳應彬在此並未特別表現斗栱的裝飾性。易言之，並未出現「看架」斗栱或「網目」、「結網」等複雜的斗栱。在陳德星堂之前兩年完工的北港朝天宮或是稍後五年完工的台北保安宮，斗栱皆呈多樣化，我們可以互相比較，從而得知陳德

星堂的設計特徵。

陳德星堂三川殿龍柱上出的簷斗栱,採標準式的螭虎栱出吊筒形式,「中間港」不增加吊筒,所以沒有「二甲」的「八字員光」,後尾也無須作「看架」。「排樓面」雖然很高,但在石門楣之上,只安排典型的「五彎枋」與「連栱」,共疊斗五層,在這片面狀的構造中亦未施「看架斗栱」,與朝天宮或保安宮相較,顯得極為簡潔。

三川殿「架內」的「二通三瓜」棟架,使用疊三斗與四斗的斗栱,由於左右「小港間」屋頂低於「中港間」,「瓜筒」的背面剛好承接桁木榫頭,這種作法普遍使用於中高旁低的假四垂式屋頂構造上。

兩廊的出簷斗栱極短,使用所謂「捧前桁」,及簷板與挑簷合而為一的作法。因此利用通樑的樑頭伸出柱外,其下僅置一支斗栱支撐,並未施「橫栱」,也屬於簡潔的作法。

正殿的斗栱,前步口廊捲棚棟架,用獅座,出簷也用螭虎栱承吊筒,均為典型的作法。「架內」用「三通五瓜」式棟架,疊四斗至五斗。排樓面亦只施以五彎枋及連栱,未作「看架」。建築物本身的斗栱雖然簡潔,但神龕的斗栱卻頗富變化,除了成列的斗栱,還有精雕的吊筒,這也是出自陳應彬之手,兩層屋簷,但未作斜頂,其形制在台灣寺廟史上較罕見。

四、屋頂結構

陳德星堂是陳應彬在設計承建北港朝天宮之後的作品,他繼承了朝天宮前殿屋頂的作法,即匠界俗稱的「假四垂」。北港朝天宮的前殿的假四垂,是目前台灣現存假四垂屋頂中年代最早之例,而陳德星堂係第二例,其重要性不言可喻。所謂四垂屋頂即歇山式屋頂,為什麼稱為假四垂呢?這種構造其特殊性,值得我們分析。

台灣古建築中的歇山重簷式屋頂,清代初期的台南孔廟、彰化孔廟及台南大天后宮的拜亭皆可見之,它們的構造係將上、下簷同時立在四點金柱之上,但朝天宮的假四垂,其上簷的四支角柱與下簷四點金柱並

不同，上簷的四點金柱係落在下簷步口的獅座之上，這種構造形成的歇山重簷，上簷與下簷的尺寸相差大。易言之，上簷為單開間，下簷為三開間。再如台北保安宮，上簷三開間，下簷則為五開間。

　　陳德星堂前殿的假四垂，其外觀形式是將一座歇山頂騎再另一座兩坡導水頂之上，兩者之間互相嵌和，形成複雜的屋頂。關於這種屋頂在台灣建築史上的發展，由於缺乏實例，我們無法得知始現於何時，但陳應彬特別擅長此道，現存他所設計作品中年代最早者為一九一一年的北港朝天宮，已可看到極為複雜的大木結構。北港朝天宮之後，即為一九一二年的台北陳德星堂，我們甚至可以說假四垂是彬司作品中的最大的特徵，也是其他匠師無法模仿的。一九一九年溪底木匠師王益順的台北龍山寺及後來的新竹城隍廟、南鯤鯓代天府都與陳應彬式的假四垂不同。將陳應彬所建幾座假四垂依年代先後排列如下：

　　1910 年──北港朝天宮，三開間升一間

　　1912 年──台北陳德星堂，三開間升一間

　　1917 年──台北保安宮，五開間升三間

　　1922 年──台中林氏祖祠，三開間升一間

　　1923 年──台北木柵指南宮，三開間升一間

　　1924 年──台中旱溪樂成宮，三開間升一間

　　1925 年──桃園景福宮，三開間升一間

　　仔細比較分析，朝天宮與林祖祠皆用了看架斗栱，保安宮步口用三架深，上簷角柱落在第一個獅座之上。而陳德星堂的作法屬於一個過渡，其複雜度不如朝天宮與台中林祖祠。

　　陳德星堂前殿假四垂的構造，是陳應彬所作數座同類型寺廟中屬於最基本型的一座，它的結構特徵至少包括五項：

　　1. 上簷轉角柱落在獅座之上。

　　2. 下簷步口只有二架深，亦即只有一個獅座。

　　3. 門楣之上的排樓疊很多層，才能達到上簷桁木之高度。

　　4. 上簷串角樑伸出較長、為防下墜，再加上一支屋頂短柱，立在桷木之上。

5. 上簷串角伸出於吊筒之外，可置一支瓶形短柱支撐「歲干」角
樑。這支短柱作用有如宋營造法式的角部昂尾上的「寶瓶」，在
台灣古建築中屬於孤例。

我們分析陳德星堂的假四垂結構，尚不可忽略次間桁木如何插入
「中港間」棟架的問題。由於下簷的坡度與架入的瓜筒不一定在同一個
斜度上，因而次間的桁木有的恰好可以插入瓜筒背後，有的只能插入疊
斗之中，聰明的匠師可將桁木端點作成斗形，直接架在瓜筒之上。

假四垂的外觀造型上可藉由棟架疊斗之多寡而改變其上、下簷的間
距。易言之，疊斗多時，上、下簷間距放大，反之則縮小。如王益順在
南鯤鯓代天府的前殿所作的「升庵」，上下簷之間距尚不到一尺。

五、石雕藝術

陳德星堂的石雕集中在前殿，這也合乎台灣寺廟的規律，因前殿為
入門之殿，人們初到一座寺廟，首先映入眼簾的即為前殿，前殿的石垛、
石龍柱、石獅或石球，皆成成為善男信女捐獻的構件。

陳德星堂所用的石材，依其材質及年代落款，似乎大多並非自城內
移來者，不過在正殿後院，能可見散置的石材，據陳德星堂陳有利董事
長之說法，當一九一零年從城內被迫遷來現址時，原應為三殿，但至現
址重建時，因經費及其他原因，只復建二殿而已。現在前殿與正殿石柱
及石垛落款多甲寅年，及一九一四年。

這些石材與觀音山石相同，其色澤呈灰色，質尚硬，適合細雕。三
川殿有一對蟠龍柱，每柱盤雙龍，在目前所知的台灣寺廟石龍柱中，為
年代最古老之列。其特點是在一支八角形斷面石柱之上盤以雙龍，一隻
龍頭在上，另一隻龍頭在下，可謂「生龍」與「降龍」並列一柱。龍頭
上下呼應，龍身翻轉極為自然。這對龍柱未落匠師名款，如果其雕琢風
格推斷，可能出自惠安來台的張火廣之手。至一九一五年，張火廣又與
陳應彬合作，承造板橋接雲寺。

陳德星堂三川殿中門的石獅，體制碩大，雕琢風格與龍柱相似。而

排樓面的石垛雕刻，亦是陳得星堂石雕藝術精華之所在，石垛從地面上的地牛，疊以裙垛、腰垛、心垛、頂垛至門楣，大多採用「剔底起突」及「水磨沉花」兩種雕刻技巧。中門左右垛的石窗，在爐形圖案中納入「天官賜福」人物。這對石窗，左右細部略可見差異，應是兩位匠師各別所雕成。另外，「對看垛」的龍、虎，以「內枝外葉」雕法為之，雕工屬上乘之作。

東邊對看垛的「平柱」有「裔孫應彬薰沐謹獻」落款，陳應彬在陳德星堂前殿及正殿皆有捐獻紀錄，或可證明當時他除了設計建設之外，也奉獻了許多心力。

六、照牆與假山水池

陳德星堂正前方立有一座照牆，也稱為照壁，照牆之內闢有庭園，堆築假山並鑿水池，是陳德星的一處幽靜之所，值得我們細加探討。

寺廟或民宅之前設立照壁，在清代台灣頗為普遍，台南萬福庵至今仍保持一座清代照壁，而從照片史料中也可看到清代巡撫衙門及布政使司衙門之前皆立有巨大的照壁。照壁的功能除了使建築之前庭更為壯觀之外，也具有風水上的意義，它可以反射陽光至建築物的門面，有如鏡子一樣，因而重要的建築物之前常設有照壁。

陳德星堂的照壁長度雖不大，但高度達五公尺，仍令人覺得壯麗，他的屋脊採中高旁低形式，有如一座三川脊，脊身中央置一座葫蘆象徵吸收祥瑞之氣。照壁表面塗刷朱紅色，中央繪一麒麟，乃仁獸之寓意。

家廟之前除了照壁，再設假山水池，除了增添勝景之外，實則也具有風水上洞天福地的涵義。陳德星堂在照壁之內堆石為假山，並闢水池，池岸亦以石塊砌成。池中有小橋及小島，島上置一尊加彩泥塑的鯉魚，似有鯉躍龍門之象徵。我們知道傳統人們認為家廟為祭祖之處，家廟的風水象徵子孫旺盛。在屏東佳冬的楊氏家廟，其前所闢水池中設置太極島，顯係取自《易經》「無級生太極，太極生兩儀，兩儀生四象，四象生八卦」的理論，象徵子孫繁衍，五世其昌，子孫能光宗耀祖，被

視為台灣傳統社會的最高價值。陳德星堂前庭的假山水池及鯉魚雕塑，
應具有這樣的涵義。在鯉魚的一角，嵌著瓷片，上書作者陳三川及其子
郭德蘭的名字。

　　陳三川之父為陳豆生，乃台北著名的寺廟剪黏匠師，大正六年參加
保安宮大修，與洪坤福對場。陳豆生傳子陳三川與陳旺來。台北迪化街
與桃園大溪老街，許多排樓厝山牆泥塑皆出自陳氏兄弟之手藝。戰後台
北中和圓通寺門前巨獅為陳三川之作品。陳三川之子郭德蘭，繼承父親
手藝，也有不少作品，如圓山飯店的仿古造型欄杆，即為郭德蘭所作。

台北陳德星堂鳥瞰圖。

陳德星堂前殿正立面。

陳德星堂前殿棟架剖視圖。

陳德星堂正殿棟架剖視圖。

陳德星堂室內懸掛之「漢唐柱石」匾額。

第六章　艋舺龍山寺

第一節　歷史沿革

一、台灣龍山寺與泉州安海龍山寺之淵源

　　台灣供奉觀世音菩薩的佛寺很多，在清代即已建立並且名為「龍山寺」的不會超過五座，即：

1. 台南龍山寺—初創於清雍正年間（西元 1723 年～1735 年）
2. 艋舺龍山寺—創建清乾隆三年（西元 1738 年）
3. 鳳山龍山寺—創建於乾隆初年（約西元 1740 年）
4. 鹿港龍山寺—建於乾隆五十一年（西元 1786 年）
5. 淡水龍山寺—建於咸豐八年（西元 1858 年）

　　這幾座較重要的龍山寺，其初現年代可能都還要比文獻可考的年代更早一些。它們都同出一源，分靈自福建晉江縣安海鎮的龍山寺，為尊重一脈相傳，故皆名之為龍山寺。

　　福建安海龍山寺，初名為普現殿或天竺寺，據傳初建於隋朝皇泰年間（唐高祖武德初年），經歷代重修，現格局為明朝天啟年間形成，而清康熙二十三年（西元 1684 年）建山門、殿堂及鐘鼓樓。現存各殿近代又遭文革之災，近年又陸續修復。正殿所供觀世音菩薩神像，相傳神座之址原有一株巨樟，夜裡發出祥光，里人崇拜之，乃將之彫成千手佛。這尊木彫千手佛，高達四公尺二十公分，頭戴花冠，冠中又彫一尊小坐佛，周圍又彫眾多的戴花冠小佛首。神像墮耳垂目，莊嚴慈祥，主手合掌為十，兩側有一千〇八隻手，掌中均彫一眼，開列神像身後，猶如團扇。或攜物，或空手，姿態各異。神像身批蓮服，立於蓮台之上，兩足微露，造型優美精湛，名噪海內外，是龍山寺鎮殿之寶。[1]

　　淡水的龍山寺建於清咸豐八年（西元 1858 年），一說為分靈自艋舺

---

[1] 安海龍山寺，據「安海志」載，為「東漢時高僧一粒沙募捐創建」。晉江縣志謂「隋皇泰年間修建」，據此，龍山寺之碑文有「始於東漢，重於隋唐」之語。

龍山寺，兩殿兩廊式格局，面寬三開間，處於鬧市之中。其前殿石垛彫刻風格樸拙壯碩，頗值仔細欣賞。而正殿之龍柱，盤轉姿態至為生動，並鐫刻當時地方領袖黃龍安捐獻之銘文，富歷史研究價值。[2]綜觀台灣這幾座龍山寺，平面格局盡不相同，且與其祖廟安海龍山寺也不同，可見古時設計建築，端視財力與地形條件，賦予每一座寺廟獨特之風貌。在建等史之研究方面，艋舺龍山寺、鳳山龍山寺、鹿港龍山寺與淡水龍山寺皆係清代木、磚、石混合造，深具文物研究價值。

　　至於安海龍山寺之建築格局，由於經過戰亂及數次大修，目前僅存為三殿式。寺位於安海鎮郊小丘上，居高臨下，形勢宏偉。寺前有一座石坊，進入石坊後為廟前埕，左右分置鐘鼓樓，歇山重簷頂，牆上嵌有古碑數方，其中一碑題「龍山寶地」，至為顯目。前殿面寬五開間，採單簷歇山，屋頂作曲脊燕尾式，牆垛石彫多為近年所置。殿內撤上露明造，無天花板，中龕供奉千年多手觀音菩薩神像。後殿曾遭毀，近年又依據原樣復建。

　　台灣清代的五座主要龍山寺皆謂於港口城市或縣治，它們都是早期泉州移民渡海來台所建。由於神像是從安海龍山寺分靈割香，故採同樣寺名，以資溯源。安海謂於泉州之東南數里，據「安平志」載：「安海于宋全盛時，東有新市，西有舊市，無非貿易之處，店肆千餘座蓋四方射利者所必趨」。但是安海也一度遭荒廢，清初順治十八年（西元 1661年）頒行遷界令，強迫沿海居民內遷三十里，片板不得入海，安海及沿海村鎮皆成廢墟，龍山寺可能亦遭破壞。不過數十年之後，康熙三十五年（西元 1696 年）頒令准許人民回歸故里，龍山寺又獲生機，香火鼎盛，並隨著台灣之開拓，大量泉州移民以安海為出海口過渡台灣，因而，安海港與台灣諸港市建立起密切之關係，台灣的龍山寺源於安海龍山寺是有深遠的歷史與社會背景的。甚至，新加坡也有龍山寺。

　　以鹿港龍山寺而言，期肇始相傳為明永曆七年（西元 1653 年）由台灣佛教早期開山祖肇善禪師所倡建，而肇善禪師原即為安海龍山寺之

2 陳啟初「遊僑鄉古剎龍山寺」一文，收錄於《溫陵遊》一書，1984 年泉州出版。

主持。[3]

　　台南的龍山寺初建於府城大東門之外，曾於乾隆五十四年（公元1789年）由里人王拱照等重修，可惜近代遭遷移改建，舊貌已不存。

　　鹿港的龍山寺原為一小廟，至乾隆五十一年（西元1786年）才移至現址壯大規模，道光初年又有大修，成為今日所建之格局。其山門結構奇巧，斗拱繁多，造型秀麗。前殿面寬七開間，後帶戲亭，內置精美之八角形藻井，亦佳構。大殿面寬五間，歇山重簷，前附三開間拜亭。後殿寬五間，曾經失火遭焚毀，現物維近代物。

二、艋舺龍山寺之創建沿革

　　中國佛教傳入台灣應始於明鄭時期，台灣的佛教又以觀音佛祖之信仰為盛，一般人俗稱為觀音媽，篤信其為救苦救難，濟渡眾生之女神。供奉觀音菩薩的寺廟，在台灣多以「觀音亭」、「觀音廟」、「觀音寺」或「觀音宮」名之，在清代方志中可考的即超過五十座以上，究竟哪一座為最早興建的？已甚難考證。

　　艋舺龍山寺初見於方志，為同治十年（西元1871年）陳培桂修的淡水廳志。卷十三古蹟考附寺觀謂：「龍山寺，在艋舺街，泉州安海分派，乾隆三年建，嘉慶二十年地震，僅存佛座，楊士朝、黃朝陽等捐建，士朝子孫助續成之，同治六年郊商重修」。這是官書上最明確的資料。

　　至於民間史料，民國四十年（西元1951年）艋舺龍山寺全志編纂委員會所出版之《艋舺龍山寺全志》一書所載為：

　　創建—建築為清乾隆戊午三年五月十八日興工，同五年二月八日告成。當時之建築發起人代表兼專務董事為黃典謨氏。計費二萬餘元，此今係泉州府晉江、南安及惠安三縣人所獻者。泉郊人氏為奉祀天后、五文昌及關帝之故，單獨出資於本殿後方增加建築，但嗣後北郊人氏亦來參加，共維持此寺。

---

[3] 咸豐年間頂下郊拼時，泉人方面主要人物為黃龍安。見臺北文物第二卷第一期艋舺耆老座談會。

　　嘉慶年間修築—嘉慶乙亥二十六年六月五日因大地震，佛座以外之建築物盡倒壞。故時之董事楊士朝、黃朝揚諸氏出為提倡，對三現出身人氏捐題銀壹萬五千餘元。于同年十月十八日再建修築。

　　同治年間修築—同治丁卯六年八月二十日，遭暴風雨，寺壁因之大破壞，是以董事林春峰、黃進清諸氏出為捐題，再得銀壹萬五千餘元，于同年十月八日再行修築。

　　以上這段記述，《艋舺龍山寺全志》並未註初徵引來源，不過，年代與淡水廳志所載相同，應是參考廳志結果。所不同者，乃是全志對月日時間述之甚詳，吾人推測應有所本，龍山寺早年可能庋藏一些寺的修繕賬冊作為依據。比較台灣其他幾座龍山寺，艋舺龍山寺之興修沿革還算是史料較清晰的一座。

　　艋舺龍山寺之前殿、正殿及後殿，大部分皆為 1920 年代大改築之後的結果。清代舊物指可見於平舖石及局部牆垛。現在左側護室之石柱尚保留「嘉慶辛酉」（六年）對聯落款，且為「晉邑二十三都水頭鄉王順發立」。後殿所懸古匾尚有嘉慶丁丑年（二十二年）「水德揚靈」及咸豐八年「情殷桑梓」等匾。依其年代以佐證嘉慶二十年地震災後重修，乃是可信的。不過嘉慶六年之石柱為何早於地震即修？可以解釋為當有信徒捐款時，即平時亦有抽換情形。

　　關於艋舺龍山寺之起源，民間亦另有一些說法：據傳在清初雍正年間，有抵台的三邑移民（晉江、南安、惠安）將他自大陸佩帶而來的觀音菩薩香火，掛在艋舺南郊的大榕樹上，後來當地居民發現夜裡發出光芒，眾人認為是菩薩顯聖，常常有人前來祈願，有求必應，靈驗之聲逐漸遠播。至乾隆初年有人倡議在述邊建寺，並到安海龍山寺割香，正式供奉神像。由當時紳商黃典謨發起募捐，於乾隆三年農曆五月興工，乾隆五年二月落成。[4]這種寺廟起源之傳說，也常見諸台灣其他寺廟。

　　其次，又有一相似之傳說：相傳乾隆初年有泉籍船員某要到景尾方面採籐，途次今龍山寺址附近休息，因為要出恭，脫下胸前的香火，掛

4　見黃啟明「艋舺與龍山寺」一文，臺北文物第二卷第一期艋舺專號，1953 年,台北市文獻委員會發行。

在竹枝上，臨行忘記帶，後來附近居民在夜間望見竹林青光閃閃，乃趨前查驗，發見有一香火，上書「龍山寺觀音佛祖」，遂奉祀之。後來信者激增，頗有靈驗，始鳩資建廟崇祀之。[5]

另外，關於乾隆三年初建時，方為之釐定，興工時延請堪輿家張察元相驗地形，謂之「美人穴」，乃於寺前曠地，開鑿一池，形成所謂「美人照鏡」，除了象徵觀世音菩薩美麗慈悲之性情，也藉以保護艋舺之風水。[6] 這項有趣的資料，可能出自於地方耆老之口傳，也可能引自龍山寺早期所保存之史料裡。

龍山寺於乾隆三年初建時，主倡人為黃典謨，寺之用地大半，均氏所獻贈。黃氏號秉直，壯年自泉州渡台，它的郊行係自浙江運來織物，自台灣輸出硫黃、錠菁等。艋舺龍山寺之建，其功不可沒。[7]

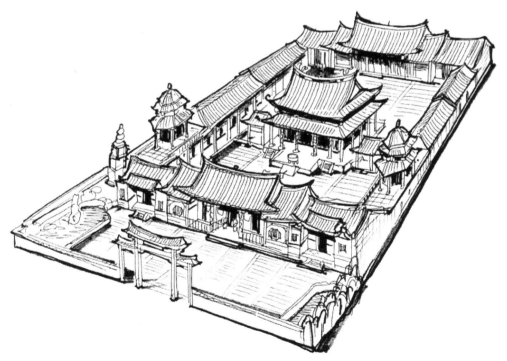

艋舺龍山寺建築透視圖。

[5] 李根源「艋舺寺廟記」一文，臺北文物第二卷第一期，頁 41，1953 年。
[6] 同註 5。
[7] 劉簧村「艋舺人物志」一文，臺北文物第二卷第一期，頁 33。

第二節　建築特色

一、艋舺龍山寺之在近代的改築

　　艋舺龍山寺在乾隆三年創建時，其平面格局如何？現以無法得知，若依據建造時間從乾隆三年五月十八日起至五年二月八日止，長達一年十個月來推測，應該頗具規模，當時耗費二萬餘元。且初建時，除了三邑人及下郊商行外，尚有北郊，正殿供奉觀音菩薩，後殿供奉天后、文昌及關帝神像，是故其格局應為三殿式，亦即前殿三川門，中殿為正殿，以及後殿、兩廊。這是一種清代台灣中型寺廟之典型佈局。

　　在嘉慶十九年（西元 1814 年）台北大地震後，佛座以外之建築物盡皆倒壞，此說恐誇大其詞。不過，第二年開始修建時，耗費壹萬五千餘元，為初建時經費的四分之三。吾人推測分金線（中軸線）及各殿位置不變外，大部分的樑柱及牆體皆抽換重砌，但石材可能沿用下來。

　　經過五十二年以後，至同治六年（西元 1867 年）八月二十日因遭暴風雨而再大修，此次又耗費銀壹萬五千餘元，與前次相近。吾人推斷可能平面佈局不變，但屋頂、木樑柱及部分牆體皆換新。這一次的大修結果，維持到 1920 年，亦即有五十餘年。它的形貌可從兩張日據初期所攝的照片得知，平面仍為「三殿兩廊兩護室」，前殿屋脊分為高低兩層，即所謂三川脊，正殿為單簷單脊。大體上，與今天所見艋舺祖師廟很向，事實上，在頂下郊拼之後，祖師廟亦於同治六年四月八日重建，兩廟在同一年修建，互有影響。

　　光緒二十年（西元 1894 年）中日甲午戰爭，中國戰敗割讓台灣給日本，第二年開始了日據時期。日據初期對台灣寺廟多曾利用為臨時辦公室或學校，艋舺龍山寺亦不例外。

　　日據時期第二年（西元 1896 年）元月十八日公布「廟宮保存諭示」，對台灣的既有傳統寺廟發出保護的法令。而日本佛教亦來台設立會館。[8]龍山寺在清代即曾提供房間作為艋舺地區書房（私塾）之用，日據之後，

8　參見原房助編「台灣大年表」，台灣經世新報社，1969 年台一版。

不同時期曾被充用為公共機構，依「艋舺龍山寺全志」所載，充用情形如下：

1895～1896 年—保良局（一種日治初期安撫各地之組織）

1896～1917 年—艋舺區長役場（約略即艋舺區公所）

1903～1907 年—總督府國與學校地依附屬學校分教場

1916～1920 年—愛國婦人會附屬授產場

1917 年—天台宗布教所

1917 年—艋舺義塾分教場

日據大正八年（西元 1919 年），由於距前次同治六年（西元 1867 年）之修理已經過五十二年，又遭日據初期動亂及充用，難免有蟻蝕之害及丹青剝落之危機，在當時住持福智和尚及地方頭人奔走下，協議募款改築，此次大改築乃拆去大部分舊殿，重新邀聘匠師設計建造。

改築之提倡者，除了福智和尚外，尚有吳昌才、林卿雲、辜顯榮、洪以南、吳吉清、王道旋、陳其春、許家爐、孫吉祥、施性館、黃金生、李永福、楊文桂、歐陽光輝等。

改築事物之擔當者，董事長公推辜顯榮，專務董事吳昌才，庶務董事林卿雲，會計董事李永福，建築董事黃金生與黃建勝等。

開始募款時，先針對社會工商名流以口頭或文書通達改築募款捐主旨，請其任意捐款，自動捐助者也不少。過去，艋舺龍山寺之創建與歷次修建，皆由泉州三邑人移民出身人氏負擔款項，但這次不限，各地區皆有所響應，主要仍為台北地區，包括：艋舺、大稻埕、錫口、士林、北投、內湖、和尚州（今蘆州）、淡水、水梘頭（位於淡水東北三公里）、板橋、枋寮（今中和南勢角一帶）、貴仔坑（今泰山貴子村之一部分）、樹林口（今林口）、坑仔、興化店、老梅、小基隆（今三芝）、新莊、二重埔、五股坑（今五股）、小八里垈、大南灣（今林口嘉寶，寶斗二村）、水返腳（今汐止）、有魚坑（今瑞芳之一部分）、暖暖、基隆、瑞芳、頂雙溪（今雙溪）、深坑、景尾（今景美）、新店、安坑、木柵等區。[9]

---

[9] 以上皆引自《艋舺龍山寺全志》，1951 年。

據《艋舺龍山寺全志》記載，當時的建築募款公啟如下：

「蓋聞寺觀者，神佛之所憑依。宗教者，士庶之所瞻式。是故
聖人以神道而設教。我佛本妙悟而覺生，顯化異常，莊嚴具足。
大啟津途之便，宏深香火之緣，至矣尚已。惟我龍山寺之建，
倡自乾隆三年五月十八，成於五年二月八日。期間晉、南、惠
三邑人士致其勤。土木石諸般夫公効其役，誠重勞輕，求深願
達，輝煌金碧，完滿人天。迨夫嘉慶二十六年六月五日忽逢地
震，同治六年八月二十日重遇天災。二次捐金，再新廟貌，十
方頂禮，共護伽藍。爾來降釐降福，蒼生沐仁壽之恩光。祈雨
祈晴，穹上感慈悲之元德。垂慧燈而照闇，透徹玲瓏。說法門
已開迷，洪大端正。噫聞迦陵之響。盡識妙音，參蘭若之堂，
頓生法喜。惟是物換星移，殿宇有時而荒涼，雨蝕風飄。丹青
閱歲而剝落。斯固報功崇德者，所不宜付諸等賢。衛道守成者，
所罔敢聽其隕墜者也。同仁夙深墾悃，爰抱憂惶，敢告高明，
共發願力，集清靜之財，新靈勝之境。庶幾昭明象教，振作宗
風，在佛在人，可欽可仰云爾。」

分析這篇募款文告，龍山寺之初創年月日俱詳，而嘉慶年間及同治
年間之天災亦提及，「物換星移，殿宇有時而荒涼」指的是乙未割台之
役，日人據台，兵馬倥傯，寺有所破壞之事。

日據初期第二年（西元 1896 年）十月二十一日，當時由於城內孔
廟已受到破壞，台北的孔聖祭典於艋舺龍山寺內舉行，而台北本島人士
之實業家亦在龍山寺成立紳商協會，此皆可說明龍山寺在當時人眼中之
重要性。甚至，龍山寺的公印具備很大的公信力，據說蓋上公印的陳情
文曾經影響劉銘傳對於淡水河鐵路橋址的選擇。[10]

1920 年大改築時募得款項收支決算列下參考：[11]

---

[10] 同註 4 據說亦影響中法戰爭時官軍之駐防台北，這些傳說雖未有直接史料證明，然而至今龍
　　山寺對地方選舉或地方公共事務具有很大的影響力乃是事實。
[11] 錄自前引《艋舺龍山寺全志》。

（一）收入之部

共 237311 圓 53 乾 5 厘

寄附金—175895 圓 90 錢

信用組合預利金—495 圓 74 錢

電燈寄附金—7 圓 90 錢

丁捐金—7700 百 85 圓

賽錢箱金—190 圓 40 錢

柴碎賣金—41 圓 21 錢

本寺公款金—137175 圓 89 錢 5 厘

代辦石料金—30018 圓 59 錢

金德利重修西廊金—2660 圓

金德利重修東廊金—2500 圓

金海興重修西廳金—1277 圓 59 錢

金合興重修東廳金—3260 圓 40 錢

（二）支出之部

木料金—40313 圓 29 錢

石料金—19225 圓 93 錢

石料關稅金—3974 圓 12 錢

磚料金—4877 圓 15 錢

石灰料金—8974 圓 77 錢

瓦料金—7374 圓 82 錢

土及砂礫金—3346 圓 8 錢

木匠工費金—32411 圓

土水工費金—18726 圓 60 錢

石工費金—6419 圓 14 錢

鋸工費金—3495 圓 41 錢

剪花工費金—6252 圓 65 錢

油漆費金―10837 圓 48 錢

運搬費金―4299 圓 95 錢

鐵釘鉛線等金―6165 圓 5 錢 5 厘

給料費金―6734 圓 33 錢

雜給金―3175 圓 63 錢

募集宴會費金―1785 圓 89 錢

利息費金―4198 圓 72 錢

旅費金―971 圓 63 錢

賞與金―1550 圓 70 錢

代辦石料金―36160 圓 83 錢

銅牌費金―1987 圓 53 錢

二、1920 年大改築之匠師

當 1919 年決定改築時，工匠應聘自何方成為重要的問題。台灣自割讓給日本之後，大陸的唐山匠師逐漸減少往來，代之而起的是本島的匠師，陳應彬即是 1910 年代至 1920 年代最著名的台灣匠師。由於艋舺龍山寺的泉州三邑色彩特別濃厚，大改築時由辜顯榮之推荐，聘惠安溪底王益順為首席匠師，主持設計及建造工作，據老輩匠師說法，王氏當時正在廈門建造黃培松大宅，遇到來廈門經商的辜氏。[12]

王益順於 1919 年秋率溪底木匠及惠安石匠、泥匠多人抵台，經過現場籌劃，於 1920 年元月 18 日正式動工，至 1924 年 3 月 23 日始俊工，工期達四年餘。於此來台之匠師，皆一時之選：[13]。

大木匠師―王義順

大木助手―王樹發（益順之姪）

雕花匠頭―楊秀興

石匠師―莊德發、蔣金輝、楊國嘉、蔣細來、莊連德、辛金賜、蔣

---

[12] 見李乾朗「王益順匠師在臺灣之廟宇建築之研究」一文，國立台灣大學建築與城鄉研究學報第二卷第一期，1983 年，頁 87-122。

[13] 錄自前引《艋舺龍山寺全志》頁 12。

玉坤、辛阿救、王雲玉

泥水匠師—莊廷水、楊溪

陶匠（剪黏及交趾陶）—洪坤福、林平

油漆匠師—林德旺、黃榮貴、蔡萬沛、張阿九、江寶，吳鳥棕、洪
　　　　寶真。

這些匠師大部分隸籍泉州惠安縣，惠安自古以來即巧匠輩出。但其中也有來自廣東及台灣本地者，如辛阿救即出身苗栗竹南，他所彫的大殿龍柱頗受欣賞。另外，雕花匠師楊秀興，匠界稱呼其「雞母興」，被推崇為工夫級精的匠師。石匠工作耗時人數較多，其中蔣金輝、蔣細來、蔣連德及蔣玉坤皆為來自惠安之同宗族兄弟。現龍山寺三川殿後付點之一對龍柱即為蔣氏兄弟合彫之傑作。陶匠洪坤福，較早來台灣，他的著名作品有大龍峒保安宮，授徒甚多，二次大戰後重修屋頂剪黏及交趾陶的陳天乞，即為其高徒。

王樹發為主匠王益順之姪，負責龍山寺現場管理，當 1929 年王益順回廈門建南普陀大悲殿時，王樹發繼續留在台灣，承接台北孔子廟及鹿港天后宮之建造工作。王益順在建造艋舺龍山寺之同時，亦承作台南南鯤身代天府、新竹城隍廟以及台北孔廟之工作。[14]

《艋舺龍山寺全志》對王益順氏之記述為「泉州府惠安縣崇武溪底鄉人，應當寺特聘而來者也。其為人溫和謙讓，其建築老練精巧，中國各勝大廟宇之設計建築，出於氏之手者，其數不知幾許」。

龍山寺在進行大改築時，當時的報紙有如下之報導，1923 年 7 月 27 日台南新聞報載：

　　「台北艋舺龍山寺重建，自一昨年著手以來，連續工事，前殿既已完畢，唯後殿屋蓋尚未完竣。所用土木工中，俱泉州聘來，個個老練。石匠木工所彫刻花鳥人物，皆有可觀。諸工人具有獻身的精神，非僅為利起見，若比較本島工資金，則省卻半數以上」同時該報又評論及建議：「寺之建築非僅以艷麗為美，必以質素

---

[14] 同註 12。

為尚。本島廟宇之最掛人齒頰者，唯圓山劍潭寺，不特山水之勝，其所造作亦有古寺觀之遺風。不意今回修繕，竟被諸匠人任意塗抹，比保安宮之俗又更俗矣。龍山寺之重建，雖過於華美，幸不改其本來面目，上有古剎之風，可謂美麗中之幽靜者（按事實上格局外貌亦有變更）。寺之建築既無缺點，所賴者唯庭園花卉。茲何幸市知當局有鑑於此，對於寺之庭前布設公園。將庭前池沼，由柳町掘土以填之。將老松町之老榕掘起，移植於園庭。如此不特艋舺住民之幸，亦為該寺放一異彩。寺觀之最難者，不難於建築，而難於保守。本島各處寺廟，多龍頭蛇尾，雖頭巨資以建築，完成後憑俗僧之顯守，任花子以棲身，塵埃滿地，臭氣沖天。人尚難忍，神豈能安。今也該寺翻造既成，苟完苟美，可無負提倡者之苦心，還望此後善為維持，可為全島模範，則幸甚矣」。

龍山寺於 1920 年元月 8 日動工，1924 年 3 月 23 日竣工，先建正殿及前殿，次建鐘鼓樓及後殿。建坪共 622 坪，基地 1828 坪。[15]落成時前不久，由於日本關東大震災，傷亡無數，故延至 1927 年 12 月 14 日始舉行落成典禮。落成典禮時，官民數百人臨席，極為盛大莊嚴，現今尚可見當時所攝之合影，台灣總督上山滿之進及軍司令官田中國重為蒞臨參加。[16]

三、1924 年以後之修繕

艋舺龍山寺於大改築之後，至 1938 年又有一次修繕，這一次主要的工作是重新油漆佛座與樑動柱礎。距 1924 年改築完竣以來才 14 年，似乎時間上短了一些。由副寺務李達專及黃東松、蔡八卦諸氏幹旋籌款，於 1938 年 11 月 11 日動工，1940 年 9 月 19 日完竣，前後共花 1 年又 10 個月。各殿油漆費用如下：[17]

---

15 台灣寺廟台帳。
16 見前引「台灣大年表」1927 年 12 月條目。
17 見前引《艋舺龍山寺全志》頁 14，第三章部分。

（一）本殿（正殿）—3037 圓 20 錢

（二）前殿—3267 圓

（三）東西廊—2208 圓

（四）廚房倉庫及庭園—245 圓

（五）工事雜費—351 圓 27 錢

後殿在此次公事中不修飾，因為後殿是南安武榮媽祖會所支持。此次共耗費 9108 圓 47 錢，其中 9082 圓 70 錢，由 1070 名善男信女捐獻，不足之款 25 圓 77 錢則由龍山寺自行負擔。如果比較 1920 年大改築時的油漆費用，當時為 10837 圓 48 錢，此次為其百分之九十，顯見是一次全面重繪的工程。台灣的寺廟在短短 14 年即全部重繪者實在罕見。其原因如何？至今尚難考證。

艋舺龍山寺史上最嚴重的一次大災難發生在 1945 年 6 月 8 日，時值二次世界大戰，太平洋戰爭近尾聲時，美國飛機空襲台北市，在艋舺地區投下數枚炸彈。其中一顆擊中龍山寺大殿及右廊（即西廂）。據聞這是一顆燃燒彈，引起大火，大殿的屋頂全毀，石龍柱在高溫之下斷裂，而最可惜的是大部分的神像及匾額皆被燒毀。最令人感到神奇的，寶座上的木雕觀音菩薩神像卻仍端坐壇上，屹然如故，遠近善男信女一傳十，十傳百，咸稱靈應，倍深信仰[18]。燃燒彈是在 6 月 8 日凌晨 1 點多投下，深夜裡起火，寺的管理人大多早已疏散鄉下，無法及時救火。主尊觀音菩薩神像只遭燻黑，事後稍加修飾即還其原來面目。

被燒毀之大殿，只剩臺基及石板地面，殿前石雕瓶形欄杆及月臺大致亦完好，石雕雲龍御路（亦稱石龍砛）也大體上完整，在後來之重建工事中，這些均予保留。

為了暫時供奉主尊觀音菩薩像，也為了配合日本投降，戰爭結束，日益增多的善男信女前來朝拜。乃有臨時大殿之建，臨時大殿之建，適值當地大戶楊振榮派下之楊文星、楊黃氏味、楊文塗、楊仁俊（1920年大改築時曾獻柱聯一對）、楊仁藩、楊仁政等人願將其所有之舊大厝

---

[18] 見《艋舺龍山寺全志》頁 15，第四章部分。另外，黃啟明「艋舺與龍山寺」一文有較詳盡之記述，收於「臺北文物」艋舺專號，1953 年。

一座全部材料提供出來，作為大殿重修之用。工事於 1945 年 7 月 10 日開始（日本於 8 月 25 日投降），同年 12 月 30 日完成（10 月 25 日台灣光復）。這座大殿，據 1941 年發行之《艋舺龍山寺全志》中所附照片顯示，係利於舊臺基之上，通面寬五開間，但邊間較窄，顯係將就楊氏大厝之木樑長度使然。左右山牆似仍為舊物，石垛雕刻仍保留一小部分。其次，屋頂為歇山頂，左右屋頂出簷較淺，造型簡樸。

據《艋舺龍山寺全志》記載，此次臨時大殿之建，除了楊氏族人所捐知建材外，另有：

棟柱八支—王宗河派下王祖派
四角棟柱四支—王德鏞、王燦宋
檜材寸角五十支及分板八十片—白媽居
檜材三塊—賴國清
舊中瓦五千塊、舊小瓦二萬塊—東邦鐵公所施氏
舊瓦二千五百塊及舊角仔三十支—林氏牽治
洋釘七十八公斤—林堤灶
洋灰五十包及舊鉛線二十八臺斤—葉仁和
舊鐵線二十五臺斤—殷其山
白漆二大罈—協明塗工所
海菜一百臺斤、烏日麻絨四十五臺斤及黃色土八臺斤—林茂盛

這些建材均用於臨時大殿，其中棟柱即為殿內四點金柱，寸角及分板即瓦下之桷木，洋灰即紅毛土或水泥，海菜即海菜粉或海菜精，具有延緩白粉牆乾燥以防龜裂之作用。麻絨可加強石灰牆之結合性。依此來看，此次臨時大殿，傳統作法與近代材料並用，但木材多係舊料。

這座由民宅舊料所建的臨時大殿，維持到 1955 年，前後近十年光景。使得到龍山寺朝拜的善男信女，仍有一座殿堂可用。而這段時期內，被燒失之諸多佛像，陸續補雕復原。聘請福州籍之名匠潘德氏重新雕塑，現寺中所供文殊及普賢菩薩等大都為其精心傑作。另外，戰前由艋舺初深知雕刻家黃土水所雕之釋迦如來佛立像，與大殿同時遭毀，亦於

台灣光復以後以原模翻製，現供於大殿內左側。[19]

民國四十四年（公元 1955 年）大殿又有一次全面的重建，由於龍山寺為台北市最具聲名之典形中國閩南式寺廟，信徒眾多，觀光客亦絡繹不絕，乃有重建政是大殿之舉。重建之籌備於 1954 年開始，大殿之原設計者王益順已於 1931 年逝世，1920 年代當他在台灣時，曾認養一位義子王世南[20]。戰後重建大殿的工作即落在王世南身上。

大殿之設計圖由王世南繪製，此圖樣據說係以戰前王益順知設計為藍本。亦即柱位支安排及開間面寬、進深與高度尺寸，大體上皆與戰前之大殿相同，實際施工時，由廟方組成營繕委員會，敦聘當時台北著名的木匠陳已堂與廖石兩位承作，木雕匠為陳應彬之高徒黃龜哩，石雕匠師為蔣銀牆與張木成，兩位匠師分座左右兩邊，匠界稱為「對場作」。

重建新的大殿，從 1955 年動工，至 1957 年始完竣，除了大木匠師及石匠師外，為數眾多的木雕及神龕，更動員了數十位名匠，例如正殿中龕為陳銀生、許添國、蘇海萍與陳萬春合雕，左右龕由張俊義、曾銀河等所雕。[21]

大殿所用之材料與戰前有很大差異，最明顯的是多用台灣所產的觀音山石及阿里山紅檜。自 1949 年之後，福建的建材如福州杉及泉州花崗石無法進口，台灣許多寺廟之修建遂轉用本地之材料。觀音山石產於北部觀音山麓，大約自清嘉慶年間之後亦逐漸成為寺廟或民宅常用的石材。其色澤呈青灰，石質堅硬，但較脆，是一種火成岩。至於檜木，在1920 年代大改築時，即大量運用這種上等的木材。其材質硬，具油性，且有香味，樹幹可達一公尺以上，非常適合寺廟樑住之用。

1955 年重建大殿，除了大量使用觀音山石及檜木外，尚有一點較明顯的改變是放棄了貼牆體的白瓷面磚。據現場石垛所雕鑴的年代落款及捐獻者分析，此次大殿各部位之施工及助造者背景如下：

---

[19] 見《艋舺龍山寺全志》。

[20] 參見李乾朗「王益順匠師在臺灣之廟宇建築之研究」一文，國立台灣大學建築與城鄉研究學報第二卷第一期，1983 年，頁 87～122。但另有一說，王世南為王樹發之養子。

[21] 大殿內部神龕木匠之資料未見文獻史料，此處所列之名單皆自神龕本身上所抄出。當時木雕匠常將自己的名字刻在不顯眼之處，給予我們研究時非常有用的參考。

　　大殿經費捐獻者甚多，出資較多的可在石柱、龍柱、石垛及石欄上看到名字。包括晉水天上聖母會、龍山寺唸佛會、螺陽公益會、台北市魚市場承銷人、邦民鐵工廠等以及不少台北地方富紳名流。

　　大殿之臺基仍延用舊物，殿前月臺之御路舖面、石欄及階梯亦皆為舊物，但殿四周之瓶形石欄則為這次所彫，全為台北市魚市場承銷人所捐建。重建時，較早組立的是內柱及角柱，有 1954 年銘記者。門柱及四周迴廊簷柱多為 1955 年落款，可推證迴廊較慢施工，而中央明間簷柱遲至 1956 年秋天完成，四周石欄最後至 1959 年才全部完工。

　　石彫柱頗富變化，包括單龍柱、雙龍柱、花鳥柱及附聯圓柱。正面中央之一對單龍柱為張木成所彫，左邊角柱盤雙龍，為惠安石匠蔣文浦所彫，不細看很難分辨。一般惠安蔣氏石匠派之特色為人物面部刻畫細微，兩頰凸出，表情較生動。他們的石雕，藉本身之凸凹及陰影即顯出立體感，不必借助描金描墨。

　　殿深石垛上出現二位匠師名字，左側為張協成石店張木成，後壁為張俊義。所運用之技巧，兩者相近，皆「水磨沈花」為主。即在磨平之石面上已陰刻表線圖案或文字。

四、1959 年之後的增建及最後之規模

　　1956 年龍山寺大殿竣工之後，大體上恢復了 1920 年代大改築之後之格局。至此之後之修繕均屬較小規模，如換瓦、修屋頂桷木或重新油漆彩繪。不過，1959 年在大殿左右側各增建一座過水亭，以方便香客不受雨淋之苦。

　　過水亭為單簷之四重頂（歇山），山面朝正殿，屋頂比正殿簷口低。由溪底大木匠師王錦木設計承造，於 1959 年秋完成。捐獻者與大殿瓶形石欄同為台北市魚市場承銷人士。

　　1960 年代中期，鐘鼓樓之六角形攢尖屋頂由廖石成修理一次，換下所有桷木，並將上下簷之距離拉開一些，使上簷之吊筒不至於壓到下

簷的瓦片。[22]

　　1967 年初，左右兩護室之彩繪重新畫過，聘請台南名匠陳玉峰之傳人陳壽彝負責。另外，前殿之油漆及彩繪亦聘鹿港名匠郭佛賜主持。現今，仍可看到這些 60 年代之彩筆墨跡。不過，大部分均剝落了，恐怕很難全部保存下去。

　　1971 年春，龍山寺之外面石埕有了較大的改變，原來的短石欄被較高的圍牆取代。原有的大正年所置之石燈籠仍保存於牆內，牆內另闢水池，置假山與花卉，作為龍山寺之綠地庭園。同時寺前臨街處，起造一座四柱三間之水泥大牌樓，設計者仍為柱名的廖石成，終於完成了艋舺龍山寺從清乾隆初年創建以來，歷經二百多年所逐漸增改築的最後規模。

第三節　建築格局

一、平面布局與柱位分析

　　艋舺龍山寺規模宏整，在台灣眾多寺廟中，它的形制被視為具有典型之代表性。一般台灣寺廟，由於早期神像並非很高大，信徒來源亦只限於地方性範圍，故平面很少採用多重院落之佈局。中國大陸有些宏偉的佛寺，包括山門、二山門、天王殿、彌勒殿、鐘鼓樓、大雄寶殿、大士殿、講經堂、藏經閣、方丈、禪房等多座建築。但是清代台灣從未出現過這樣龐大的規模之佛寺。艋舺龍山寺，在一九二零年大改築前，僅為面寬三開間，前後三殿，左右各置護龍之格局。經過近代改築及增修之結果，成為正面十一開間，進深三殿及左右鐘鼓樓之形制。

　　前殿面寬十一間，分成三個組成部分，中央「六路」為所謂三川殿，設三個入口門及二個八角石窗。兩翼各有三開間，稱之為「龍虎門」，東為「龍門」，西為「虎門」，屋頂各自獨立，形成非常複雜之組合式屋頂。

---

[22] 據 1982 年筆者訪問廖石成，由廖先生口述得知鐘鼓樓屋頂曾由他翻修之過成。

　　三川殿屋頂採「牌樓升簷式」，歇山重簷，五間中央的三間向上升高約一公尺餘，凸出於左右兩間，造成屋脊交錯組合之效果。「龍虎門」之屋頂有如一座獨立完整之小廟，「凹壽門」上附有軒亭小屋頂，兩側右夾住略帶西洋趣味（又稱為番邊）之小山牆，造型玲瓏有加。山牆上出鋪瓦之短簷，簷下又置「水車堵」，可以容納更多的裝飾。在外觀形式上比較，兩翼的「五門」顯然比中央的「三川門」更為緊湊繁瑣。龍山寺的正立面，左右延展寬廣，但屋頂中高旁低，仍然尊卑主從有序。

　　前殿中央五開間，進深四開間，通常台灣其他大寺廟之作法為四點金柱中的前二柱與門扇相結合，成為匠師所謂的「封柱」。但艋舺龍山寺，為求高大壯觀，四點金柱乃是獨立的，有如四大金剛，屹立於前殿之中央。明間跨度近八公尺，為台灣所罕見。

　　龍虎門之用柱，非常工整，面寬三間，進深四間，柱為悉與中央三川殿對齊。

　　三川殿作為初拜殿用途，中間常以柵欄圍起，進香客皆由龍虎門出入。進入中庭，大殿映入眼簾，而高聳的鐘鼓樓分峙左右兩側，四周的屋頂連接或抑揚頓挫，婉轉起伏之天際線，這是合院式寺廟最具特色之處，大殿被拱立於全寺之核心。

　　大殿又稱為正殿，或大雄寶殿。為歇山重簷式，現狀與一九二零年所築大同小異。其通面寬五開間，通進深六開間，四面走馬廊（即迴廊），宋營造法式所謂之「副階周匝」。側廊加置中脊柱，使得外觀上左右柱列得到均勻之節奏，各柱之間距較為相近。

　　大殿之內，柱分為「雙槽」，內牆四根點金柱大致構成正方形開間，可以再架抹角樑，形成正八角形，可為藻井提供一個有利的框架。大殿之面寬比進深略大，形成正面長而側面稍短之形態，共用柱四十二根，其中，四點金柱之後與神龕之前又用二柱，在台灣的寺廟大殿中，艋舺龍山寺之柱列亦屬一種具有特色之類型，與同樣由王益順建造的台北孔廟相同，即是在四點金柱之後再增二柱。與鹿港龍山寺或彰化孔子廟相比，鹿港龍山寺正殿亦用四十柱，四點金柱之後並未補置兩柱。而彰化孔子廟大成殿只用三十六柱，不增中脊柱。如此看來，艋舺龍山寺這一

型是用柱較多的。

　　後殿通面寬十一開間，進深只有三開間，棟架形式單純。十一間中以山牆分隔成三組屋頂，中為歇山重簷，兩翼為單簷硬山，整個形式較簡單，有欲凸出大殿及前殿之趨勢。

　　兩廊之柱位佈局亦簡單，只將前後分成「頂山」與「下山」。「頂山」即大殿之側的部分，面寬五間，「下山」即面對中庭之處，面寬四間，但其中三開間為鐘鼓樓之基座，另一間為獨立之配殿。後殿之左右廂房闢為出入口及倉庫，連接著東西兩廊，將龍山寺包成封閉的範圍。

　　值得注意的是鐘鼓樓之六角平面並非正六角形，為了使朝向中庭之面較寬，其中前後二邊較大，左右四邊較小，構成略扁之六角形，這是一般人不易察覺的。

二、棟架分析

　　棟架及木結構之屋架，有些老匠師稱之為「架棟」，在宋代營造法式一書中，常名之為「草架側樣」。宋時，「殿堂式」結構與「廳堂式」結構為兩種主要類型。如今，在艋舺龍山寺中，兩種棟架接出現之。

　　前殿中央五開間所用者屬於「殿堂式」棟架，左右龍虎門所用者為「廳堂式」棟架。這兩者之分野在於棟架之立柱是否直達頂部承接桁木。凡是柱頭直頂桁木者可歸為「廳堂式」，實際上具備著「穿斗式」的精神。而凡是柱子停於大樑之高度，大樑以上的柱子由層層的「斗」重疊而成者，可歸為「殿堂式」，這兩種之差異尚可在施工組合時看出，凡是「殿堂式」者，要水平一層一層逐漸疊起，才能構成整體之屋架。

　　前殿左右龍虎門，不裝天花板，屬於宋法式所對之「徹上露明造」，可見全部之棟架，使用「二通三瓜式」。注意比較龍虎門棟架，瓜筒形式不同。可證之為左右「對場作」，但皆屬泉州風格。

　　前殿中央五開間裝置天花板，明間為八角藻井，次間均為平頂，今人無法見到上面的棟架。但其立柱皆停於天花板之下，故可判斷其為殿堂造，在天花板以上之棟架應屬於草架作法，即不施精美之雕刻或特別

形狀之加工。

其次，大殿之棟架亦屬典型之「殿堂造」，內外柱大致上高度較接近，內柱在大樑以上的部分即轉為疊斗，直頂天花等或藻井之上的桁木。

大殿之柱位安排與棟架模式，皆與另一座由王益順建造之大殿台北孔廟大成殿相似。殿內明間裝置藻井，左右次間為平頂，四面走馬廊為捲棚。唯一不同的，孔子廟大成殿次間之平頂天花留出一個空井，有點類似在鹿港街屋常見的樓井，這個方井的四周圍以矮欄，其上再覆平頂。

大殿正面排樓不裝門扇，屬於一種「敞堂式」作法，僅以鐵柵區分內外，蓋因大殿既居於前後殿及左右護龍所共同封閉之空間中央，原可避風。大殿之山牆厚近半公尺，原外貼白色磁磚，一九四五年重建時才易為全部石面。殿內次間之柱子附於內牆，屬於附壁柱。山牆外側另有石雕假柱，凸出於石垛，似乎略受西洋建築影響。石垛之上有水平之水車垛，上面安置石雕之人物花鳥裝飾。

大殿左右側之過水亭，棟架甚為嚴謹，為四架之捲棚，對仗工整。兩廊之屋架則略有變化，下山四間中有一間為兩坡式屋頂，其餘為平頂，以便安置六角形之鐘鼓樓。頂山部分則悉為簡單大方之抬樑式屋架。關於鐘鼓樓，前已述及，為求面向中庭之面較寬，採扁體六角形。但棟架之角度並不保持一百二十度，而是四隅角小，左右角大之作法，按裝斗栱及樑枋榫頭之角度雖較麻煩，但對於外觀造型卻較有利。

鐘鼓樓尚有一項特色，即十二根內外柱中，長度略有不同，係因為地面有洩水坡度之故。當年建造時能予以周密考慮是很可圈可點的。

至於後殿之棟架，為龍山寺中較古典之作法，即不作天花板，全部「撤上露明造」。中央五開間為重簷，使用十三架棟架，上簷架內「三通五瓜式」，下簷則採捲棚。在上下簷之間，並不施出簷斗栱，採用較簡略的琉璃花窗填塞，使有通氣作用而已。

後殿中央五間之棟架，進深只得三間，但用柱甚高，殿內空間高敞。在翼角方面較具有特色，角樑並非四十五度，因而造成屋頂之前後坡較陡，而左右坡較緩。這種棟架，充分反映了溪底派大木匠師巧於因地制宜，靈機應變之能力。

　　後殿左右配殿屋頂下降，只得單簷，棟架之類型較簡單，前後用四柱，三通五瓜。左側文昌殿曾於一九八二年遭燒失，重建時，瓜筒之造型與先前者不同。大體來說，四點金柱較細，瓜筒形式較扁，不夠肥厚。

　　綜合全寺之棟架觀之，前殿中央五殿及大殿因為採用天花板及藻井，棟架使用草架，未加細部雕琢加工。龍虎門之棟架則全部暴露出來，可令人一覽無遺。其用柱，用樑及用瓜之制，皆遵古法，用料碩大，非常可觀。至於鐘鼓樓，使用改變角度之六角形，樑枋及斗栱角度特殊，亦體現匠師之巧思。至於後殿棟架，工整而高敞，樑柱斷面雖顯得較細，但各通樑之比例仍屬上乘之作，值得細加揣摩。

三、斗栱分析

　　艋舺龍山寺各殿構造不同，棟架模式及屋頂形式亦變化多端，故斗栱舖作類型較多。各種不同斗栱擔任不同位置之角色，充分發揮斗栱之功能，茲分述之：

（一）前殿

　　前殿中央五開間與左右龍虎門所使用之斗栱迥然不同，龍虎門為簡潔的二通三瓜式屋架，疊斗出斗栱，除此之外甚少有特殊之處。但中央五開間則不同，為配合各部位之需要，一共使用了七種斗栱：

1、出簷斗栱

龍柱之上自「步口通樑」出葫蘆栱與關刀栱，以承「吊筒」及「捧前桁」。

2、網目斗栱

前步口之天花板上施以複雜之網目斗栱，係一種斜栱與直栱交織而成的「如意斗栱」，（清式謂之如意斗栱）。在清代台灣寺廟中未見之，一般公認為王益順所初引入之技巧。中港間（明間）跨度六公尺九十二公分，步口深一公尺四十五公分，網目劃分成 9x26 個小方格，計得 234 個小方眼，每眼 26.5 公分 x24 公分。方眼中再施加斜栱穿梭其間，層

層疊高，有如穹窿，這是一種裝飾性很濃厚的斗栱構造。至於次間之網目，劃分成九十眼，每方眼為 31.7x24 公分，較明間網目為大。作成矩形網眼之目的，有意使雲紋斜栱顯露較多，加強正面性明朗清晰之視覺效果，這是有經驗的高明匠師最細膩的處理手法。前殿後面之步口，作捲棚，但壽樑過高，中間所加的步口通樑無法呈水平，似是高度計算有誤，施工不準所致。

3、排樓斗栱

前殿架內之斗栱，在樑枋之上先置「斗抱」，「斗抱」之上再置斗、三彎或五彎枋、連栱及樑枋，疊成如算盤式的平面結構，它雖未具出挑能力，卻有鞏固整個棟架之作用。

4、天花斗栱

前殿架內次間之天花板，為交叉斜格子木板所構成，可以透氣。其下之斗栱，為三跳之「計心斗栱」，即宋法式所謂之「六鋪作計心斗栱」，其構件陣容整齊，用料厚實，上承平板天花，且每兩組連為一體，發揮了穩定及承重之作用。這應該是艋舺龍山寺最有力量且最嚴謹的斗栱了。

5、看架斗栱

前殿架內次間所用，其實乃為前步口網目斗栱之後尾，出二跳，再以連接枋串起，頂住天花板，與前面之網目互相平衡。也有匠師將前述之天花斗栱視一種看架斗栱。

6、棟架斗栱

施於屋架通樑之上的斗栱，在前殿後捲棚步口通樑獅座之上即出現棟架斗栱，一般自下至上依序為副（附）栱、正栱、雞舌栱，上承桁木。

7、結網斗栱

即藻井內所施用之細小斗栱。前殿藻井採用八角形，明間寬六尺九十二公分，點金柱深三公尺八十四公分，故壽樑上再架二支通樑以構成正方形井框。方井上抹角，再架八角形藻井。網內分上下二圈，下圈每邊出三栱，上圈每邊出一栱，集向頂心。各小栱之間以枋連繫。

（二）正殿

正殿現物係一九五四年重建，與一九二零年代所建者之斗栱略有差異。大殿柱位安排嚴謹，柱分內外二周，角隅成正方形，置串角步通。四點金柱亦呈正方形，中置圓形藻井。從底下仰望時，藻井斗栱層層上升，為順時針方向（但一九二零年所見者恰相反，斗栱呈逆時針方向旋轉）。原來之方井轉八角井後，在八個獅座上出栱，向中心迴旋疊高，頂心明鏡為一塊平板。現在經重建，以集向圓心之龍頭栱代替獅座。另外，殿內之內外槽之間均覆蓋天花板，除了神龕頂部外，皆施網目，以三跳斗栱加斜栱，至為華麗。

正殿屋頂為歇山重簷式，原來上下簷之間的斗栱以看架補間，柱頭伸出四十五度之斜栱。各鋪作之間連以橫枋，此法後來亦可見於大龍峒孔子廟。王益順處理看架斗栱似嫌疏鬆，這也許是泉州溪底派之一貫風格。一九五四年重建後的大殿，上下簷間的斗栱分佈較密，並且受到陳應彬系統匠師之螭虎栱影響，陳己堂及廖石成皆大量地引用了充滿曲線之美的螭虎栱。

而且，大殿上下簷之距離也修改了尺寸，原先太近，上簷之串角吊筒壓住了下簷之屋脊，使吊筒懸空之意盡失。一九五四年重建時，特地將上簷升高兩尺餘，吊筒遂獲懸空，使翼角造型更形飄逸秀麗。

（三）鐘鼓樓

艋舺龍山寺之鐘鼓樓造型為台灣首次出現，使用匠界所稱之「轎頂式」屋頂，清殿式稱為攢尖盔頂，猶如古代將軍之盔帽。反曲之屋頂，可使外觀看起來不至太尖細。

鐘鼓樓之平面呈扁六角形，但左右角略向內縮，作了視覺修正。樓裡面依上下簷位置分為二層之排樓斗栱，下層用一個斗抱（斗座草）、二彎枋及連栱。上層則施「看架斗栱」，內外皆出栱，並加橫栱及橫枋固定，獲得良好的平衡。

（四）兩廊

東西兩護室之步口廊，柱頭上使用出簷斗栱，關刀栱二跳，第一跳出橫栱，承挑簷桁。第二跳關刀栱直接承接「捧前桁」。不過這根捧前桁係水泥所灌之小樑，長期漏水，目前以波及斗栱，產生嚴重損壞之現象。

（五）後殿

後殿所用斗栱較簡單，類型亦少。中央五開間之棟架斗栱，柱頭出簷斗栱皆使用溪底匠師慣用「關刀栱」及「葫蘆栱」。

歸納龍山寺所使用之斗栱，種類達十種以上，依不同結構而有不同之功能與形式。一九二零年代所建者，多用單純有力之關刀栱或葫蘆栱，栱身略向上彎曲，上下緣略施曲線。斗形式則甚多。有「桃彎」、「六角」、「八角」及「腰子」等種類。一九五四年重建之後的大殿，斗栱風格有明顯的轉變，曲線較豐富的螭虎栱取代了簡潔的關刀栱，而且鋪作的分佈較密，裝飾意味增加了。這是我們研究或欣賞艋舺龍山寺時，不可不加注意之處。

台北龍山寺全區鳥瞰。

艋舺龍山寺三川殿藻井剖視圖。

台北龍山寺大雄寶殿為歇山重簷，供奉觀世音菩薩。

台北龍山寺前殿之八角藻井。

台北龍山寺在大殿左右可見高聳的鐘鼓樓。

第七章　景美集應廟

第一節　歷史沿革

一、集應廟的方位與山水形勢

論及台灣古建築，不能忽略它的方位與周圍山水關係。建廟或建屋必先擇地定向，稱為堪輿或看風水。景美集應廟從近景美溪的頂街遷至下街時，所採的方位是否與原先的相同？由於未見史料記載，不易考證。但現在的方位則可見其端倪，它坐東向西，背後以景美山為其坐山，景美山高一四四公尺，山上有巨岩，人們傳說為仙跡岩，近代已成為景美之盛景。

集應廟面前現有許多高樓，但清同治年間建造時，廟前可見四條溪流與遠方的山脈。據當地耆老描述，廟前可見瑠公圳〈現已加蓋〉、景美溪、新店溪、大漢溪及十幾公里外的觀音山及林口台地，特別是林口台地的坪頂，且被視為是廟的案山，關渡則為水口，觀音山為水口山。近年因廟四之大樓如雨後春筍，這種坐山、水口及案山之地勢關係已不易察覺了。

集應廟前殿中門左右有一柱聯頗值注意，聯曰：「景山展畫屏脈鐘寶剎千人拜，溪水環玉帶波映華堂萬點光」。文句中所指寶剎是否為集應廟？蓋集應廟非佛寺也。至於溪水環玉帶，則應指景美溪從廟西方繞流而過，此喻為玉帶。華堂萬點光則顯然指頂街與下街的民房了。清末新店溪航運便利，從艋舺經景美，可通至深坑。當時頂街即靠溪邊港口而發展起來，華堂萬點光形容其盛況矣。

二、集應廟與景美老街區的關係

清代台北盆地聚落與市街發展，依目前所調研之例，如淡水、大龍峒、艋舺、大稻埕、新莊等皆從一條街開始，俗稱蜈蚣陣，有頭有尾，

因此人們也稱之為頂街與下街。景美的發展亦循此規則。

　　頂街包括今天景文街與景後街一帶，民房較多，它靠近景美溪，清代佔有舟運之便。而陸路形成反而較晚，下街是銜接陸路，通往古亭及台北府城的必經之路。如果以台灣府城在光緒初年興築，在集應廟同治初年移建之代比較兩者相距只有十多年，那麼我們或可進一步佐證集應廟與景美下街發展之密切關係了！而下街的發展較晚期。集應廟在清同治六年〈西元 1867 年〉，移建在下街當時廟四周空地多而民房少。

　　清代台灣城市的頂街與下街兩段結構，是一種普通的通則，兩段式的長街再繼續發展，可能增加為三段或五段，鹿港的五福大街即為一例。每段之間可能設置隘門，以資防禦。景美老街是否在頂、下街之間設置隘門不得而知，但它的街道與景美溪呈垂直分佈，且街道彎曲明顯，相信可能係風水及防禦因素使然。另外，在街的兩端常見土地公廟，在農村聚落的四角，建四方土地公廟，這也是一種通則規律，景美下街北端有土地公廟進興宮為一例。

三、集應廟與景美的市街空間

　　集應廟的方向為坐東向西，但集美街卻呈南北向。街與集應廟呈丁字形，道路接到集應廟左側，並未直接與廟埕相連。這種關係亦常見於清代台灣城市之中，因此從下街望至端點，可以看到集應廟的前殿與正殿山牆為街道端點之一景，反而更形凸出。

　　集應廟的正面留設廟埕，廟埕對面有一座戲台，每年只有幾次演戲活動。廟埕四周大多為攤販盤據。廟後方為一巨大空地，近年闢為停車場，但未來可能興建大樓。

　　由於近代所闢的景文路與羅斯福路逐漸取代老街，這三條大約平行的南北向街道性質不同，各司所職，前兩者為穿越性較強街道，而老街未來可能為人行為主之街道，近年景美的人潮集聚區已轉移至集應廟附近，因此，未來廟的整建與四周公共空間之規劃必須密切配合。集應廟四周的道路有景文路、景中街、景後街與景美街等。

第二節　建築格局與特色

集應廟現存物為「兩殿兩廊兩護室」之平面格局，依日治時期地圖研判，清代尚未建右護室。廟埕外有一座水泥構造戲台，為近年所添建。現就各殿之特色分別剖析。

三川殿面寬三間，進深亦得三間，排樓石垛與前點金柱相合。殿闢三門，步口全為石垛構成，石彫頗精，為台灣北部觀音石所彫，但可能有一部份玄色石材來自福建。石彫風格略有張火廣之韻味，其子張木成亦為日治時期台北著名廟宇石彫匠師。

大木結構方面，步口得二架，架內用二通三瓜，瓜筒修長，近於泉州匠師風格。栱用料碩大，栱身較平直，員光及束隨多採螭虎形。三川殿前步口廊下有木欄，這種作法普見於清代台灣寺廟，但近代多遭拆除，集應廟仍保持這種特色。

正殿面寬三間，進深五間，排柱屬典型作法，前帶捲棚軒。正殿之石彫雖較少，但有一對龍柱，龍身彫工頗精。正殿架內用三通五瓜，瓜形有如金瓜，較為肥碩，但束隨相對細巧，曲線作工老練。排樓斗栱方面，用五彎枋，上置連栱，最上一層斗較大，以承桁引並利於左右次間之起翹。

棟架斗栱只濕於明間，次間不出栱。桁木插入山牆，有方洞承桁木，在台北附近較罕見。兩廊的構造較簡潔，用方柱、通樑及童柱亦用矩形斷面，省去束隨。棟架為捲棚式，但屋脊為向內單坡，外牆之上有獨立之燕尾脊。左右過水門皆為簡潔之方柱方筒棟架，左右護室牆體多為土埆構造，惜近年損毀過劇。

三川殿及正殿之彩畫多為己亥年所繪，見有落款署名梅石山人、丹青者，也有台南名師陳玉峰作品。另外，正殿內牆水車垛也散見交趾陶。

綜觀集應廟現存遺構，多為清同治六年及日治大正年間之原物，大木及石彫風格反映台北地區之共同特色，與大稻埕慈聖宮、艋舺清水岩等清末古寺廟建築風格較近，可視為台北盆地典型之中型廟宇。

一、平面格局

　　集應廟坐東向西，背山面水，以山為其屏山，而新店溪從前方自南向北蜿蜒流過，就傳統風水理論來說，這屬於極優良之方位佈局。即所謂「震山兌向」，應是「坐乙向辛」廟位於景美舊街北端，廟埕與景美老街相接，這是很典型的臺灣清代街、廟配置關係。而同時也反映出集應廟與景美街形成具有重要之意義。

　　集應廟的中軸建築包括前殿、兩廊與正殿，為柱列整齊，左右對稱，格局嚴謹之平面。且左右護室卻明顯不同，柱子的間距與體內窗尺寸皆有異。合理的推斷，應是時代稍後不同時期所建之故。

　　前殿與正殿面寬尺寸一致，只是在進深尺寸與排柱法不同，兩殿之間連以廊道。這種佈局幾乎是台灣清代中小型寺廟之典型平面。以台北盆地淡水河流域最存古寺廟作比較，淡水福佑宮、淡水龍山寺、鄞山寺、台北慈聖宮及艋舺清水岩等皆屬之。在排柱法，顯現共同特色有四項：

　　前殿三開間，闢三門，稱為三川殿。前後用四柱，第二柱與排樓面相嵌，成為封柱。兩廊利用前後殿進續的山牆，一邊立四柱，作捲棚頂。正殿面寬三間，前帶暗厝的捲棚軒，四點金近乎正方形，前後用六柱或七柱。棟架種類多由排柱法決定，前殿用「二通三瓜」，正殿用「三通五瓜」。

　　集應廟的排柱法及棟架設計皆符合上述四項特徵，可謂於典型的中型廟宇佈局。至於左右護室，由於經過修改，只有左邊護室可窺其原始格局，左護室縱深有八間，其中頭尾兩間較寬敞，中央四間較小。頭尾兩間不作土石隔間牆，顯然其原始用途不同，推測為事物、貯藏及廚房之用。至於右護龍，多為磚柱，為日治時期所建，縱深有八間。

二、棟架結構

　　集應廟的棟架設計嚴謹，施工精美，雖屬常見的棟架形式，但也有一些特點值得進一步分析，現就各殿分別說明。

　　三川殿的棟架，為典型的「三通五瓜」式。用桁九枝，亦稱為九架

屋架。如按宋代營造法式，也可稱為前後八椽，用四柱。集應廟的三川棟架值得注意之特點有三：

坡度極緩，依實測只得三分水，約十分之三的坡度，很典型的泉州派緩坡風格。

衡木間距不等，前坡較緊，後坡較鬆。並且後「步口通樑」略高於前「步口通樑」，所以後簷不施「束木」與「吊筒」，直接出以樑頭與斗栱。嚴格說起來，棟架左右略不對稱。

前「小青柱」與後「小青柱」上施用「大枋」，而不用圓桁。同樣方式亦出現於淡水福佑宮與艋舺清水岩等泉州派建築。所不同者，集應廟不施捲棚。正殿的棟架如前所述為前後用六柱之大棟架。其中「架內」用「三通五瓜」，前帶軒用四架。集應廟正殿棟架用才極粗碩，特別是「大通樑」，中央直徑皆在四十二公分以上，已屬罕見之樑材。

正殿棟架之特徵分析如下：

棟架坡度經實測為十分之五，所謂「五分水」，比前殿陡。從各架的「束頭」高低「束尾」亦可見之端倪。正殿高聳而前殿低平，這也是台灣傳統寺廟之共同設計原則。

正殿左右次間起翹明顯，左右山牆桁位平均高於「中港間」約三十餘公分，比起前殿起翹只有二十多公分而言，集應廟正殿與前殿之高度具有良好之對比。

正殿前帶捲棚軒，即暗厝，除了空間高低層次較好，對屋架也提供了穩定之作用。

集應廟的斗栱分佈在簷口、棟架與排樓面，分別具有出挑、支撐與穩定之作用。在台灣清代中後期的中小型寺廟中，集應廟的斗栱屬於樸實無華，中規中矩之形式。既無太多變化，也不施繁瑣之彫飾。多用「關刀栱」，或「葫蘆平栱」。相對地，「螭虎栱」較少。

就「斗」之形制而言，集應廟多用所謂「桃彎斗」，而少用「四角斗」、「六角斗」或「八角斗」。斗口較寬，以容納近三寸的栱身。

集應廟前殿棟架的瓜柱施用「疊斗法」，「疊斗法」為我們依字音所命名，現已廣為台灣研究古蹟學者所用。閩南因為「塔斗」，意為疊上

去之意。集應廟前殿中桁下方「疊二斗」，前後二架則「疊三架」，顯示「大通樑」與「二通樑」間距較大之結果。

集應廟正殿棟架為「三通五瓜式」，中脊桁下「疊二斗」，「二通樑」上亦「疊二斗」，但大通樑上「疊三斗」，顯示通樑間距逐層減少之設計。

其次談到排樓斗栱，集應廟未出現所謂「看架斗栱」，全為二度性平面斗栱。前殿排樓面，石門楣之上為「楣引」，「楣」之上置「斗抱」，斗抱形式略異於一般作法。斗抱上面再置「連栱」。在邊港間〈次間〉生起之技巧方面，係以「斗抱」大小高低來調整，以較高的斗抱墊起桁木。

正殿的排樓，則為典型的「五彎枋」與「連栱」，即數組「一斗三升」連接起來而成，簡潔而實用。

瓜筒之上出彫花小栱，即所謂「瓜頭串」，可支撐上面的副栱及正栱、雞舌，這亦是清代中後期台灣寺廟常見的。左右廊採用簡單的捲棚棟架，「方筒」架在「方通」之上，筒腳不開鼻，榫卯頗深，騎在通樑之上。

三、石構造

集應廟地石構造主要仍為清同治六年與日治大正年間修繕之原物。據石材種類及雕琢手法研判，山牆之砂岩應為同治年間物，歷經一百多年後，現略呈風化現象。而前殿石獅及石垛亦多為清代原物，部分石柱為日治大正年間大修所置，原來可能為木柱及砂岩柱，代之以觀音山石。這也是台北盆地在日治十期大量運用觀音山石之共同現象。

集應廟石構造的技巧並未獨創之處，但它反映出清代中期發展成熟的石構造水準。這可以分為六點來闡明：

前殿中明〈中港宮〉用石獅，左右門〈邊港間〉用石箱〈門枕石〉主從分明。

中港間石門楣為完整石條，壓柱門檻，後面雕凸出的門臼。〈集應廟石門楣有斷裂修補痕跡〉

　　石垛分為五段落，自下而上分別為地牛、裙垛、腰垛、身垛及頂垛。集應廟中門左右裙垛為麒麟，「對看垛」為螭虎爐，均典型清代中期台灣寺廟作法，且其雕工風格樸拙。

　　石柱雕成「工」字形斷面，左右凹槽有利於嵌入石垛，有如榫接，不但美觀且具防震防變形之作用。集應廟的牌樓封柱及廊牆平柱皆出以此法，表現嫻熟之石構造技法。

　　地牛採不嵌入柱珠之作法，因此柱珠與地牛相接處凸出小耳，且地牛長度短於裙垛。

　　三川殿廊牆之石構造，從上到下分為石獅、水車垛、身垛、裙垛、地牛〈作櫃台形〉以及台基石。段落比牌樓面多，也屬標準作法。其中水車垛、腰垛及地牛三者為嵌入廊牆之石條，具有交丁作用，這也是清代中葉之後典型的台灣寺廟作法，顯見集應廟時構造出自技巧老練之匠派。我們至今尚為訪查出主匠為何人。

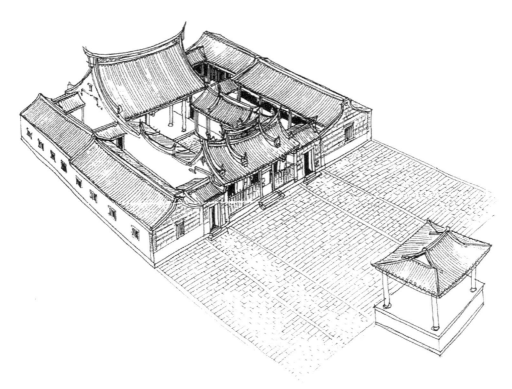

景美集應廟建築透視圖。

第八章　宜蘭昭應宮

第一節　歷史沿革

一、清代宜蘭之開拓背景

在台灣的開拓史中，宜蘭是起步較遲的地方。宜蘭平原為平埔族噶瑪蘭居住地，清代漢人進入墾拓時即稱之為噶瑪蘭，或相似的譯音。宜蘭及台東在清代被稱為後山，東面臨海，西面為崇山峻嶺阻隔，交通不便，因而其歷史發展具有一些獨特性。清廷原本不重視，但由於移民逐漸增多，他們自行建立自保自律的社會組織，同時建造一種較簡單的城堡較作「圍」，聚落中也建造守護神寺廟。移民多來自漳州，粵東籍及泉州籍較少，形成了台灣開拓史上漳州移民發展過程中最具有代表性的區域。[1]

漢人正式進入宜蘭平原，一般都認為始於嘉慶元年（1976）吳沙率三籍移民入墾。在此之前的明末天啟及崇禎年間，西班牙人及荷蘭人曾先後入侵宜蘭，並進行傳教活動，但為時不長，今天已經無法看到任何遺蹟。宜蘭平原在明鄭及清初似乎仍為土著平埔族及泰雅族為主，官方文獻台灣府志記載共有三十六番社；但民間漢人與番社有商業交易之來往。台灣西部平原之開拓在乾隆年之後已逐漸飽和，大陸移民開始另覓新天地，肥沃的宜蘭平原自是很吸引人的地方。

宜蘭平原為蘭陽溪沖積所成，平原以溪水為分界分成溪北與溪南兩部分。溪北從嘉慶元年吳沙率眾入墾頭圍，至嘉慶末年，二十多年間已開墾殆盡。[2]溪南方面較慢，要到道光及同治年間才完全由漢人掌握。這期間除了漢番之衝突外，移民內部的漳、泉及粵籍之間也屢有械鬥，道光三年（1823）的林泳春事件與咸豐三年（1853）的吳磋及林汶英事件是規模較大的民變，起因於官府處理地方事務之不當。而各籍移民之

---

[1] 見清代知格瑪蘭，廖風德。臺北里仁，1982 年。
[2] 前引清代之噶瑪蘭第二章第四節。

械鬥，多起因於資源與利益分配不均。漳人的數目遠多於泉、粵，[3]嘉慶初年及道光初年發生數起閩粵或漳泉之間的械鬥。最後得到宜蘭平原的主要控制權者仍為漳州人，因而我們研究台灣清代的移民社會與文化時，可將宜蘭是為一處漳州風格很濃厚的代表性區域。

宜蘭在嘉慶十七年（1812）由清廷設置噶瑪蘭廳，它的疆界東至過嶺仔以海為界，西至枕頭山後、大坡山與內山生番為界。南至零工圍山，北至三貂遠望坑，與淡水廳交界。至光緒元年（1875），噶瑪蘭改制為縣，稱為宜蘭縣，轄於台北府之下。台灣設省之後，草嶺一帶劃入基隆廳。噶瑪蘭廳時期及設縣石其，邑治皆設在宜蘭。

清代宜蘭的社會屬於農墾經濟形態，初期土地開墾方式採取墾首制。墾首召集墾戶取得一處新土地後，即建造土堡保衛居住環境，所以有「頭圍」、「二圍」之地名，在圍之下又設「結」，所以也有「四結」之地名。後來，官方又鼓勵召墾制，由政府召佃用墾。漢人社會又行保甲組織，十家為牌，十牌為甲，十甲為保，形成頗嚴密的社會結構。在道光年間宜蘭共有七堡，溪北有四堡，溪南有三堡。至咸豐年初年時溪北有五堡，但溪南發展為七堡，顯然溪南的人口反而超過溪北。[4]宜蘭城當時稱為「五圍三結街堡」。至光緒年間，比較重要的街堡還有民壯圍堡、頭圍堡、員山堡、四圍堡、二結堡、羅東堡、澤簡堡、冬瓜山街及礁溪街等。

二、清代宜蘭之寺廟

宜蘭之開拓史實即漢人勢力擴充並控制宜蘭平原之過程。漢文化到達之處，寺廟亦隨之出現。據道光十七年柯培元噶瑪蘭志略及咸豐二年陳淑均噶瑪蘭廳志所載，[5]咸豐初年宜蘭已有社稷壇、神祇壇、雲雨風霜壇、先農壇、火神廟、城隍廟、關帝廟、文昌壇、穀王廟、大眾廟、

---

[3] 噶瑪蘭廳志，陳淑均。臺銀本頁365，楊廷理「議開台灣後山噶瑪蘭即蛤仔難節略」。

[4] 同註1，頁206。

[5] 噶瑪蘭志略，柯培元，臺銀板台灣文縣第九十二種。按其內容多與陳淑均廳志雷同，成書年代 實晚於廳志。

木佛寺、觀音亭、威惠廟（靈惠廟）、真武廟（烏石港）、張公廟（蘇澳）、倉王廟及天后廟，天后廟一座在廳治，另一座在羅東街。至同治、光緒年間，又有孔廟、西關廟、東嶽廟及勉民堂等寺廟。如果與台灣西部的寺廟比較，早期宜蘭的移民大多數均為漳州人，所祀神明種類未若西部泉州人之多，而且較少有王爺廟。

現在宜蘭的寺廟仍保留清代原構造者幾稀，經近年的初步調查，尚有宜蘭的昭應宮（道光十四年）、文昌宮（道光二十五年）及羅東的勉民堂（光緒年間）。這三座寺廟應列為宜蘭重要歷史建築，因為它們忠實地保存了清代噶瑪蘭的建築文化面貌。這裡我們為了說明清代格瑪蘭建築風格之派別，同時調查分析文昌宮及勉民堂。

在 1972 年調查宜蘭文昌宮時，，即發現它具有雙桁式棟架結構，並且文武兩座廟並立，大同而小異，甚具特色，為台灣他處所罕見之孤例。至 1984 年再度勘察，又發現其斗拱作法亦全台僅見，尤其出簷處竟以粗大的樑頭直接承挑，至為簡潔有力，頗具研究價值。查考清代方志文獻，知道文昌宮始建於嘉慶二十三年（1818），至道光二十五年（1845）改建成文武兩殿並列之格局，至此之後即未遭改建。而對宜蘭教化頗為重要的仰山書院即建在它的左側。兩殿中，左奉文昌，額曰「觀文成化」，右奉關帝，額曰「浩然正氣」[6]

兩殿均為三開間，用棟架四路，因而山牆內側尚有棟架緊貼著，山牆使用青灰磚。明間棟架為抬樑式，次間為穿斗式，穿樑凸起呈弓狀，通樑下皮有局部之「板路」，頗近宋代作法。[7]而每架桁木均為上下雙層，尤為罕見。屋頂出簷有封簷板兩層，主脊燕尾未直接壓於山牆之上，亦閩南式少見之作法。[8]

另外，在羅東的勉民堂，規模不大，平面呈正方形，四面圍以厚牆，

---

[6] 見噶瑪蘭廳志卷三祀典中祠宇。建築分析可參閱拙著「台灣的寺廟」，省新聞處出版，1986年。

[7] 大通樑或大虹樑呈凸起之弓狀，下皮有部分呈板路，最早實物可見唐五台山佛光寺大殿。梁思成「營造法式註釋」頁 155 福州華林寺大殿〈五代〉，頁 110 福建莆田玄妙觀三清殿〈宋〉皆可見之。中國建築工業出版社，1983 年。

[8] 參閱前引「台灣的寺廟」頁 131。

每邊各闢三個開口,計有九門三窗。屋頂使用歇山頂,屋架為十一架棟樑,「架內」三通,結構簡潔大方。在台灣的寺廟史上,尚未見相同格局者,甚值注意。[9]

在宜蘭城內的寺廟中,孔廟、文昌宮及城隍廟皆朝南,而昭應宮先是朝東,後又改西。[10]台灣古寺廟有改向之數例,頗值注意,有謂改向能為地方改運,台中神岡萬興宮,道光年間由三角呂氏捐資修建,但至光緒十四年,由原朝東改建為向西,與昭應宮原朝東,後改朝西一樣。

第二節　建築格局

清代宜蘭的天后宮有三座,一在廳治南,東向,於嘉慶十二年(1807)居民合建,即今天昭應宮前身。一在廳署大堂之右,亦東向,前後三楹,有佛堂、外廳與庭院三進,於嘉慶二十二年(1817)官民合建,廟內左奉火神,右奉藥王。第三座在羅東街,稱為震安宮。[11]

昭應宮是宜蘭地區創建最早的天后宮,依噶瑪蘭志略所載,嘉慶十二年由居民合建時,坐西朝東(面向太平洋),右邊有龍亭,兩翼廊直達外門,護以木柵。但稍早於道光十二年撰成卻於咸豐二年刊行的噶瑪蘭廳置所載,卻記為嘉慶十三年(1808)。並描述「中塑神像,左祀觀音菩薩,右安置萬壽龍亭,兩翼廊直達外戶,皆護以木柵,閒闈囂闐,香烟倍盛。」從這些記載,我們推定當時的形制為三開間,只有兩進之格局。

昭應宮有香田在抵美福莊(在廳治南門外),年租穀二十八石,宜蘭街西畔地基稅基二十餘兩。西門外五結、東勢、二結(牛欄後及頭圍等處渡船),香燈銀共二十元、糧稅十六元、大船稅二十元,俱作香火

9　同註8,頁144。

10　見前引噶瑪蘭廳志卷三天后廟條下,改向的記載似是由協撰的李祺生於道光末年所補入。蓋陳淑均初修志時之昭應宮尚未改向。

11　以上據廳志及志略二書所載,未入載之媽祖廟可能尚有梅州里媽祖廟、蘇澳媽祖廟、頭城慶元宮、冬山定安宮、五結永安宮等皆創建於清代。

之資，並募僧住持。[12]

　　從嘉慶十三年（1808）初建的昭應宮，至道光十四年（1834）前後共二十七年，又面臨一次徹底的改建，坐向改西，並且規模較原先更為宏敞。[13]按陳淑均撰修廳志時為道光十二年，之後昭應宮改向重建，由李祺生再補注。這次改建，又增後殿及廟前的戲臺，使成為三殿式格局。一直維持到日據時期昭和七年（1932）又有一次重修，所幸此次重修只舖換屋瓦，重作屋脊剪黏，並將左右山牆原先的土埆磚改為紅磚，內牆並貼上一九三〇年代頗成時尚的白瓷磚。對於殿宇之石作、大木作及細部鑿花均保持道光年原貌，至足慶幸。[14]最具破壞性的一次修復是台灣光復以後，民國五十七年拆掉對街的戲臺，改建後殿為二樓水泥構造，又以琉璃瓦舖換正殿屋頂。民國七十三年由管理委員會自行籌辦前殿及兩廊修護工程，聘雇當地的老匠師阿添司主持抽換腐朽樑柱之工作，並由剪黏匠陳楠雄施工屋頂瓦作及製作屋頂脊飾。[15]

　　透過昭應宮的歷史修繕紀錄與現況觀察，我們確定它的前殿及正殿之主要大木結構、石柱、細部木雕　及及部分彩繪均為道光十四年之原物，在建築史上可以定為道光期之作品。在台灣目前所存的清代中葉道光期寺廟中，與彰化孔子廟、鹿港龍山寺、鳳山龍山寺及淡水鄞山寺等並列為最具代表性的佳作。

　　昭應宮所具備的道光期特徵甚多，觀其風格似乎工匠來自漳州，手法與泉派匠師有明顯之差異。昭應宮三川殿「後小青」石柱雕　「道光

---

[12] 同註10，今昭應宮前殿宮名匾額有「敕建」二字，但志書上均未提及初建時之緣由。

[13] 關於道光十四年改向重建，廳志記載資料有限。若按當時宜蘭城內之街道格局已成型之情形觀之，應不可能在原地改向，否則廟門無法朝街了。廟前對街在民國五十八年之前尚有木造重簷　歇山戲臺一座，〈見林衡道台灣勝蹟採訪冊1966年10月調查〉，其址原先可能即為初建時廟地。至於廟宇改向，是台灣寺廟史上值得研究之問題。例如台中神岡萬興宮，初創於嘉慶六年，道光二十五年由三角呂氏出資改建，至光緒十四年由原來的朝東改為向西。〈見東海歷史學報　第七期，陳炎正清代之新廣莊〉。改向據民間一般傳說，有時可以改變一個地方地文運興衰。據我們訪問宜蘭父老，或謂道光年改向之後，宜蘭出了進士。

[14] 日據時期之修理，據1916年台灣總督府印行衫山靖憲「台灣名勝舊蹟誌」，謂昭應宮創建於嘉慶十五年四月，而於日本明治三十三年〈西元1900年〉八月改築。按即於日據後第五年改築，當時社會未定，可能性不高，恐有誤。

[15] 前殿修理時尚為被行政院文建會及內政部勘定為古蹟，故由廟方管理委員會自行僱工修繕。

乙未（西元 1835 年）首夏」落款。「後金柱」左右「小港間」之「排樓斗抱」分別雕 有「道光乙未」雙錢及「昭和七年壬申」字樣，兩者木雕風格略異。

綜合上述沿革，現以年表整理如下：

中國紀元	西元	相關大事
清嘉慶 13 年	1808 年	居民合建，為兩殿式，坐西朝東。
清道光 10 年	1830 年	通判李廷璧題額「寰海尊親」，柱聯「救民於水，配德於天」。
清道光 14 年	1834 年	在原址對街改為向西重建，原址建戲臺，並增建二樓式後殿。
日明治 33 年	1900 年	局部修理。
日昭和 7 年	1932 年	山牆土埆改為紅磚，內牆貼白瓷磚，修屋頂。
民國 57 年	1968 年	拆戲臺改建商店，後殿亦拆除，改為水泥構造。
民國 74 年	1985 年	修理乾殿及兩廊，抽換幾根樑柱，重新換瓦。

民國三十年盟機轟炸宜蘭，昭應宮後殿原為木造閣樓，卻不幸中彈被炸毀，於民國五十七年再以鋼筋水泥重建。

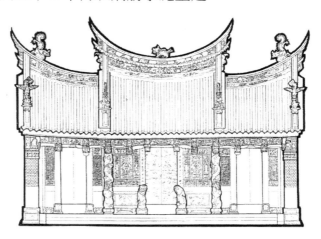

宜蘭昭應宮正立面。

第九章　桃園景福宮

第一節　歷史沿革

一、清代至日治時期的台灣開漳聖王廟

　　台灣的漢人開拓神明信仰，泉州人崇拜廣澤尊王，又稱為「郭聖王」或「保安尊王」；漳州人多崇拜開漳聖王，即「陳聖王」。陳聖王即唐代首任漳州刺史陳元光，因曾率兵征閩，開拓漳州七縣，後被敕封為威惠王，成為漳州的開拓神明。隨著漳州人渡台，台灣各地也陸續建造了為數眾多的開漳聖王廟。

　　根據清代方志文獻與日治時期之《台灣通史》所載，創建於清代的開漳聖王廟有：

1. 台南的開漳聖王廟——在大南門內，咸豐元年漳籍紳商所建。
2. 鳳山的開漳聖王廟——在大竹里，乾隆三十五年（1770）創建土祠，嘉慶六年張氏募款新建。
3. 鳳山舊城的開漳聖王廟——在左營舊城內，創建莫可考，清末傾頹。
4. 嘉義市的開漳聖王廟——在嘉義西門內，乾隆二十六年（1761）漳民合建。
5. 大莆林的開漳聖王廟——在今嘉義大林，道光年間富戶薛大有倡建。
6. 打貓街陳聖王廟——在今民雄，咸豐六年眾街民公置。
7. 斗六廣福宮——漳邑士民公建，同治年間因戴潮春之役毀，光緒年間重修。
8. 沙連保社寮威惠王廟——乾隆年間鄉眾公建，光緒三年（1877）修。
9. 彰化城西邊聖王廟——乾隆二十六年（1761）里民鳩資建。
10. 彰化城西門小聖王廟——由陳姓合建，年代未詳。

11. 彰化城南門內威惠宮——雍正十年（1732）漳籍人合建。

12. 竹南頂街三聖宮——咸豐四年（1854）建。

13. 大姑崁福仁宮——在大溪，祀開漳聖王，年代未附註。

14. 桃仔園聖王廟——嘉慶十八年（1813）簡岳等捐建。

15. 桃仔園埔頂聖王廟——乾隆五十六年（1791）王建等鳩建。

16. 擺接堡枋寮廣濟宮——今中和廣濟宮，雍正年間開墾之人合建。

17. 芝蘭堡惠濟宮——今芝山岩惠濟宮，乾隆五十三年（1788）芝蘭莊人吳慶三等建。

18. 宜蘭靈惠廟——在宜蘭市，道光十一年（1831）漳人從中街移建。

19. 台北內湖碧山巖——嘉慶六年（1801）建今正殿、日治、民國相繼增建。

綜上簡述，開漳聖王廟多由漳人集資倡建，並無官方建立之例，其支持者多為漳籍移民，也有陳姓族人倡建之例。台灣中部在彰化、北部大溪、桃園、台北盆地及宜蘭，因漳州移民較多，開漳聖王廟也較多。

台灣較古老的開漳聖王廟以建於清雍正十年（1732）的彰化南門威惠宮為代表，現存之威惠宮為乾隆二十六年（1761）所修之結果，彰化城內有二座開漳聖王廟，顯示漳人勢力頗盛。當時得到福建漳州七縣人士響應，包括海澄、漳浦、龍溪、南靖、長泰、平和及詔安等縣。

這座威惠宮位於鬧市之中，採用了台灣常見的長條型平面，即前殿、正殿與後殿的面寬均等，牆體對齊，在兩片山牆之間安排各殿。這種形式可歸類為「台南武廟」之類型。

彰化威惠宮面寬三間，三川殿前左右出八字牆。正殿前附軒，後殿之前也有軒亭，方便香客祭拜。這種平面的寺廟多出現在市街之中，他沒有護室，所以管理人員並不住在廟內。

第二節　建築格局與特色

一、全區佈局之分析

　　景福宮在明治三十九年（西元 1906 年）《桃園廳志》所載，是一座包括門、前殿、正殿、後殿與廂房規模之廟宇。從字義上判斷，應具有三殿，經大正十二年（西元 1923 年）因桃園實施日人所謂之市區改正，廟宇遭到計畫道路波及，乃再與改建。我們今日所見的景福宮，乃是此次大改築之結果，雖然二戰之後仍有數次修繕與改建，但大體上格局不出當時規模。

　　依據台灣傳統習慣，廟的大小或位置雖遭改變，但方位多墨守原則，不輕易改變乃風水理由使然。景福宮依實際度量，坐西北向東南，在桃園舊市區之核心。桃園舊市區仍可明顯看出清末漳州人所建之城市格局。我們可與同樣漳州人聚居地台北士林來做比較。市街成格子狀，中央設置主要守護神，如開漳聖王或媽祖廟，市街以廟口最為熱鬧，而東、南、西、北各闢小城門，或謂之隘門。

　　景福宮則表現得更為典型，廟居市街之中心，可見桃園市街是以它為核心，人們尊稱其為「大廟」，自然可以理解。日治初期的市街改正計畫，為當時台灣總督府執行的都市政策，對民間宗教信仰仍存一份尊敬，所以景福宮仍保有廟埕及四周道路環境，這種都市計畫，同樣也可見於今日雲林縣的北港朝天宮，廟的四周以橢圓形道路環繞。

　　景福宮現狀在廟埕之前，有一座鋼筋混凝土牌樓，進入廟埕後左右側各闢兩間小門樓，廟埕中央設一個圓水池，並佈置花園，如市區內的小公園，供民眾休憩。由於花木種植較多，枝葉繁茂，遮擋了前後殿的左右門。

　　前殿、正殿、左右廂房、鐘鼓樓圍成一個接近正方形的封閉空間，此即景福宮的主體建築。它高聳的屋頂成為市區街道的端景，也是桃園市區景觀的特色之一。

二、建築格局

景福宮在大正十二年（西元 1923 年）由板橋名匠陳應彬與新莊名匠吳海同合作進行大改築。根據老一輩匠師口述史料，據說本來也聘請桃園八塊厝著名的大木匠師葉金萬參加，但葉氏認為多人對場，恐怕建築風格不協調，乃禮讓給彬司與海同司。他們分別承建正殿與前殿。建築設計圖也應該是由他們二人共同商量而決定的。從大正十二年（西元1923 年）改築之後，至民國六十五年（西元 1976 年）在廟埕新建四座門樓，包括東（迎曦）、西（延爽）、南（循陔）、北（拱辰）。至民國七十二年（西元 1983 年）以後，又將四角形單簷屋頂的鐘鼓樓改建為重簷六角形。建築外觀雖然有些變動，然其平面格局大體上與大正十二年（西元 1923 年）時一樣。

前殿也稱為三川殿，面寬三間，它的左右闢龍虎門，這種作法的前身是闢過水門，可能是受到大正元年（西元 1912 年）完成的北港朝天宮的影響，由於龍虎門做成三重簷，高大的屋頂遮擋了鐘鼓樓。

正店面寬亦同為三開間，左右設四個過水亭銜接護室。護室分為前後兩段，即匠界所稱的「頂山」與「下山」。「下山」的屋頂做平頂，以承托鐘鼓樓。

就空間組織而言，景福宮的廟埕三面臨街，並預設較多出入口，在台灣頗為少見。而且正殿背牆緊鄰道路，沒有足夠的空地或綠地，這是很典型的市區型廟宇，有如台南祀典武廟。

三川殿面寬三間，進身亦得三間，左右龍虎門亦有三間，但尺寸較窄小，入口有如民宅的凹壽式。正殿面寬三間，但進深有五間，前後用六柱，屋頂為歇山重簷，與一般台灣寺廟常用的單簷不同，這亦是特色之一。

三、大木結構

（一）木構造

景福宮的大木結構可將前殿與正殿分別討論，因為它們出自不同的匠師之設計與建造，也代表著不同派別的特徵，從景福宮的實例可作比較。前殿（三川殿）由新莊大木匠師吳海同所作，吳氏為清末同治年間從粵東潮州來台的曾文珍的徒弟。曾文珍應新庄媽祖廟慈祐宮之聘來台，光緒初年又主持新莊三山國王廟之大修，他的大木技巧深富潮州風格。

景福宮三川殿的棟架為重簷式，前後用四柱，上簷用七架，角柱落在下簷的步口通樑上，也屬於一種假四垂作法，但與陳應彬不同的是，未做斜角屋頂短柱，因而翼角出挑較短一些。架內棟架用料飽滿，用疊四斗及五斗之瓜柱，因此出栱較為豐富，兼有加強構造與裝飾之作用。尤其是排樓面出許多看架斗栱，不但上簷使用四組看架，下簷也出現四組，每一組都採雙向栱，即宋代營造法式所謂的「計心造斗栱」，看起來非常熱鬧。

正殿之設計者為名匠陳應彬，但實際現場持簷者為其次子陳己元，正殿也做重簷，在台灣頗為罕見。景福宮正殿棟架極為高聳，樑柱用料壯碩，前後用六柱，上簷用九架，下簷有三架深度，前面用捲棚，後面較簡單，內部裝設神龕。正殿棟架最傑出的部分，是使用了大量的看架，似乎要與前殿吳海同互別苗頭。

正殿上、下簷的排樓面使用了許多層的「螭虎栱」，栱身玲瓏彎曲，顯現了彬司派之特色，這一點與前殿吳海同大不相同。上簷外寮則用「網目」，以斜交的螭虎栱構成網狀，也稱之為「如意斗栱」。正殿的重簷反映了陳映彬擅長的假四垂技術，上簷翼角增加一支屋頂柱，騎在次間桁木之上，這與前殿吳海同的作法大異其趣。

景福宮前殿與正殿之屋頂皆施「假四垂」，假四垂是將一座歇山頂騎在另一座兩坡導水頂之上，兩者之間相互嵌合，形成複雜的屋頂。在同時期的台灣寺廟史上，只有木柵指南宮與頂泰山岩等少數例相似，而

其中又以景福宮的正殿尺寸最為高大，它的上簷中脊桁距地面約 9 公尺，下簷頂距地面亦有 5 公尺，樑柱用料甚為壯碩，四點金柱直徑近 50 公分，而大通樑徑亦有 45 公分。一九二〇年代由於阿里山鐵路通車，巨大的檜木供應充足，景福宮得天獨厚，所用皆為上馴之材。

景福宮同時擁有吳海同與陳應彬所設計承建之「假四垂」屋頂，呈現兩位寺廟名匠之傑作，彌足珍惜。

（二）、石構造

台灣的寺廟以石材與其構造作為年代特徵之鑑別，有一定的佐證作用。台灣本身所產的石材，除了溪邊所採的卵石外，山區的砂岩與頁岩或著海邊的珊瑚礁「老古石」，在清代皆可見被用於民宅與寺廟之興築。台灣北部淡水河口的安山岩「觀音山石」，大量用於建材究竟出於何時？想不可考，但以淡水福佑宮及台北保安宮來推斷，至遲應在清嘉慶初年至十年左右。事實上，這種青灰色的安山岩除了觀音山之外，整個大屯山脈包括七星山、紗帽山也盛產，它是台灣北部火山地帶地質之特有石材。不過吾人也應知道，福建漳州與泉州南部同安、廈門一帶，甚至閩西南靖與粵東地區也盛產青灰色安山岩，質地與台灣所產觀音山石在伯仲之間。前述福佑宮、保安宮之石材是否運自大陸？也是直得深入研究之課題。

景福宮在清代初期時所用的石材不易考證，但在大正十四年（1925）改築時卻幾乎以觀音山石為主，少部分石材可能沿用舊料。一九二〇年代觀音山石開採正值高峰期，除了北部寺廟多用之，連中南部寺廟亦不遠路途來台北採購，鹿港龍山寺後殿即可見石龍柱一對。景福宮的石構造主要技術表現在前殿，其作法與同時期台灣寺廟大體相同。

景福宮之石材，大部分皆為大正十二年（1923）大改築所置。但仍保留著小部分清代舊物。石垛的落款多在大正十四年（1925），但前殿的看垛為民國五十年（1961）整修時所換。三川殿的石材用得很多，這是台灣近代寺廟流行之趨勢。

三川殿的石構造，分為柱與牆垛兩部分來分析：

前殿小青柱為石雕龍柱，為提高屋頂高度，柱頂加一小段白菜形柱頭斗。排樓面的「封柱」則在石柱身上雕凹槽，以固定石垛。在山牆上的平柱亦採同法。後步口花鳥柱分成柱頭、柱身、柱珠三段，柱身雕刻花鳥與梅樹，柱頭為花籃狀，形體碩大，柱珠為八角狀，整體比例頭腳略大，柱身短、壯，於中庭中顯得十分突出。

石垛方面，三川殿對看垛上下分為五段，包括地牛、裙垛、腰垛、身垛、以及頂垛，頂垛的上緣配合步口通樑下的「員光板」特別雕成拱形。牌樓面則自下而上以地牛、裙垛、腰垛、身垛、頂垛相疊而成，最上端再以石楣壓住。

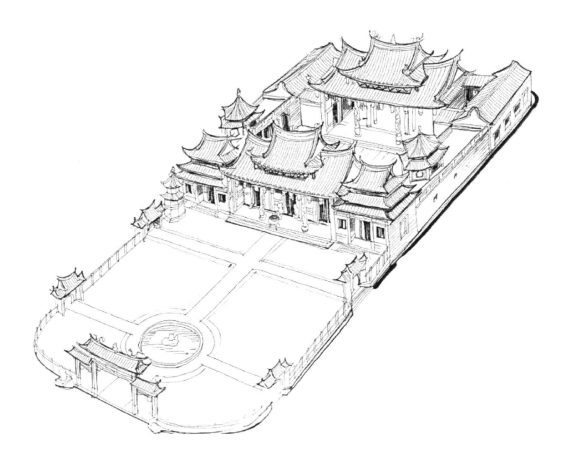

桃園景福宮建築透視圖。

彰化聖王廟威惠宮。

威惠宮的大木結構充滿了漳派的建築特色。

桃園景福宮前殿面寬三間，屋頂為重簷歇山式。

桃園景福宮前殿剖視圖。

桃園景福宮正殿剖視圖。

第十章　新竹都城隍廟

第一節　歷史沿革

一、清代台灣的城隍廟建築

　　在臺灣方志裡所記載的清代所建的城隍廟，臺灣府城隍廟初建於清康熙三十二年，位於府治東安坊。後在康熙五十一年於府治鎮北坊又建縣城隍廟。府治附近的安平鎮在乾隆十四年（1749）由水師倡建另一座城隍廟，在一地之內先後建立三座城隍廟，顯示城隍屬於中國悠久傳統土地神信仰，管轄不同行政區域的範疇。

　　依清代之例，省設都城隍，府設府城隍，州有州城隍，而縣有縣城隍。城隍為護國佑民之神祇，地方官署附近常設城隍廟，台灣在清代二百多年中，府、縣、廳大都有城隍廟之設，臺灣其他地區的城隍廟亦甚多，依方志所載：「諸羅縣方面，康熙五十四年建縣城隍廟，今猶存，且建築頗精美。」

　　彰化縣在雍正十二年（1734）創建。澎湖有媽公城隍廟與文澳城隍廟。宜蘭的城隍廟建於嘉慶十八年（1813），恒春在光緒年間城池落成後也建造城隍廟。雲林縣與苗栗縣亦在光緒年間建造城隍廟。臺北府城則在光緒十四年（1888）建，將府縣兩座合建在一起，民間由同安人在大稻埕建立著名的霞海城隍廟。以下分別概述台灣有名的幾座城隍廟：

　　台灣府城隍廟—永曆十八年（1664），鄭經定居台灣，改東都為東寧，設承天府東安、西定、寧南、鎮北四坊，升天興、萬年兩縣為州。在東安坊郡署之旁即為台灣府城隍廟的所在。在台南東安坊，康熙三十二年修建，在郡署之右，凡新官上任入境，先謁城隍。址在今台南市青年路。其平面格局近似方正。拜殿中出現的鐘與鼓，在此安置於山門二側，比較特殊。其拜殿由四柱獨立而成，因而又可稱為四腳亭。正殿進深約十米，空間陰暗；而後殿則比較清幽明亮，閩南式四合院平房，有三進與左右護龍。

　　台灣縣城隍廟—在台南鎮北坊，清康熙五十一年始建，址在今台南市成功路附近。

　　安平鎮城隍廟—在台南安平，乾隆十四年水師協鎮沈耀建。

　　澎湖廳城隍廟—在文澳舊廳署東側，咸豐元年署典史呂純孝重修。因原為官方之祭祀廟宇，在光緒十五年（1889）廳署移至馬公後，成為文澳之地方廟宇，除重要慶典外平時香火不盛。屬街屋型，原貌應為三開間單院落的平面，四周為承重牆包備出完整的封閉空間，山門為退凹式，出檐吊筒、五彎枋等均備。

　　媽宮澳城隍廟—在今馬公市區，乾隆四十四年通判謝維祺捐建，中法戰爭時被破壞，現廟為一九三三年重建。呈街屋式狹長型的配置，第一進三川之後，屋坡夾帶捲棚式屋架的空間，使其進入門廳之後尚能提供佇足凝視的「拜殿」緩衝空間，及作為動線轉折之「通廊」折衝空間等雙重功能。這種空間形制相當近似於中國北方四合院建築類型中「倒座」的形式作法。面闊五開間（約十七公尺），縱深兩進式（約二十五公尺）的平面格局。

　　鳳山城隍廟—在鳳山舊城（今高雄左營）北門外，文廟右側，康熙五十七年知縣李丕煜創建。鳳山新城在嘉慶五年（1800）建城隍廟，位於鳳儀書院西側，今天皆猶存，且香火鼎盛。

　　鳳山新城城隍廟—在今高雄縣鳳山，嘉慶五年建，在鳳儀書院西側。

　　高雄梓官城隍廟—光緒五年重修，一般城隍廟多官辦，且為縣以上級地方政府籌建，但梓官係為少數街庄自行設置城隍廟的案例。

　　諸羅縣城隍廟—康熙五十四年（1715）知縣周鍾瑄捐俸所興建，在縣署左側，後來改為嘉義縣城隍廟，在今嘉義市區內。至今逾兩百八十餘年。嘉義城隍廟之平面格局為典型之狹長型街屋式寺廟，進深共為三落，廟埕面寬約十二、五公尺，進深約五十四公尺，廟正面面寬約十二公尺。其配置方式恪遵傳統尊卑次序之觀念，由內而外、由左而右漸次尊卑的主從關係。現今嘉義城隍廟的整體形貌，是於日據時期昭和十二年（民國二十六年）時，由市尹藤英三發動勸募所改築重建。建築最大的特色在於前殿部份安設許多看架斗栱，屋頂型式皆為重簷，外形比例

美好，細部作法亦呈現溪底派之建築風格特色。

　　雲林縣城隍廟—最早在林圯埔，光緒十四年知縣陳世烈建，後在光緒十九年移建於斗六。

　　鹿港城隍廟—創建於乾隆十九年（1754），係由泉州府晉江縣石獅鄉石獅城隍廟分靈而來。其設立與鹿港開始有官署（雍正六年，1728）和乾隆五十三年（1788）改設理番同知分府有關。鹿港城隍廟於日治時期拓寬道路時，被削去廟埕，現在成為正殿緊鄰騎樓的廟宇，正殿為硬山燕尾翹脊，三開間二進二廊的沿街廟宇建築。鹿港龍山寺規至與新竹城隍廟相近，唯新竹城隍廟正殿前有捲棚式拜殿，而鹿港城隍廟捲棚拜殿於後殿。

　　基隆廳城隍廟—光緒十九年建，在碼頭前。彰化縣城隍廟—在彰化東門內雍正十二年知縣秦士望建今天仍存但經近代之改建。

　　台中府城隍廟—創建於清光緒十年（1884）之台灣府城隍廟，日治大正十年（1921）遷建於有明町（今南區合作街）新廟堂。

　　苗栗縣城隍廟—光緒十六年苗栗知縣林桂芬捐建，在縣署之前。

　　淡水廳城隍廟—位在廳右側，乾隆十三年據聞係同知曾曰瑛建，欽定大清會典，凡祭，都城埕之禮歲　遣官致祭於都城西南隅都城隍廟[1]，後來改稱為新竹縣城隍廟，即今新竹市的都城隍廟。

　　台北府城隍廟—原在台北城北門內，撫台衙後面，坐東向西，光緒十四年建。日治初年被拆除。

　　台北淡水縣城隍廟—附設於台北府城隍廟內，本身未建廟。

　　台北霞海城隍廟—原在大佳臘堡八甲街，並非由官方建廟，而是由泉州同安霞海移民所建，毀於咸豐三年（1853）的一場「頂下郊拼」，使得敗退的同安人集體遷往大龍峒及大稻垣，而霞海城隍亦被「護駕」逃出，改建於大稻埕後移建大稻埕南街。直至光緒五年（1879）才開始有城隍廟祭典活動。當時適於茶葉外銷暢旺，人們認為皆因城隍爺的庇佑而造成經濟上的快速發展，因此霞海城隍的祭典亦成為對當地居民十

---

[1] 總督府公文類纂第三十七冊，處分官廟及所屬財產，轉引自淡水廳志。

分重要的一件大事。霞海城隍廟在廟宇正身之外向左側發展，在左側配置配殿及偏殿、過水廊，並有二個小天井，因而兼具合院之特色。其正面之寬幅略同於迪化街一般之店面，作三開間之格局，正身共二進，第一進為拜殿，屋架為捲棚式，後進（正殿）屋頂為燕尾人字硬山頂。佔地僅五十多坪，但其位置與空間佈局，卻足以提供街民、信徒、商店活動。每年農曆五月十三日神誕之祭典盛大冠於台北。

噶瑪蘭廳城隍廟—現址建於咸豐八年（1858），歷時一年完工。嘉慶十八年官民合建，在廳治西街後面，後來改稱為宜蘭縣城隍廟，今天大體仍保有古貌。

恆春縣城隍廟—光緒十七年建，在恆春縣署左側[2]。

綜上所述之台灣清代所建城隍廟，有幾點值得注意：

1. 多為官員捐建，少數為官民合建，這是國家祀典制度之建築。可宣揚地方官之威信，或有借神威以助統治之意。

2. 地點多在府署、縣署、廳署之左右側，顯示陰陽合治之觀念。

3. 在城郭中，其位置有東門內（台南及彰化）。西門內（宜蘭）北門內（台北），北門外（鳳山舊城），似乎較少建在南門附近。

其次，台灣清代所建城隍廟，一般至少有兩殿。如宜蘭縣城隍廟「凡兩進」，恆春縣城隍廟「頭門三間、大殿三間」，苗栗縣城隍廟「三堂兩廊」。新竹的都城隍規模特別大。配祀城隍夫人及觀音佛祖。

從方志史料分析，城隍廟前可能常有演戲活動。台南的台灣府城隍廟在乾隆二十四年郡守覺羅四明修建兩廊及戲台。其圖像亦可在「重修台郡各建築圖說」中得證。

新竹市的都城隍廟原為淡水廳城隍廟，歷經多次重修，終成今日所見之規模。我們比較新竹城隍廟與臺灣其他城隍的異同，將會發現新竹具有多方面的特色。諸多城隍多採坐北朝南或座東朝西的方位，且多具備兩殿或三殿之格局，在臺灣寺廟史上，可謂屬於中型寺廟。

並且，城隍廟被民間視為一種陰廟，常可見懸掛「爾來了」或「悔

2　劉枝萬「清代台灣之寺廟」，收於「台北文獻」第四期，1963年，台北市文獻委員會。增田福太郎著「台灣漢民族的司法神」，古亭書屋編譯，眾文圖書公司發行，1999年，台北。

者遲」等警告性匾額，為了反映陰廟之特質，在前殿與正殿之間不留天
井，反而蓋一座拜亭，造成廟內光線幽暗之氣氛。像臺南的臺灣府城隍，
兩殿之間有拜亭。澎湖媽宮城隍廟之正殿前面連續兩座拜亭，嘉義城隍
廟的兩殿之間亦連以拜亭，將陽光完全遮擋。這種設計也可以在王爺廟
見到，如臺南的南鯤身代天府，從前殿到正殿到後殿，全以拜亭銜接。

　　上述這些城隍廟雖多係日治時期改建，吾人推測清代的城隍廟應已
具備此種性喜幽暗的特質。再看新竹都城隍廟，它與臺灣其它城隍廟略
有不同，值得注意的是：首先，在清代它即供奉佛教觀音菩薩，此為較
罕見之例。並且，在一九二四年改築時，前殿與正殿之間不設拜亭相連，
使廟內光線照明較為充足，這亦是新竹都城隍廟與其他城隍廟最大的差
異。

二、新竹城隍廟之創建沿革

（一）創建沿革

　　城隍廟為傳統城池中守城護民必備的建置，而新竹市築城的記載起
於雍正十一年（1733）的以竹圍城，至乾隆二十四年（1759）第二次擴
建城牆砲台[3]。據文獻[4]記載新竹都城隍廟初創於清乾隆十三年（1748），
剛好介於一、二次新竹城興築的中間點。

　　初創時的都城隍廟址據《淡水廳志》記載，位於竹塹城之城中心附
近，坐東朝西，但當時規模如今尚無史料佐證，不過以興建的時間點與
新竹城建造的關係來看，乾隆二十四年（1759）時新竹城的景況是「然
舊植荊竹旋朽，僅存四城門樓[5]」，顯見城內的發展相當有限。此時城隍
廟雖已建造，但想必格局應較為簡略，如此也符合清初台灣移民社會

---

[3] 臺灣文獻叢刊六一《新竹縣志初稿》卷一建置志/城池，頁 9-10「新竹縣城　舊係淡水廳城，
　　在竹邑三臺山下；展開曠土，蔚成大觀。雍正十一年，同知徐治民取其土沃水甘，環植荊
　　竹，週圍四百四十餘丈，東西南北各建門樓。乾隆二十四年，同知楊愚就四城各建砲臺一
　　座。然舊植荊竹旋朽，僅存四城門樓。」
[4] 臺灣文獻叢刊一七二《淡水廳志》卷六志五典禮志/祠祀，頁 149。
[5] 見臺灣文獻叢刊六一《新竹縣志初稿》卷一建置志/城池，頁 10。

中，寺廟建築多處於草創期的特色，及經過多次修建後，逐漸提高其歷史及藝術價值的歷程。

（二）興建沿革與格局變遷

有關新竹都城隍廟，目前較早的記載出現於同治十年（1871）的淡水廳志：

> 「城隍廟，位在廳署右側，乾隆十三年同知曾日瑛建，五十七年，袁秉義重修，嘉慶四年，清華捐建後殿，祀觀音、佛祖。八年，胡應魁在西畔添建觀音殿，以後殿祀城隍夫人。道光八年，李慎彝修。三十年，黃開基重修。」[6]

從這段文獻中確定了其位置在廳署的右側，且在乾隆十三年（1748）創建之後、至同治十年以前的修建情形如下：

1. 乾隆五十七年（1792）年重修。
2. 嘉慶四年（1799）增建後殿，祀觀音佛祖。
3. 嘉慶八年（1803）西畔添建觀音殿，即今之法蓮寺，而後殿祀城隍夫人。
4. 道光八年（1828）重修。
5. 道光三十年（1850）再度重修。

淡水廳志中所刊的木刻圖版「廳治圖」[7]，是目前為止所能找到有關新竹都城隍廟最早前兩張圖像資料，雖然在西方近代精確的地圖測量方法尚未在台使用之前，早期傳統城池圖多停留在示意性的圖樣表達，但這兩張圖中已將城隍廟初建時二落的基本配置明顯繪出，後者約為嘉慶八年（1803）之後所繪之圖像，已繪出列於西側一落的觀音亭，亦繪出左鄰四落的同知署衙，與文獻中所載的區位及格局，正好相互印證。由此我們或可推測至光緒二十一年（1895）乙未割台之後，基本上新竹都城隍廟的規模未有太大的變動。

---

[6] 臺灣文獻叢刊一七二《淡水廳志》卷六志五典禮志/祠祀，頁149。
[7] 摘自竹塹文獻第24期。

　　再就日治初期大正七年（1918）以前，由台灣總督府民政部土木局刊行之新竹市區改正圖（比例為六千分之一縮尺）來看，這時的新竹城隍廟作為郡役所使用，日治初全台各城市的主要寺廟多被強制佔用，作為臨時辦公衙署或是學校，新竹城隍廟亦難逃此命運。

　　這張圖亦顯示出另一項可徵的線索，依地圖上所示城隍廟的範圍核算約為長四十五公尺，寬二十五公尺，與今天現場實側城隍廟四周之尺寸極為相近，於此可以佐證大正十三年（1924）的大改築，其範圍與各殿之格局，實與清代道光三十年（1850）最後修建的規模，大體上應是一致的。

　　另外法蓮寺位置稍微退縮，表其神階較大，且在日治與民國皆找不到法蓮寺的個別記錄，可知其從古至今皆附屬於城隍廟。

　　再從現存寺中各殿留有落款年代的對聯來看（參見【表 2-2-1】），城隍廟在同治七~十一年間，及日治大正與昭和的交界階段，正殿可能進行過修繕,不過附壁柱身的聯對為後來鑴刻的可能性，亦不可排除。另外法蓮寺之木聯落款為道光十四年（1834），是所有聯對中年代最早的，但是因並非建築構造物，所以亦不宜作為建築興修年代的判斷。

【表 2-2-1】建築構造上之落款年代一覽表

殿宇	位置	落款內容	西元年代
法蓮寺正殿	前點金柱（木聯）	道光十四年二月吉日 江蘇弟子韓崑松敬立	1834 年
城隍廟正殿	前步口附壁柱	江右弟子林福祥敬獻 同治七年四月吉旦	1868 年
城隍廟正殿	附壁柱	同治十一年壬申冬十月 蜀西向燾沐手敬錄	1872 年
城隍廟正殿	次間後排樓附壁柱	信紳鄭肇基伯端敬題 大正丙寅仲冬穀旦落成	1926 年
法蓮寺正殿	後點金柱（木聯）	丙子年陽冬吉辰	1876 年或 1936 年

　　有關法蓮寺左畔的護室小院落，值得再商榷的是它是否是在大正十三年（1924）改築之前，就已存在的一座舊建築？仔細核對大正七年

（1918）地圖及另一幅昭和十一年（1936）由總督府內務局土木課所測
繪的新竹市街圖，使我們對考證都城隍廟近代之改築獲得了一些佐證。
　　結論如下：
1. 依據淡水廳志記載，至遲在同治年間新竹城隍廟具備包括前
　　殿、正殿與後殿的「三殿式」，左畔則有二殿式的觀音亭。
2. 依據大正七年（1918）民政部土木局測量地圖，當時尚未大改
　　築，所以可以視為清末城隍廟之原有格局，城隍廟範圍與今相
　　較未變，但觀音亭（即今法蓮寺）前殿略為凹入。此時後方洋
　　式建築的彌陀殿尚未興建。
3. 依據內務局土木課於昭和十一年（1936）測繪出版之地圖，當
　　時城隍廟已經改築完竣，城隍廟規模前後一致，但左側的法蓮
　　寺前殿前移，與城隍廟齊平。南側的護室小院亦已出現。
4. 前設拱廊四坡頂的彌陀殿，似乎於昭和十一年（1936）的地圖
　　中，已經出現，配合正殿次間後排樓附壁柱上「大正丙寅仲冬
　　穀旦」的落款年代來看，可能昭和初年再度修建了城隍廟，並
　　且興建了彌陀殿，不過確實資料仍有待進一步資料佐證。
　　綜合以上沿革及討論，現以年表整理如下：

年代	西元年	相關大事
乾隆三十年	1748	同知曾日瑛於廳署右側創建城隍廟。
乾隆五十七年	1792	袁秉義第一次重修。
嘉慶四年	1799	清華捐建後殿，以祀奉觀音佛祖。
嘉慶八年	1803	胡應魁在西畔添建觀音殿，以後殿祀城隍。
道光八年	1828	李慎彝整修城隍廟。
道光三十年	1850	黃開基再度重修城隍廟。
同治七年	1868	城隍廟正殿可能進行過修繕。
同治十一年	1872	城隍廟正殿可能進行過修繕。
大正十三年	1924	城隍廟大改築。
昭和一年	1926	城隍廟正殿可能進行過修繕。
民國五十七年	1968	屋頂翻修，屋脊之剪黏跤趾陶由郭秋福重塑。

　　從一九八〇年北港朝天宮開始大整修，開啟了日治中期台灣全島寺
廟建築進行改築與修繕之序幕。而一九一九年台北龍山寺改築是這一波

寺廟建築運動中的高峰，隨之而來的一九二四年新竹城隍廟則是高峰的迴響。

　　台灣的寺廟之間因信徒的社會關係，常常互相建立起一定的密切關係，互通聲氣，也互相影響。例如北港朝天宮與朴子配天宮、彰化南瑤宮、台中旱溪樂成宮與豐原慈濟宮這幾座媽祖廟背後的信徒與管理者是重疊的關係。因而當中一座廟進行修繕或擴建時，也將連帶引起他廟相同的行為。更值得注意的是，所聘的匠師也大多是同一般人馬。

　　例如大木匠師陳應彬在完成朝天宮之後，接二連三承建了配天宮，樂成宮與慈濟宮，有人認為他是媽祖婆最中意的寺廟匠師。再如王益順在台北龍山寺之後，陸續承建了新竹城隍廟，台北孔廟、南鯤身代天府與鹿港天后宮等大廟。

　　台北龍山寺在一九二〇年代成為全島寺廟競相模仿的對象。據近年發現的豐原文士張麗俊日記所載，他在一九二四年十一月到台北參觀龍山寺，見其

> 「高大、堅壯、華麗三絕，可曠全島有一無二。高大者何？規模之宏敞也。堅壯者何？磚石之營造也。華麗者何？雕刻之工巧也。土木丹青各畫其技，磚瓦木石各極其精，洵難以言語形容者[8]」。

　　新竹城隍廟主其事的鄭肇基也禮聘王益順設計改築。

　　張麗俊對新竹城隍廟的建築也多有描述，從其日記中可規探一二，以下為其日記內引文：

> 「丙寅（1926）舊十一月初四…我仝添喜、玉榮出遊市街，到改築之城隍廟，甚然壯麗，工事雖未竣而告落成式者，因乘此共進會時連慶三朝清醮，以助鬧熱也，故正殿及諸神像俱煥然一新，三川及兩郎則未完也。又到主會鄭肇基方，既將其祖之春官第結成主會醮壇…
>
> 丙寅（1926）舊十一月初八…回新竹…又見車站紅男綠女來瞧醮

[8] 張麗俊作、許雪姬編纂、解說《水竹屋主人日記》（八），頁240，中央研究院近史研所，2004年1月。

事者人海人山，乃到市街一游。見主醮古雲梯及市場俱結三層醮
壇，主會鄭肇基，主壇□□□，各將其住店結彩壇，此番見三朝
醮係祝城隍廟之落成，及助共進會之熱鬧也⋯
戊辰（1928）年元六月十五日⋯晴天，往市場買物品，令世城持
歸祝城隍壽誕。到慈濟宮，令將新油木裙桌二張俱移置宮中以陳
列祭品，因是日元墩腳內往請新竹都城來遶境演戲也。又見街中
男女欲往台中玩迎城隍者，車為之滿，到春草家被留午飯。
庚午（1930）年元六月十五日⋯昨今年加請新竹州城隍來合迎遶
境⋯。[9]」

　　由以上日記內文各點所述，可考證出三個現象：

　　1. 廟宇的興建先後順序，以正殿為最優先，正殿落成，視同竣工，
主事者與營造者最重視的部分即為神的空間，張麗俊一九二六年至新竹
城隍廟，一九二四年的大修，正殿輔落成，兩廊與前殿則未完，已開始
籌畫竣工建醮，可見當代若正殿已落成，則對外宣稱完竣，並開放參拜
並籌措建醮事宜，其實前殿與兩廊的工事仍進行中，廟宇前後殿的砌築
先後順序亦由此可證。

　　2. 各地著名仕紳的聯繫與往來密切，且可能藉由地方神祇往來的
機會進行交流，或因士紳之間友好的關係帶動才地方神祇活動絡繹，總
之神祇之間的網絡關係與各地為首的仕紳息息相關，如張麗俊為豐原名
士，其似乎主導地方主廟慈濟宮的廟務與繞境活動，文中已提及一九二
六年城隍廟鄭肇基廟務方面的訊息，代表兩者為舊識，可能互相熟知，
其一九二六年前來新竹，多有觀摩意味。直到一九二八年，元墩腳內往
請新竹都城來遶境演戲也，隔兩年再加請新竹州城隍來合迎遶境，一來
一往，不失於理兼維繫兩地仕紳有好關係

　　3. 經過往來的交流，主事者相互之間的見習與交換意見，往往影
響各廟宇建築興修的方向，從這樣的交流機會，亦是互相介紹匠師、討
論格局與經營方法的機會，故亦促進廟宇間營建技術進步與樣式的爭勝

<hr>

[9] 張麗俊作、許雪姬編纂、解說《水竹屋主人日記》（八），頁 240，中央研究院近史研所，
　 2004 年 1 月。

意味，這些切磋的機會成為傳統大木技術傳播的媒介、更是促成彩繪、剪黏、跤趾陶裝飾更多元化、興盛的原因之一。

第二節　建築格局

一、台灣清代城隍廟建築的空間格局特色

清代台灣官方所建的府、縣城隍廟係屬於一種規制，有一定的格局與禮典。通常建在衙署之側。凡府、州、縣官新到任，必先謁城隍，每逢初一（朔）、十五（望）俱行香[10]。凡遇旱災，主官必祈禱於城隍廟。

關於城隍廟於縣城內的配置位置，澎湖的文澳城隍廟建在衙署之東[11]，鳳山城隍廟建在縣署之東[12]，諸羅城隍廟建在縣署之左側[13]，恆春城隍廟建在縣署之左側[14]，以上諸實例即反映清代台灣城隍廟之佈局常與府、縣、署並置，新竹城隍廟據淡水廳志載[15]，「在竹塹城府署右側」，並有轅門之設。清代承明遺制，以城隍維護國佑民之神，地方官署所在多設城隍廟，新竹城隍廟之所以設於清代同知署旁，可以說明官方希望藉由城隍祭祀達到「理陰贊陽」或「明陰洞陽」之想法。

城隍廟內供奉佛教偶像，新竹都城隍廟並非首例，大稻埕霞海城隍廟亦供奉觀音與釋迦摩尼佛，法蓮寺內奉佛祖，都城隍廟與法蓮寺的關係，雖非主從，但就權屬來說，由清代至今，法蓮寺一向被認為權屬都城隍廟範圍內，未獨立為一個體，由劉萬枝先生依據全臺灣方志所歸納的〈清代臺灣之寺廟〉[16]與民國七十三年林恆道先生整理的臺灣寺廟名

---

10 劉萬枝《臺北文獻》〈清代臺灣之寺廟（二）〉第五期，中華民國五十二年九月出版，67頁。

11 見澎湖「紀略」（澎湖篇、地理紀、廟祀）

12 見《臺通史》卷十、典禮志。

13 見諸羅縣志，卷四、祀典志、壇祭。

14 見恆春縣志，卷十一、祠廟。

15 淡水廳志，卷六，典禮志，祠祀。

16 劉萬枝《臺北文獻》〈清代臺灣之寺廟（三）〉第六期，中華民國五十二年十二月出版，頁50。

錄[17]，關於淡水廳內佛教類的寺廟，有香火僅次於新竹城隍廟的竹蓮寺，卻遍尋不著法蓮寺之名，由此可證，就當代的認知觀音亭演變至今的法蓮寺，雖在建築與空間上與都城隍廟明顯界分，但就一般認為其同屬一體，連日治時期的地籍調查，本區同屬一所有權，測量時歸類為同一區塊，現今城隍廟香火仍較法蓮寺鼎盛，但相對法蓮寺與彌樂殿擴大城隍祭祀圈的信仰，相得益彰。

另外，清代城隍廟重視廊，常在正殿前建兩廊，可參見台灣府城隍廟及鎮北方縣城隍廟皆建有兩廊，可以供奉城隍爺較多的部下，葛瑪蘭廳城隍廟亦設兩廊排放神祇，據恆春縣志載，其城隍廟有神像二十二尊。新竹城隍廟的正殿供奉都城隍爺、李排爺、董排爺、范將軍、謝將軍、枷將軍、鎖將軍、牛將軍、馬將軍、文判官、武判官、六司、土地公與山神等，並將部分神像供置於兩廊，這樣的擺設方式應具古老傳統。[18]

清代城隍廟之前附建戲台者，據方志[19]記載有台灣府東安坊的府城隍廟，乾隆 24 年（1759）郡守覺羅四明修建兩廊及戲臺[20]。石碑上亦有戲台紀錄[21]。城隍廟屬中國味很濃郁的廟宇，神人共娛係為古老的傳統，所以新竹都城隍廟前有戲台是符合古制的。

宜蘭城隍廟內正殿及兩廊所供神明除了城隍爺之外，諸司供在兩廊[22]，正殿中央為城隍爺，右邊祀土地神，左邊祀三寶佛。這種現象，將佛教神明與城隍並祀。我們也可以理解，在嘉慶四年（1799），新竹城隍廟後殿供奉觀音。至近代又增建彌勒殿，將佛與城隍並祀一廟，似乎有傳統規制可循。

由以上論述可歸納出城隍廟擇址與配置的特性，分述如下。

1. 城隍廟多設於官署之側，「明陰洞陽」，以藉由威嚇收治理之效。

---

[17] 林衡道《全省臺灣寺廟名錄》，民國七十三年出版。

[18] 恆春縣誌。

[19] 臺灣府志，謝志，卷二、政志、壇廟。

[20] 劉萬枝《臺北文獻》〈清代臺灣之寺廟（二）〉第五期，中華民國五十二年九月出版，頁 67。

[21] 蔣元樞《重修臺灣各建築圖說》，臺灣文獻叢刊第二八三種，臺灣銀行經濟研究室編印。

[22] 見噶瑪蘭志略。

2. 城隍廟多附屬神祇，不限佛道，但仍主祀城隍，即使其他神祇位階高於其上。

3. 城隍廟的配置，具轅門與戲臺，轅門於清代相當於衙署入口，戲臺與兩廊皆屬舊規制。

4. 城隍爺之下司衙役羅列兩廊為古制。

二、新竹城隍廟全區佈局之分析

新竹城隍廟從清初乾隆十三年（1748）初創以來，歷經多次擴建，形成今日所見之規模，我們從文獻史料分析，對他的擴建，加以歷史的解釋：

從方志木刻的竹塹城圍中所見初創時之城隍廟為二殿式格局，前殿為拜殿，人在拜亭敬拜神明，正殿為供奉主神城隍爺之殿宇。這種二殿式格局，分別代表人與神的空間關係。

清嘉慶四年（1799）增設後殿，形成前、正及後殿之格局，而後殿供奉觀音。（圖 2-3-4）從台灣其他例來看，城隍爺與觀音菩薩供奉在同一座廟宇竟是罕見的。因城隍屬中國傳統信仰，而觀音屬佛教信仰。將觀音神像供奉在後殿，事實上符合神格尊卑秩序，蓋佛祖高於城隍也。

清嘉慶八年（1803）在城隍廟西畔建觀音殿，而原後殿改祀城隍夫人。這件事也反映出當時人們覺得將觀音供在城隍之後殿似有不妥，所以在四年後另建佛祖殿，而後殿祀城隍夫人。夫人被供奉在城隍之後，猶如衙門後院之宅邸，以女姓空間為主，基本上亦符合中國傳統體制。

從 1918 年古地圖看，當時法蓮寺（觀音殿）正面略凹入，故意讓城隍廟向前，這又代表什麼意義？如依傳統尊卑來解釋，居後者為尊，或亦反映想讓法蓮寺居左（左尊右卑）且稍殿後（後尊前卑）之思想。

1924 年改築之後，法蓮寺前殿向前移，石階與城隍廟齊平，但門的位置仍略偏後，這亦是尊重法蓮寺之特殊設計。

1923 年改築時，在法蓮寺之左畔，增建護室，這屬於「人」的使用空間，所以故意設計成護室格局，所有房間朝向廟宇，其門廊亦較窄

小，十足反映「神尊」而「人卑」之空間順序。綜觀新竹城隍廟二百多年來雖歷經多次增建、擴建與改建，但始終保持嚴謹的尊卑次序關係，這是頗為可貴的。

三、新竹城隍廟之建築格局

都城隍廟的平面由側面觀之，為典型的連續式山牆三殿式廟宇，它應是閩南悠久傳統之形式，台南的祀典武廟也屬於此型。連續的山牆高低起伏成為其造型上的最大特色，也是市區緊臨道路的重要景觀。

同樣的，法蓮寺也屬於同類型的兩殿式，前後殿皆採等寬之三開間。比較罕見的則是南畔的護室，雖自成格局，有自己獨立的門樓與內院，但又呈現護室之態，附屬於法蓮寺，並闢門廊與法蓮寺正殿相聯。

城隍廟三川殿面寬三間，進深亦得三間，前後用四柱。殿宇前後均留設步口廊，前「點金柱」與門扇結合，成為「封柱」形式，這種排柱法屬於較精簡之作法。它的屋頂為牌樓式的「重簷」，明間略高於左右次間，使正面簷口線中高旁低，頗富於變化，泉州惠安一帶常見此形式，室內使用的則是絢麗的藻井構造。按目前台灣的實例來看，清初所建台南祀典武廟仍作「單簷」，光緒年間所建彰化元清觀為牌樓式升簷之較早實例，王益順早期作品之一的惠安青山宮亦屬升簷式，或可推斷此種形式盛行於清光緒年至民初階段。此種構造的特色是明間升起，那麼左右次間的桁木自然要降下插入柱身，可惜現況為藻井及平闇所遮閉，未能窺見其結構作法。

三川殿以兩廊與正殿相連，兩廊實作為鐘鼓樓之用，所以屋頂的形式採用較高級的重歇山頂，而不是簡單的兩坡頂而已，同時為了爭取空間使用減柱法。

正殿面寬三間，進深五間，前後用六柱，這是非常典型的正殿排柱法。前步口用捲棚，後步口施以草架，其下安置神龕，左右則留設通往後殿的通道。大殿「架內」得六架，使用「三通五瓜」。由於屋頂坡度極緩，大約只出「三分水」，所以「三通」之上不作「瓜筒」，只以「斗

抱」代替。正確地說，應是「三通四瓜一斗抱」。所用瓜筒為泉州惠安最常用的木瓜筒，形狀較瘦尖，上雕螭虎頭。前步口捲棚下「步口通樑」上則置精雕獅座，木雕出自名匠黃連吉及曾參加台北龍山寺的一些匠師。

正殿與後殿間則以左右廊相連，城隍廟後殿面寬三間，進深三間，棟架前後用三柱，不用附壁棟架，所以後殿用柱較少，此屬於一種簡單之作法。「架內」得六架，「三通五瓜式」棟架，與正殿一樣的坡度，所以「三通」上不施瓜筒，只有簡潔的「斗抱」，「前步口」亦只用一架，所以也不作獅座。

「後步口」設置神龕，左右次間與明間連成一氣，因為較不為人所注意，故只施「草架」。瓜筒造型亦反映出典型的泉州惠安溪底派風格。以下是泉州溪底派風格之瓜筒一覽表，為筆者多年蒐集溪底派匠師瓜筒作法，與新竹城隍廟相較，城隍廟與法蓮寺大通之瓜筒實屬雕工繁細、造型活潑的經典之作。城隍廟正殿二通與法蓮三川二通則採用量體精巧的金瓜型瓜筒。繁簡並用，使空間內視覺有主從焦點，為王益順之巧思也。

城隍廟與法蓮寺庇連，兩廟並立在臺灣甚為常見，兩者之間設一「慈門」，保留了一條狹長的巷弄，這裡不僅作為通往彌陀殿的過道，也具有防火巷的功能。

法蓮寺為兩殿兩廊式，三川殿面寬三間，進深為二間，前後用三柱，不置後步口；後殿面寬三間，進深為四間，前後用五柱，不論在寬度與深度上，三川與正殿都較城隍廟規模小巧了許多。

但在法蓮寺左畔另有一座護室，此種格局配置顯然為罕見，這組護室包括了入口門樓及過水亭，自成一格。兩者亦以狹長巷弄相隔，從法蓮寺以側門相通。建築在一九一八年地圖並未出現，且文獻亦未提及，推斷應為一九二四年大改築時所增之物。

此護室以前後過水廊將空間分隔為兩個小院，臨院落處設廊道，室內主要分為一廳兩室，並全部以格扇門與戶外相通，這種作法使庭院的幽雅因格扇門的開啟而感染了內部空間，再觀建築雕刻細緻的木結構，

使得這裡呈現不同於寺廟莊嚴的別院氣氛，頗令人有柳暗花明、別有洞天之感。其功能僅作為城隍廟與法蓮寺之休息室，因此利用過水亭旁小天井佈置水池與花臺，鬧中取靜，具有小庭園之意境。細觀其圍牆與水車垛，皆飾以詩文佳句，更點綴了護室小院優雅恬靜之美。

第三節　建築構造與特色

一、木結構

（一）大木結構

城隍廟三川殿之大木結構最主要特色為八角藻井（蜘蛛結網）與平闇天花，為王益順在臺灣繼一九一九年艋舺龍山寺之後的傑作，與龍山寺前殿木構手法相近。唯一不同的是城隍廟前後步口皆用平闇，龍山寺後步口用「捲棚」。

臺灣一般寺廟古建築多用偷心造插栱，但城隍廟三川殿出現許多的「計心造」斗栱，斗栱縱橫交織，蔚為大觀，此亦屬其大木結構之重要特色。

城隍廟正殿前左右廊也兼為鐘鼓樓，同法亦可見王益順督造的鹿港天后宮。鐘鼓樓外觀為「歇山重簷式」，細觀其大木結構，技法巧妙而高明，將上簷角柱位置內縮，落在「壽樑」之上，此法無異於「移柱法」，使上簷形態轉為玲瓏秀麗，這是一般人在參觀都城隍廟的建築時常忽略的。由於進行移柱法，使得「串角樑」的後尾也跟著內移，從這裡也看出王益順靈活變通的大木技術。鐘鼓樓基本上利用兩廊增高而成，其外牆甚厚，厚到可以搭屋頂。我們如果觀察前殿與正殿的側面山牆，亦可明瞭匠人利用厚牆作出「歇山式」屋頂之側簷。很可惜，今天因被成排的攤販擋住，未能見之。

護室在建築設計上出現了幾項特點：

（1）入口門樓以歇山（四重頂）為之。

（2）前簷施四顆吊筒。

（3）正面悉為石材，其用材與施工之講究程度，非臺灣其他寺廟之護室所能及。

（4）在天井內設置一座過水亭，連接護室與法蓮寺側門，使護室的空間產生正面及側面兩種性格，既可獨立起來自成格局，亦可附屬於法蓮寺。

（5）護室的大木結構屬於典型的泉州風格。屋架坡度和緩，「束木」及「束巾」造型簡潔，用「木瓜筒」，「通樑」較細，皆其特色。

（6）過水亭用柱之制，只用兩根，另一邊搭在護室壽樑之上，亦可視為一種「減柱造」，減柱之後，增加了空間的利用。

在大木結構方面，還有一點值得注意是前殿之藻井，又稱為結網，採八角形。將王益順所作新竹城隍廟、臺北龍山寺前殿（八角）、正殿（圓螺）、臺北孔廟大成殿（八角）及南鯤身代天府（前拜亭圓形、後拜亭八角形）等藻井互相比較，將會發現新竹城隍廟的八角藻井最接近清道光初年的鹿港龍山寺戲臺藻井，兩者都採正八角形，略不同的是城隍廟每邊出二組斗栱，龍山寺每邊只出一組斗栱，後者顯得較簡單。

（二）斗栱類型

新竹城隍廟的各殿建築以硬山式為主，且其大木結構都採對稱工整方式，所以斗栱的分佈皆按一般台灣及閩南常見的插栱（宋法式稱為偷心造）為之。唯一不同的是藻井及平頂天花使用雙向栱（即宋法式所稱之計心造）。

（1）柱頭斗栱

步口簷柱上所用的柱頭斗栱，栱身即為樑頭，從內部向外伸出，直承吊筒，吊筒上承接桁木及屋頂。城隍廟的柱頭栱用料碩大，寬達十二公分，在台灣古建築中是屬於較厚的例子。

（2）棟架斗栱

其次，棟架斗栱位於屋架瓜筒之上，以正殿而言，疊斗達三層以上，因此從雞舌以下可置「正栱」、「副栱」及「生栱」三層，用料亦頗碩大，

且雕成較簡潔的形式，這與陳應彬常用的彎曲形螭虎栱不同。

（3）藻井斗栱

藻井的斗栱，除了必要的力學作用外，尚有裝飾的意味，城隍廟前殿八角藻井所用斗栱出挑較短，用料相對也較細小。藻井所用的全為前後左右相連接的雙向栱（宋法式所謂之計心造斗栱），栱身作成如意形草尾栱。

另外，三川殿左右門內的平頂天花也出現雙向栱，有趣的是，為了讓開網目的空間，出現單邊的橫栱。如果與台北龍山寺前殿平頂天花出雙邊橫栱相比，我們發現溪底大木匠師擅於變通的技術。

（4）網目斗栱

王益順在一九一〇年代引進網目斗栱的作法，它是利用所謂「如意斗栱」的技巧，在天花板下佈置一個打格子的網狀構造，然後再出變化形的斜栱，並且層層上升，至中心點則頂住天花板。

（5）平頂天花板及看架斗栱

新竹城隍廟還出現一種介於藻井與天花板之間的構造，即是在樑上架設宋朝所謂的「計心斗栱」，臺灣匠師俗稱為「看架」，在看架之上覆以平頂天花板。城隍廟三川殿左右門內抬頭即可見到這種構造，它的平頂中央還有花窗式的圖案，頗為精美。

二、石構造

福建自古以來即為手工業發達地區，如陶瓷、漆器、刺繡及木雕藝術皆在中國工藝中佔一席地位。閩地盛產適合精雕細琢之木石，晉江上游南安出的礱石，世稱泉州白，屬於質地細密之花崗石，據載自唐代以來即廣應用於建築，宋代泉州開元寺東西塔全為礱石造，同時表現了精湛之石工技術。

新竹城隍廟在一九二四年進行大規模的改築，繼一九二三年台北龍山寺剛落成，大批的石匠師也跟著移師，進駐新竹。主要的石匠師據《台北龍山寺志》所載，石匠師共有莊德發、蔣金輝、楊國嘉、蔣細來、蔣

連德、辛金錫、蔣玉坤、辛阿救及王雲玉等多人。其中蔣姓匠師係來自泉州惠安，他們族人世代以石匠為業，累積悠久歷史經驗，是福建最出色的石匠師。據新竹城隍廟現場石刻銘記，只找到辛阿救的姓名，其他石匠師似乎未見落款。

　　石材的來源與台北龍山寺一樣，係由廈門蔣馨所經營的「泉興石場」供應，泉興石場不但供應台灣石材，同年（1924）因孫中山先生逝世，南京中山陵由呂彥直建築師設計得獎，他設計了數百個階梯，陵墓也用花崗石建造，這批優秀的石材即購自福建，由蔣馨的店舖供應其中主要的部分。新竹城隍廟的石材非常優良，尤其是前殿的「泉州白石」與「青草石」。「青草石」也稱為「青斗石」，質地堅硬而細緻，被視為最好的雕刻料。城隍廟前殿的的石獅、石龍柱，牆垛的「地牛」、「腰垛」及「水車垛」等皆為最上等的泉州南塘玉昌湖一帶所產的「青草石」所雕。

　　如果將新竹城隍廟石雕與台北龍山寺相比較，依其石雕風格及細部特徵，我們或可確定的是城隍廟前殿前步口的一對龍柱與石窗，係出自蔣氏兄弟（包括蔣金輝、蔣細來、蔣連德、蔣玉坤等人）之手，而後步口的龍柱出自辛阿救之手（有落款）。至於正殿的石龍柱造型較簡潔，也可能出自惠安匠師之手藝。

　　城隍廟的石構造，以前殿最考究，不但石材佳，其雕工亦精。相對地，正殿、後殿與法蓮寺之石雕較簡單。正殿的石構造大體較簡單，地面石材鋪四角及六角石板與前殿略不同。殿前一對石龍柱以泉州白石雕成，他的造型較樸拙，細節較少，呈現渾雄之風格，而且柱頭之上直接承接木柱，不加柱頭斗，這是較古老的方法。這一對龍柱是否為年代較早之物？尚無可判定。正殿背面左右闢八角門洞，係以八根石條構成，石條寬為 45 公分，與牆身齊平。溪底匠師常喜用八角門洞，如鹿港天后宮，似乎為了眾多香客出入，寬大的八角門洞更為方便。城隍廟的石砌地坪，為臺灣眾多廟宇中，屬精緻者。

　　後殿的地面鋪六角形石塊，殿前有一對石圓柱，柱身雕對聯而已。至於法蓮寺，前殿鐘內置螺鼓石，兩側小山門則用門枕石。兩廊用六角形石柱，正殿用八角形石柱，無龍柱，形式皆簡單。護室也出現一些六

角形石柱，這水門牆垛全為石雕，題材雅緻無華。門後側有一個八角形石窗，以螭虎圍成花籃形之圖案，頗為罕見，石磚鑲在紅磚牆上，色彩對比良好。

三、磚構造

根據現場建築材料調查，王益順重建大木棟架，原本磚柱部分仍保留舊有，夯土牆部分則改用本地瓦窯燒製之磚材重砌，原有舊顏只磚料用於新磚與石材間的介面。一九二四年，王益順大幅重建新竹城隍廟，成為現有之規制，新舊材料巧妙應用。

城隍廟柱與牆面框為燕尾磚，牆面的煉瓦則為普通瓦窯燒紅磚，燒成溫度約 800—900 度，色澤紅潤飽和，質地堅毅。

（一）磚的來源

城隍廟磚的來源考證，應透過修繕年代一一檢視，新竹城隍廟於竹塹建城後乾隆十二年間建立，當時臺灣各地有燒瓦器與粗陶的傳統瓦窯，但臺灣為有大量松木等燃料，無法燒製出具有黑色落灰的顏只磚，因此關於城隍廟斗子砌與磚柱，係由大陸進口，鳥踏以下牆面煉瓦則無落灰，尺寸亦規格化，色澤飽滿填土紮實，砌築時間為日治時期的大修一九二四年，當時臺灣傳統瓦窯的發展以步入分工精細、專業集約的狀態，應係由臺灣瓦窯生產。

鄰近新竹最大的窯區，日治時期苗栗竹南後龍一帶屬之，香山同屬同一山系，但發展較晚，土源與土直接不如前兩地，早期竹南、後龍竹蛇窯以發展穩定外，瓦窯亦有其存留之脈絡與痕跡，又當時以傳入用登窯燒磚[23]，故於一九二四年是臺灣引入大量燒磚技術漸趨穩定的過程

---

[23] 登窯的引進時間於昭和二年，有明文陳述其用於陶器，昭和二年之後在沙鹿地區金福興將登窯用於大量燒磚，而八卦窯（霍夫曼窯）引入臺灣為大正二年，二年至七年，陸續擴充臺灣煉瓦株式會社，於全省各點設廠（圓山、松山、嘉義、彰化、高雄等地），並引進新式窯業機械，是全島煉瓦工業的一大變革23。故登窯與八卦窯傳入的年代，為影響臺灣傳統磚瓦燒製技術的關鍵，更是台為磚與瓦分燒，大量生產的指標。〈煉瓦ニ關スル調查〉《商工彙報第三號》臺灣總督府殖產局，昭和五年九月。沈怡文《臺灣傳統瓦窯燒製程序之研究》中原建研所碩論。

間，故其磚材有可能為瓦窯的副產品亦有可能為純燒磚材之登窯所產。

（二）磚的品質

城隍廟柱與牆面框為燕尾磚，牆面的煉瓦則為普通瓦窯燒紅磚，燒成溫度約 800~900 度，色澤紅潤飽和，質地堅毅，尺寸較燕尾磚為大，約為 24cm×12cm×6cm。燕尾磚厚度較小，約 4cm。法蓮寺正殿磚材為日至時期煉瓦，尺寸以規格化，色澤較城隍廟飽和度低。

（三）磚的使用

根據現場建築材料調查，王益順重建大木棟架，原本磚柱部分仍保留舊有，夯土牆部分則改用本地瓦窯燒製之磚材重砌，原有舊顏只磚料用於新磚與石材間的介面以及牆柱。一九二四年，王益順大幅重建新竹城隍廟，成為現有之規制，舊磚材得以再利用，新磚材巧妙與舊料搭配。柱位皆用燕尾磚，外框亦同

四、其他特色

（一）屋頂

新竹城隍廟的三川殿及左右廓屋頂在王益順設計的廟宇中顯露出明顯的特色，且為唯一之例，並未在其他寺廟中重覆使用。它的前殿（三川殿）面寬三開間，屋頂只有明間凸起，並覆以歇山式頂，而左右次間只比明間低不到一尺，這種差距是最小之例，全台僅見。

前殿的左右牆厚度都採下大上小之制，亦即鳥踏線之上的牆厚縮減近一半，如此可以獲得側面懸出的屋簷，形成類似「歇山頂」形式。

（二）鐘鼓樓的減柱構造

王益順在設計前殿、正殿與後殿用的皆是很完整的棟架，但是鐘鼓樓卻出現一種臺灣較為罕見的減柱技巧，主要理由為避免左右廊柱子過多，可能阻礙香客出入通行，所以上簷的四支柱子直接落在樑上。

新竹城隍廟外觀。

城隍廟三川殿前步口之精美的網目斗栱。

新竹城隍廟三川殿縱頗圖。

新竹城隍廟三川殿藻井橫剖圖。

城隍廟正殿明間棟架為三通五瓜。

城隍廟內懸掛之匾額。

第十一章　關西鄭氏祠堂

第一節　關西地區的人文背景

　　關西位於新竹市的東北，為鳳山溪之上游重要的城鎮。它的境內除了溪流，也有海拔標高超過一千公尺的鳥嘴山與帽盒山，從台灣城鎮的分佈來看，關西屬於山區與平原區交界地帶。鳳山溪流經關西，對其自然生態與人文有很大影響，發源於雪山附近，至關西之前稱馬武督溪，再匯合牛欄河，形成一個谷地，鳳山溪再流向新埔、枋寮、竹北後出海，下游與頭前溪共同沖積成新竹平原。

　　鳳山溪中游一帶因水流出山，水量較多，且流速減低，兩岸漸開闊。溪岸有的被侵蝕為陡岸，而關西位於北岸的高臺地上，形勢險要。在清初漢人入墾之前，這裡仍屬於平埔族竹塹社居住之範圍。漢人入墾的路徑大體上是從新竹平原循鳳山溪而上，而番社平埔族人被賜以漢字姓如衛、錢、廖、金、潘、三、黎等七姓。為保護原住民之權益，清廷在進山地區劃設番界，建土牛溝。

　　漢人進入關西的時間應在嘉慶末年與道光初年，當時稱為咸菜硼。這地名之由來先是由墾戶泉人陳智仁於開墾下游時名之為美里庄，至衛阿貴墾拓時改為新興庄，再至道光年間才改為咸菜硼。據說此地山野鳥獸繁殖，任憑獵取不盡，有如甕中取鹽菜。後人在雅稱之為「咸彩鳳」或「鹹菜硼」。關西之名為日治大正九年全島地名大改名時期形成的。據 1953 年新竹文獻會通訊採訪錄，謂曰：

> 「關西市區的老街始於嘉慶十七年，新街即咸菜硼創設於道光二
> 年，至道光九年漸具街形云。」

　　再據同治十年淡水廳志卷三建置志「鹽菜甕隘，民隘。在東廂內山又口，距城東五十里九芎林隘之北。原設隘丁二十名，今仍之。」當時廣設民隘與官隘，淡水廳志謂「淡地內山，處處迫近生番，昔以土牛紅線為界，今則生齒日繁，土地日闢，耕民或踰土牛十里至數十里不等，

紅線已無踪迹，非設隘以守，則生番不免滋擾」。我們可知在道光、咸豐年間關西仍是民隘之要地，並且是出入內山知要津。

關西之開拓在道光初年達到一個高峯，當時著名的墾戶是衛阿貴，據 1953 年新竹文獻會之實地採訪資料，以他為首的墾戶開拓坪林、石崗仔、下南片、下橫坑、牛欄河一部份，以及煉藔坑、店仔崗、枋仔橋、深坑仔、高橋坑、上南片、水坑、茅仔埔、上三墩、老階、咸菜硼之墾業讓給彭玉興，後又讓墾於姜殿邦，至光緒年間劉銘傳主政時才廢墾戶撤隘丁。

關西市街包括老街與新街，老街始建於嘉慶十七年（1812），而新街即咸菜硼，創設於道光二年。今天我們能找到的最早地圖是日治初年所測之台灣堡圖，鳳山溪中游兩側，河階地形發達，聚落形成較多，關西市街背倚山陵，面向溪谷，而溪谷對面也有一些民宅，如羅宅。

關西位於馬武督溪、鳳山溪與牛欄河的匯合口，它的市街高於河谷，峭壁自然有防禦作用。當乾隆末年與嘉慶初年入墾居民漸增時，建造太和宮，供奉三官大帝，後在乙未割台時毀於火，至光緒二十六年（西元 1900 年）乃於新址重建。原來舊址位於市街核心，現在的太和宮已非老市街之中心了。市街按舊地名，可證原有土堡或植刺竹為城，例如北門口及東安橋等。從街道組織看，似乎仍以十字形街為主幹，北門口一帶靠近山丘，今北斗里。南門口靠近鳳山溪，而東邊緊臨牛欄河，是市區的天然護城河。

鄭氏家廟與羅氏家廟都位於北門口附近，地勢較高，早年可以俯瞰關西市街，並遙望河谷及對面遠山，即南山里。

第二節　關西鄭氏墾拓及祠堂之創建

關西鄭氏一族從廣東饒平來台墾拓，據現嵌於祠堂牆上沿革石碑所述，係遠溯自清初康熙四十六年（1707），由六世祖清雅公於二十歲弱冠之年從廣東饒平縣蓮塘社九村鄉梯山渡海來台。最初卜居於台北鶯歌尖山下橋頭一帶開墾立業。

　　至九世祖成琊公於清乾隆末年遷往蘭陽頭城，經營金、銀、銅、錫店鋪。並在蘭陽二結、三結、及四結開墾。後來因地方閩粵械鬥之紛亂，乃又於清道光十四年（西元 1834 年）由九世祖成琊公再從蘭陽遷到淡水廳竹北二堡咸菜甕，即今關西北門口附近，以此為新根據地開墾立業，可能於此時始建祠堂，此為現今所見關西鄭氏榮陽堂之始，肇建之年代缺乏明確記錄，據推斷應在道光十四年前後。

　　據關西鄭氏族譜，從渡台始祖至建造祠堂，前後共經四代，來台始祖清雅公於康熙四十六年來台後，直到道光十四年傳至成琊公才遷到咸菜甕購田屋[1]。

　　雖然確定鄭成琊在關西店仔崗購置田屋，但當時初建的房屋是否即在今天祠堂地址上？並無史料可證。至日治時期昭和三年（西元 1928 年）鄭氏祠堂有一次全面的翻修，此次工程保流下來一份極為珍貴的史料，仍由鄭氏後人鄭俊李先生所收藏。這兩本小冊封面題為「雜費總簿」與「請負請工金總簿」上款皆為昭和參年舊十月，下款為成琊祖堂修築費，裡面詳細地記錄了昭和三年大修建時所計畫採購的木材與石材。除了各種材料的尺寸，也說明了一些當時客家匠師建屋所用的專有術語。例如橫屋（即護室）、「跳首」（即出挑栱）、「琴腳」（即櫃台腳）、「地牛、「地盤」、「南北廳」、「塔壽」（即凹入步口）、「馬面」（即正面）等名詞，皆是目前所之較早出現於文獻者，彌足重要，因為這是研究台灣北部新竹地區客家民居必備用語，於此也可與閩南式民居用語做一比較。例如「塔壽」與「馬面」用與閩南工匠所用完全相同，但「地牛」、「琴腳」卻不一樣。

　　另外值得注意者，上面寫明成琊祖堂建築於道光十四年舊正月，但前述購田屋契約卻是道光十四年十一月所定。合理推斷應是購地先於建屋，由於這份雜費與請負、請工金總簿成於昭和三年，可能對祠堂創建年月有所誤載。

---

[1] 關於鄭成琊從蘭陽遷移到咸菜甕（即今關西）購田屋，有幾份當年買賣田屋契字，為珍貴之史料，收錄於中央研究院台灣史田野研究室，所刊行「台灣平埔族文獻資料選集—竹塹社」一書中。

　　當然，昭和三年的文件中也難免有日本習慣用語，如「請負」即「承包」之意，單位也用「枚」、「本」。基於傳統建築地理方位與尺寸的對應性，我們認為昭和三年所翻修的祠堂應與道光年間所建的祖堂在高低大小尺寸上應一致。甚至今天所保存的許多地面與牆體建材，可能仍為道光年原物無疑。

　　甚至，從建材術語的特色，我們也可判斷匠師應屬客家籍。在新竹與桃園一帶的客家民居與祠廟，大廳棟桁兩端常可見斗栱加強支撐，同時也兼具裝飾作用。這也是鄭氏祠堂擁有的特色之一。

　　從昭和三年修建之後，大體上未再有重大的增建或改建，因此，它仍具有很多的客家祠堂建築史上的研究價值。

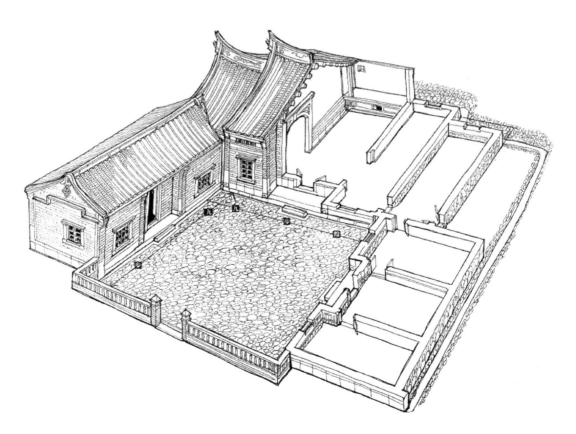

關西鄭氏祠堂建築透視圖。

新竹關西鄭氏祠堂正身。

第十二章 北埔慈天宮

第一節 歷史沿革

一、北埔慈天宮創建與金廣福

台灣在十七世紀中葉開始有大量的漢人進入墾拓，時值明末清初。台灣北部的竹塹一帶昔為原住民道卡斯平埔族、賽夏族及泰雅族所居。自大陸漢人入墾之後，節節向內陸丘陵及山區逼進，至清乾隆五十一年林爽文事件之後，竹塹城東南的北埔、峨眉與寶山三鄉仍為原住民所居。至清道光十四年（西元 1834 年），淡水同知李嗣鄴為推廣撫番政策，乃促使時任九芎林庄總理的客家人姜秀鑾[1]與竹塹城的閩南人周邦正出面勸募倡組「金廣福」墾號，進行向東南山區開墾的事業。此為著名的金廣福公館之由來。

金廣福公館位於北埔，它的功能是當時閩粵人士建隘開墾時辦公之所。道光十五年籌組金廣福，金廣福墾號先從三角城（今竹東三重里）及寶斗仁（今寶山鄉寶斗村）方面入墾，繼而進駐北埔。據此推證北埔開始有漢人居住，並倡建寺廟，應在道光十五年之後。

北埔慈天宮的出現，即是金廣福墾拓之產物。關於金廣福的組織，與慈天宮有著密不可分的關係。姜秀鑾與周邦正為主要人物，姜家祖籍廣東惠州陸豐，於乾隆初年渡台初居樹林仔，後移居九芎林（今芎林鄉），至十四世姜秀鑾受命為義首，團練壯勇。周邦正祖籍泉州安溪，入台後居於竹塹城，後與閩人林德修加入金廣福事務[2]，在金廣福興盛時期中，閩粵人士合作，但至光緒年間劉銘傳主政時，閩南人逐漸退出，

---

[1] 姜秀鑾在道光初年亦與築淡水廳城有關，他題捐城工銀七十兩。
[2] 周邦正與林德修在道光年間為竹塹富戶，在「淡水廳築城案卷」中，記載其擔任築造竹塹石城 時受命為南城董事，經手分建南段城垣。林德修在道光二年捐納監生，周邦正在道光四年捐納監生。吳學明在「金廣福墾隘與新竹東南山區的開發」一書中指出林德修後來被周邦正取代。

而北埔之開拓逐漸歸於粵籍移民，尤以姜家之影響最大[3]。在北埔聚落裡要合建一座閩粵墾戶皆能誠心接受的寺廟，供奉觀音菩薩的佛寺很自然就出現了，慈天宮具有金廣福開墾史之見證[4]。慈天宮從道光年間初創，應該只供奉少數神明，主神為觀音菩薩，後來逐漸配祀媽祖、五穀先帝、文昌帝君、三山國王、三官大帝、註生娘娘、福德正神。並且在東廊供奉淡水同知李嗣鄴、姜秀鑾與姜榮華之祿位，似乎也顯示著閩籍移民漸少而粵籍移民建多的消長趨勢。

慈天宮的寺廟初建於哪一年未有定論[5]，有幾種記載：

1. 道光十五年 10 月（西元 1835 年）—1954 年新竹文獻會通訊。[6]
2. 道光二十六年（西元 1846 年）—木造，二年後竣工，1934 年北埔供學校所印「鄉土誌」。

如以金廣福墾號入墾北埔時間來看，因初期與原住民戰爭屢有傷亡，墾戶為祈求平安，乃奉祀觀音菩薩至為合理，所以或可推測在道光十五年十月草創一小寺。至道光二十六年才改建為木造。

木造的慈天宮告成的同一年十二月姜秀鑾逝世，享年六十三歲。而第二年八月周邦正病逝，享年六十五歲。關於這時後的北埔，究竟是一個多少人口的聚落？而慈天宮的規模是如何？[7]或謂道光末年北埔與月眉兩庄田園開墾已達一千餘甲，人口有千餘戶。而北埔市街內也應初步形成，慈天宮成為市街之最主要守護廟。

---

[3] 姜秀鑾與周邦正合力建造北埔慈天宮，他們曾參加稍早幾年淡水廳城的建造，因此也有一種可能值得我們注意，即部分的工匠來自築造城樓的匠師。

[4] 金廣福被視為是清末北台開拓史上最重要的一個墾隘組織，從道光十四年始，但至光緒十二年因劉銘傳清丈改革地政而逐漸解體。

[5] 道光十四年金廣福成立之前，北埔是否已有觀音廟？據同治十年陳培桂淡水廳志未提及，至1920 年連雅堂台灣通史載「道光六年，始設石碎崙隘，頗足恃」。石碎崙在廳城與北埔之間。又據盛清沂《新竹桃園苗栗三縣地區開闢史》，道光七年有彭姓漢人進入北埔與土番戰鬥被害。據此因而或可推斷，道光十年北埔出現觀音寺之可能性甚微。

[6] 據 1954 年新竹文獻會通訊北埔鄉文獻採訪錄，明確指出慈天宮初創於道光十五年十月興建。但現在慈天宮內未見有道光十年落款的楹聯石彫或文物。

[7] 道光年間，北埔設市肆，居民四百餘家，人口當在千人以上，有足夠能力支持一座大廟。

二、慈天宮與清末的北埔市街

台灣清代漢人墾拓史上，移民聚落的成長與寺廟的出現孰先孰後並無定則，有的寺廟是在聚落發展數年之後才得興建。但是北埔聚落的開拓與慈天宮的初創大致上是一致的。姜秀鑾在率眾進入北埔，驅走原住民之前的道光六年，出任九芎林庄（今芎林）總理，他的先祖且已在紅毛港（今新豐鄉）與九芎林一帶定居開墾。因之，姜秀鑾初入北埔所奉祀的觀音像乃屬一尺六高度（含台座則二尺有餘）的小型木雕像，這尊神像在日後寺廟數度更張擴建時並未遭到更換[8]。如今回顧，雖然高大的正殿與尺餘神像在尺度上不甚匹配，但更使得這些原始的神像擁有很高的文物與歷史價值。

北埔聚落在漢人進入之前可能已有番社，漢人進駐後馬上規摯於中國傳統觀念的小城，此種記載未見於清末文獻，而是經由耆老訪問，首見於一九五四年《新竹文獻會通訊》郭芝亭「紀金廣福大隘」一文，謂：

> 「時北埔除東面靠山外，西南北三面種植刺竹為城，並設四門，以為大隘之總本營。自設隘以來與諸社番戰鬥，大小共十餘回」。

北埔的市街在金廣福墾戶經營建設之下，以慈天宮為核心，並以宮前市街為中軸線發展，民宅店鋪逐漸增加，甚至後來姜秀鑾一家也遷入，建造天水堂。據 1988 年梁宇元《清末北埔聚落構成之研究》一文，認為在道光末年時北埔已經完成一座有城門與刺竹圍成之聚落。

清代台灣除了官府倡建地府、縣城外，民間自築小城以圖自保自衛，這種小城堡數量甚多。眾所周知如士林、板橋（1855）、後龍（1834）、大甲（1881）、里港（1835）、桃園（1839）、中壢（1842）、房裡（1855）、美濃（1756）、佳冬及大溪（1820）等。其周圍多在 2 里到 4 里之間，約合公制圍城一周 1 公里至 2 公里左右。城牆用材多就地取材而因地制宜，有植刺竹及所謂「土牛」之土垣。至於城門數量，按規制不能僭越，

---

[8] 慈天宮供奉的主神觀音菩薩神像為木刻，高二尺左右，與廟宇或神龕高度不太匹配。究其原因，乃是道光二十六年姜秀鑾初建此廟時，神像乃來自大陸，原先建小廟供奉，故其尺寸較小。

只能闢東西南北四門。城門形式據日治初年各地所攝古照片得知，多為單開間之隘門。要看這種隘門，如今在屏東的佳冬有西隘，內埔新北勢庄有東柵門，新埤建功庄有東柵門。

　　如果北埔聚落屬於台灣清代這種民間力量自築城堡的系統，那麼我們也可以透過類比方法而建構出一個圖像來。刺竹及土牛並非耐久之物，隨著歲月推移，生存及生活條件改變，要完整保存至今，恐不易。

　　不過，在客家的聚落中，我們在大科崁溪上游的三坑仔找到一個原型例。三坑仔在清代仍有航運之便，淡水河的舢舨船可上溯至此其小碼頭。它的市街組成包括一座守護大廟、幾座土地公廟、一條商店街與幾戶合院式大宅共同組成。大廟成為主街之端點，俯視著市街也象徵保護著聚落。這種尚有實例可見的原型聚落應當是道光二十八年北埔由漢人進駐建設時的形態。

　　在中軸街發展一定長度之後，通常會出現所謂上街（頂街）與下街。其次還可能出現橫街，如此就朝十字形或不規則的格子形街道發展。北埔到了光緒末年時才完成了較完整的規模。

　　慈天宮對於北埔聚落而言至為重要，因為它是中軸的端點，其風水實即也象徵著北埔市街的風水。慈天宮以秀巒山為其主山或靠山，負陰抱陽，廟所擁抱的則是中軸街道兩旁的店肆與住宅。從正殿神龕的位置望出去，可以遠及上街與下街，這也意味著早期移民希望獲得觀音與媽祖之神恩庇佑吧！一廟之中同時供奉觀音與媽祖，在台灣有多例，有的且尊稱為「雙慈宮」。文獻志書只載道光年間所建供奉觀音菩薩，至於媽祖何時配祀呢？據現存正殿內之四點金柱聯對曰「慈心悲心心念慈悲成佛法，天德聖德同天聖頌母儀」，或可推證至少在同治十三年竣工之前已是雙慈並祀了。

第二節　建築格局與特色

一、建築格局

　　慈天宮在道光十五年初創時的地址是否即為現址？恐不易查考，據《新竹文獻會通訊》郭芝亭〈紀金廣福大隘〉一文提到「咸豐三年三月重建於現在地點」，但就北埔的自然地勢而言，現址為一座大廟最好的位置，因此初創時即在現址的可能性很高。依清代台灣寺廟發展情形，除非遇天災人禍，否則不任意更動初址，大都在原址翻修擴大。慈天宮現貌主要為同治十三年那次之修建，時姜秀鑾之孫姜榮華出力最大，正殿前一對精美的石龍柱即由姜榮華夫人捐獻可為證。

　　據光緒二十四年（1898）新竹縣志初稿卷三典禮志祠祀所載「觀音廟，在北埔街，同治十三年建，廟宇三十四坪，地基四百二十五坪六合，祠田八反六畝二十五步，年徵穀四十石」。根據此項面積，我們與今日所見規模核對，發覺只有正殿的面積將近於四十四坪，亦即正殿中央三開間即達三十四坪。至於若將現有二進二廊二橫屋及廟前石板鋪地列入合計，共有三百七十餘坪，若再將四周排水溝與廟後小丘「化胎」合併計入，那麼可達新竹縣志初稿所載的四百二十五坪。縣志初稿成於日治初期，故用日本計算面積單位「坪」。未知日據初期的慈天宮前殿與兩廊是否因乙未割台之役受到損毀否？另外，前殿後點金石柱有陳援運及朱三娘捐獻之落款，二者姓名亦列在同治殘碑上，證明同治年間兩廊及前殿已存在。

　　慈天宮的坐向依現場以羅盤實測，坐卯向酉，即大約坐東朝西，背後即秀巒山，以它為主山，面向北埔市街。在傳統講究風水的時代，這是很好的位置。關於慈天宮的風水佈局，合乎負陰抱陽之形勢，左右又有較低之山丘，所謂左青龍（「上砂」略高於白虎），右白虎（下砂）。所謂「砂」即是主山附近之較遠之小山。慈天宮面對的遠方為鹽水港、中港溪與峨眉溪所形成的河谷，所謂「水隨山而行，山界水而止」，西面大體上較為開闊，但重要的是慈天宮的西面遠處仍有低矮起伏的「水

口山」，所謂可以收氣擋風。綜觀之，慈天宮選址於合乎風水理論吉地之上。為了能在前面擋氣，據北埔老一輩人士說，原來在慈天宮前曾築一座照壁，收到擋氣與聚氣之作用，照壁在台灣古建築中可見多例，民居（台南陳世興宅）、祠廟（馬公天后宮）與衙署（台北布政使司衙門）皆仍存。慈天宮廟前照壁亦同，不可距廟門過遠，因此合理推斷起來，應在今天北埔街與城門街之交點。若再遠則與廟中軸線不對中。

　　慈天宮的建築依山勢而建，前低後高，後接秀巒山的山坡早年及為客家建築所稱的「化胎」，化胎有如圈背，水自兩翼排出。現慈天宮正殿之後仍保留坡坎式短牆，原應為卵石所堆砌，可惜近年後面新闢一路，化胎消失，且卵石牆背水泥封閉。

　　慈天宮的平面發展，是否在道光年時只築正殿，同治年間才增築兩廊與前殿？不得而知，就現貌歸類言之，可稱之為「兩殿兩廊兩橫屋」之格局，橫屋為客家用語，即閩南建築的護室。以下就各座建築分析之：

　　（1）三川殿—面寬五間，進深用四柱，中央三間闢三穿門，左右邊間以牆體封閉，從後面闢門而入。

　　（2）正殿—面寬五間，進深用五柱，中央三間安置三座神龕，中奉祀觀音與媽祖，左供奉三山國王神位。左右邊間亦以厚牆封閉，作為事務或儲藏室，在結構上也具有加強抗震之作用。正殿後牆向後凸出，此亦閩粵傳統作法，象徵殿後以庇蔭後代蒼生。

　　（3）兩廊—面寬三間，進深得二間，前為廊，後設神龕，左廊供奉註生娘娘、司命灶君與褒忠義民神位。右廊供奉有功大老神位。這種將廊與配殿合一的作法雖非孤例，但多見於客家地區，亦其特色。

　　（4）橫屋—左側橫屋長達八間，未供奉神明，早年設置房間是供遠道而來之信眾及酬神戲班人員投宿之用，不過近年為適應新用途，內牆數片被打通。右側橫屋較短，只得五間，其中前頭兩廊不設隔間牆，以木結構支撐，早期為廚房，室內鑿一井，堪稱便利。

　　綜上簡述，我們將慈天宮平面格局之特色歸納如下：

　　平面尺寸嚴謹，柱間尺寸換算古剎台尺，皆獲偶數尾，屬吉祥象徵。

　　平面順應坡地自前向後升高，但中軸不設御路，反而都有石階直

上，一般閩南寺廟較少如此作法。

　　兩廊擴充成配殿，棟架內收納一座捲棚軒，益使室內空間層次顯得精緻，廊與殿又以「飛罩」分隔，可謂隔而不絕。

　　左右橫屋不對稱，左長而右短，觀其細部構造，似乎早年即如此。右橫屋內設井一口，不設在院中，亦其特色。

二、大木結構

　　慈天宮的大木結構主要為道光二十八年及同治十三年兩次重修之產物，至於日治時期西元 1906 年之修繕，似未動及主要大木結構。從三川殿、兩廊及正殿三者之比較視之，大木作的技巧一致，木雕風格統一，應出自同一批匠師之手。我們判斷應為同治十三年由姜榮華倡議修繕之遺物，此次大修，耗資最大，施工期也長達三年。據此，吾人可以推斷慈天宮的大木作應屬於清末同治年間之風格，與新竹地區同時期古建築之大木風格有相通之處。

　　茲將三川殿、正殿及兩廊個別分析如下：

　　（1）三川殿─九架棟架，前後用四柱，採對稱式，架內「二通三瓜」，但二通上的瓜筒為鰲魚所取代。屋頂坡度小於正殿，極緩，只得三分水。大通之下不用「托木」，而係以巨大的員光（橢樑枋）承之，較為罕見。疊斗技巧及瓜筒形式皆近閩南風格，與竹塹城內同安風格古建築相似。

　　（2）正殿─十三架棟架，前後用五柱，前帶軒作為拜亭。「架內」三通五瓜，三通樑瓜筒之上雕以雙翅飛仙實屬罕見。瓜筒形式與前殿一致，且大通樑之下亦附以等長之員光（橢樑枋）。屋坡較三川殿陡一些，但仍近於新竹一帶平緩作法，似為避風力之結果。綜觀正殿大木技巧，仍屬閩南式風格，吾人推斷或有可能聘自當時活躍於竹塹地區之閩南匠師。

　　（3）兩廊─九架棟架，前後用三柱，中央置「將軍柱」，直頂中桁。「將軍柱」與排樓面劃分前軒與後殿，並安置木雕「飛罩」，以襯托配

祀的神龕。特別值得一提的是屋簷出挑甚短，通樑止於柱頭，不施出簷斗栱。視斗栱及月樑細部作法，仍屬於閩南風格。

（4）過水亭與橫屋—多用方柱、方樑、方筒。且桁木多作矩形斷面，構架簡明而有力，這部分或許出自客家大木匠師之手。

三、石構造

慈天宮建於清道光中期，時值淡水廳築城的年代，以淡水廳築城用材而言，因竹塹城港口之便多用泉州所產之花崗岩石，但我們也注意到大約是同時期的鄭用錫進士第入口石窗卻使用砂岩，這是一種易風化的石材，一般台灣山區所產之石材多屬之。為何以鄭進士第地近港口之便，卻使用砂岩？這種略帶土黃色及淺綠色的砂岩究竟來自閩粵抑或台灣本地所產？

慈天宮的石材幾乎大多屬於砂岩，因此風化情形頗嚴重。北埔在金廣福墾拓的年代交通不便，從竹塹及頭前溪以河般運石材亦感困難。經我們訪問廟內管理委員會鄧先生承其告知，老一輩北埔人傳說這些石材係採自附近五指山[9]，每根石材動用數十人自山裏搬運四日才能抵達北埔。另據「淡水廳築城案卷」所載，修築竹塹城之石條係取自九芎林內山，慈天宮石材亦可能取自同樣內山。

慈天宮雖然經過同治十三年與日治初年的幾次修繕，但所用石材之質地前後相同，可以推斷石材取自附近的五指山。此亦台灣山區古寺廟在用材上之一特色，即就地取材且因地制宜。慈天宮可視為台灣在清中葉之後漢人向內山進墾之代表性寺廟建築，從地面石板到石柱、石堵皆彰顯著草莽開創時期之渾厚的藝術性格。

慈天宮地石構造最具特色者可分為四個方面分析：

（1）不施丁石的檻牆—前殿、左右橫屋與正殿的外牆，皆用長石條砌成檻牆，上面加一道較薄之石牽，其上再砌土墼壁及斗砌磚牆。石

---

[9] 五指山為北埔一代最重要的高山，山區表面礫石層約 20-40 公尺，礫石以白色石英岩、灰色硬砂岩、青灰色石灰質砂岩及火山岩為主，慈天宮所用石材多為灰色及青灰色砂岩。

條少用「丁」與「順」交互砌法，尤為其特色。

（2）內圓外方石柱—三川殿正面石堵之雕工精湛，惜石質風化嚴重。前殿牌樓面石柱斷面，內圓外方，從室內視之為圓柱，從室外視之則為方柱。柱身左右開槽，形成榫卯，以承接石堵。

（3）石門楹與石堵合一—前殿的三川門，石門柱與「封柱」之距離逼近，故將門柱與石堵合而為一，此為簡潔之作法。

（4）雙重柱珠—正殿前拜亭次間石柱為罕見的二十四孝人物石雕柱，其下出現相疊的二顆柱珠，此為罕見之特殊例，柱珠形式各為獨立形體。

四、磚構造

慈天宮在清道光二十八年初次落成時因北埔初闢，交通茅塞，所以文獻上特別提到使用木造，據合理推斷，可能多用北埔附近山區所產之木材。吾人深知早期台灣開拓蠻荒時期，一座大廟之肇建，往往非集結多數村莊，合成眾人之力不為功。在慈天宮裡有一石雕香爐相當重要，因它為廟史提供了歷史見證，石香爐銘文「道光戊申吉旦（按即道光二十八年），慈天宮，南興庄眾信立。」南興庄實則包含了北埔、南埔、草山（今寶山）、月眉與富興諸庄。易言之，道光年間初創慈天宮時，它應是一座頗受重視，且規模可觀的建築。

至於現在所見的慈天宮內石構造與木構造，並未發現道光年落款，且前殿與正殿均存有同治十三年大修之銘記，吾人據此判斷現貌遺物應多為同治年物。在磚造方面，亦歸納於同治年這次翻修。

慈天宮所用磚之種類有「顏只磚」、「尺仔磚」及「花窗瓷磚」等，其中「顏只磚」用於門柱及牆角，「尺仔磚」多用於斗砌牆面，「花窗瓷磚」用於通風處。在道光年間，據淡水廳築城案卷所載，「尺仔磚」與「顏只磚」等價，每千塊價銀九兩八錢。慈天宮所用者，色澤有橙黃色與青灰色兩種，與竹塹城一帶寺廟民房所用者雷同。吾人推斷應是運自新竹。

　　在砌法方面，橫屋牆角利用青灰色顏只磚以每五塊一疊作交角砌，構造堅固，為一特色。另外，正殿後牆出現長達五開間長度的鳥踏，具有防水作用，蓋北埔山區多雨而潮濕，自應列為慈天宮磚造之一大特色。後牆為保持乾燥，在上方安設綠花窗，下方闢弧拱形石窗，使具備空氣對流效果，亦值注意之。但慈天宮背後，未闢門出入，亦屬罕見，秀巒山為廟之主山，依古制可不闢門出入，純作為為屏障可也。

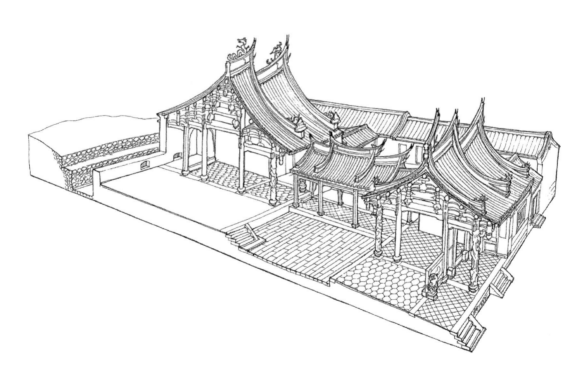

北埔慈天宮建築透視圖。

北埔慈天宮正面外觀。

第十三章　鳳山龍山寺

第一節　歷史沿革

一、台灣的龍山寺

　　台灣名為龍山寺的寺廟創建於清代的只有五座左右，為什麼寺名取「龍山」，是有典故的。清代台灣寺廟之起源及初現，多與閩粵寺廟有關，移民渡台時將故鄉守護神像隨船攜帶而來，俟上陸之後即供奉於民房或臨時簡陋的草庵。通常較普遍的傳說，都謂神像所置之處所發光，鄉人認為神明顯靈，於是鳩眾聚資，建造正式的殿宇。寺廟落成後有的即沿用大陸原廟之名稱，成為其分靈或分身廟。台灣龍山寺的祖廟即是泉州府安海鄉龍山寺之分廟。

　　泉州府轄五縣，包括晉江、惠安、南山、安溪及同安，安海的位置並非在府治晉江，晉江最出名的是開元寺。安海在晉江縣南方近海處，是一個港口，出入要經過金門。關於安海的龍山寺，在泉州可列為重要的古寺，始建於隋朝皇泰年間，初名普現殿，又名天竺寺。可見是很純的佛寺。明天啟年間重修，清順治丙申年（西元 1656 年）為防堵台灣鄭氏，下令濱海城遷界，許多寺廟悉被毀為灰燼，僅保留龍山寺。至康熙二十三年（西元 1684 年）鄭氏投降後，被封為晉海侯的施琅捐貲重修，建山門、前殿及鐘鼓樓。正殿供千手觀音，高達四尺二十，造型精湛，名噪海外。又有青石浮彫及巨大龍柱，皆其特色。[1]

　　關於這座安海龍山寺，由於缺乏建築測繪資料，我們無法得到更進一步的了解。據我們獲得的一張照片顯示，它的正殿為歇山重簷，前殿寬五間，中央三間使用一條龍式脊，左右編間另有較低燕尾脊，形狀酷似龍山寺，但似乎未達七開間。殿前廊用石資方柱，沒有龍柱，兩隻石獅置於屋顏外，此與鹿港龍山寺置於殿前廣場上，精神有一些相同。再

---

[1] 據同治十年重刊本福建通志及中國名勝詞典福建及台灣分冊。

前面有一道磚砌牆，中央缺口，兩邊似乎即為鐘鼓樓，鼓樓外牆嵌有石碑，形制頗大。從這些外觀的特色來看，鹿港的龍山寺是比較接近的一座。

台灣的五座龍山寺中，創建年代最古的是台南大東門外的龍山寺，時在雍正年間由里人公建，這是台灣龍山寺之嚆矢。以下依序列出：

1. 台南龍山寺─初創於雍正年間（西元 1723 年-1735 年）。
2. 艋舺龍山寺─創建於乾隆三年（西元 1738 年）。
3. 鳳山龍山寺─創建於乾隆初年（約西元 1740 年）。
4. 鹿港龍山寺─創建於乾隆五十一年（西元 1786 年）。
5. 淡水龍山寺─創建於咸豐八年（西元 1858 年）[2]。

龍山寺的主要信徒為泉州的三邑人，包括晉江、惠安、及南安三縣，安溪偏西北，而同安偏南，與安海鄉有山岳阻隔。因而龍山寺雖供奉觀音菩薩，但仍有強烈的地緣特色。清代台灣的移民只有來自三邑者才有可能建造龍山寺，其理自明。

台南的龍山寺原在府城大東門外，雍正年初建後，曾於乾隆五十四年（西元 1789 年）由里人王拱照等倡修。日據時期 1927 年因拓路，乃遷建於附近現址。近年又以水泥改建，舊貌已失。

艋舺龍山寺初創於乾隆三年（西元 1738 年），嘉慶二十年（西元 1815 年）及同治六年（西元 1877 年）有修建記錄，至日據時期 1919 年聘泉州惠安溪底名匠王益順主持改築，成為今天所見之規模，大殿在二次大戰中遭毀，民國四十四年再予重建。寺原來之格局為三殿兩廊兩護室式，改建後成為面寬十一間，且正殿為獨立之重簷歇山式之大寺廟。

鹿港龍山寺初建於乾隆五十一年（西元 1786 年），嘉慶年間有修建記錄，至道光十年（西元 1830 年）有一次較大規模的整修，目前所見

---

[2] 這五座龍山寺在清代志書文獻皆有記載，但是否均分靈自泉州安海鄉的龍山寺，因史料不足，未敢擅斷。而台灣可能有觀音寺分自安海，而未襲用龍山寺名者。艋舺龍山寺全志中明載該寺為安海之分靈廟。另外，我們就現存台灣名為龍山寺者作現場勘察，其中台南東門外龍山寺已遭改建。而在南門外鯤鯓里亦有一座龍山寺，規模較小，未知是否屬於安海之系統。而再如宜蘭頭城之龍山岩及台南府前路之龍山內院，年代較近，據判斷應非安海之系統無疑。

之石彫即為此次所置。格局寬宏，前殿面寬七開間，後帶戲亭。大殿獨立居中，歇山重簷頂，前帶拜亭。戲亭內置八角結網，構造大方，是台灣建築史上之佳構。

淡水龍山寺建於咸豐八年（西元 1858 年），是清代後期所建的龍山寺。格局為兩殿兩廊式，面寬三間，石材悉為當地所產觀音山石。木結構用料壯碩，棟架節路優美，尤以石彫之拙稚風格最為傑出。

綜觀這五座龍山寺，平面格局皆不相同，材料亦有別，可見不同時期之建築風格及不同地區背景之影響。然而大致仍呈現著「泉州派」的共同特色，木結構及斗栱技巧成熟，如用料較細，栱身較平，瓜筒較長。其中尤以鹿港、淡水及鳳山三座都完整地保留清代原貌，價值是多方面的。

二、清代的鳳山城與龍山寺

清初康熙二十二年設置鳳山縣時，縣治在興隆莊，即今天的左營。在乾隆五十一年（西元 1786 年）林爽文事件後因太殘破，才於乾隆五十三年（西元 1788 年）將縣治移往陂頭街，即今鳳山寺。初以莿竹環城，至嘉慶九年（西元 1804 年）由知縣吳兆麟倡建四門，共有六座。其中大東門為「朝陽門」，小東門為「同儀門」，又稱為「東便門」。西門為「景華門」，南門為「安化門」，北為「平朔門」，北門又有外門，稱為「郡南第一關」。至嘉慶十一年（西元 1806 年）因蔡牽之亂，新的鳳山城被攻陷。事平後有人認為新城土薄水淺，地苦潮濕，比不上舊城（左營）負山面海之雄姿。後幾經建議，終於在道光五年（西元 1825 年）重新修築舊城，範圍略作修改，內包龜山，外接蛇山。但第二年落成後，又以種種迷信理由不遷回舊城。至道光十八年（西元 1838 年）曹謹任鳳山知縣時，在新城的城門上加建城樓，並在城牆四隅築礮臺六座，東北隅及西南隅各一座，東南隅及西北隅各二座。城外濬濠塹，深一丈一尺，廣一丈二尺。東門外即利用東門溪為濠（今尚存），城濠周長有一千一百二十丈。至咸豐四年（西元 1854 年），參將曾元福將莿竹

籬改為土牆,高八尺,寬二尺,上無雉堞。周長與濠塹相同,牆外仍植莿竹。最後至光緒十八年(西元 1892 年)時,牆倒塌,邑侯李淦命業戶重修[3]。不久乙未割台,台灣遭日人統治,鳳山新城即停止建造,而城門樓也在市區改正計畫下,逐漸拆除。大約在西元 1930 年代,大東門還存在,當時還留下照片資料,後來可能在光復前即被拆除了。目前碩果僅存的清代鳳山新城遺蹟,只剩東便門及其門外的四孔三墩東福橋。曹謹在道光年間所建的六座礮臺,目前還存有「平成」、「澄瀾」兩座[4]。

鳳山新城的地理位置及形勢在台灣諸城中頗具特色,就地理條件而言,新城被認為「土薄水淺,地苦潮濕」,天然形勢並不佳。然而它位於交通要津,北通郡城台南,南通前鎮港,西出打狗港口,東出下淡水區域。古地名「下陂頭街」或「陂頭街」。「陂」亦可通「埤」,指蓄水之池潭,清代鳳山縣一帶的確有不少池潭,陂頭街或因附近有大潭而名。

新城的北邊有武洛塘山,高約二、三丈,長里許。東南邊有一座狹長的山,臨海端首昂如冠,最為圓秀,旁列二小峯,形若飛鳳展翅,故縣治命名為鳳山。昔日鳳山八景中有所謂「鳳岫春雨」。同時在鳳尾處有幾座小山,圓潤秀媚,有如鳳卵,被稱為「鳳彈山」。新城附近有這幾座具有特色的山,無疑地可增加一些客觀的形勢條件。至於城池的形狀,按文獻資料所述,新城至乙未割台之前,雖已有六座城門與六座礮臺,但城牆仍為堆土而成,上無雉堞。它的長度有一千一百二十丈,約合三公里又七百多公尺。關於城牆的輪廓,自日據時期以來從未清楚地研究過。更由於堆土作法的城壁很容易圮毀,至今幾乎已看不到遺蹟了。我們先參考一張日據初年的地圖,再至鳳山市現場作核對及校正工

---

[3] 詳見《鳳山縣志》、《重修鳳山縣志》及盧德嘉《鳳山縣采訪冊》。

[4] 關於澄瀾礮臺,多年來均無法考證它的背景,近年文建會及內政部邀聘專家至現場查勘,亦未敢貿然斷定。這次鳳山縣城池之圖面復原,終於確定澄瀾是曹謹所修六座中的西南隅礮臺。它的價值應與西北隅的平成礮臺一樣,值得重視與維護。礮臺的形式與平成相似,高一丈五,長寬約為三丈至四丈之間,內側有石階可登,上置雉堞,並設礮位。在我們沿著城牆原址勘察一圈時,又在東南隅發現石額題為「訓風」的礮臺,道光十八年立,真是一大收穫。

作。

　　首先沿著當年的城牆走一圈，西邊及南邊的城基現為道路，且護城河歷歷可見，在西南角發現「城瀾」礮臺，其旁有「南西」土地公廟，南門址附近現尚有一座朝東南面的「南門公」土地廟。東南邊的濠很完整，現況民房密度較低，東南角發現「訓風」礮臺，使曹謹所建的六座中可證實的達三座，此項收獲頗令吾人鼓舞。另外，在曹公祠內存有「迎恩」石額一方，亦確定為其中之一。至於北邊及東邊城牆，則亦有道路與城濠佐證，軌跡與推測圖至為相近。城內的道路系統是最難考證的，近代都市計劃的重點偏向於舊街之拓寬取直，嚴重破壞原有的市街結構，甚至許多重要的建築物亦遭池魚之殃，片瓦不存。如縣署、試院、奎樓、參將署及東嶽廟、四聖廟、祖師廟、三山國王廟等。我們尋訪當地耆老，提供口述資料，再參照志書資料綜和比對，於是初步將城內的街道架構整理出來，這等於是一項圖面復原的工作，我們以考證的方法，首先將清代末期的鳳山新城呈現出來，對台灣城市發展史或將有所貢獻。

　　基本上，鳳山新城的街道是以「丁」字形為主幹所發展出來的系統，南北向的大皆連通郡城台南方面，東西向的大街連通往下淡水溪屏東方面。這種一豎一橫的形態，實即整個鳳山城在地理位置所扮演的交通角色，更明確地說，具有北通台南，東通屏東的轉向性格。這個轉向的觀念，甚至也反映到城池的形狀，有一點像一隻靴子。在台灣清代的城池中，鳳山新城是個重要實例，它是城市發生學的一種典型，以交通決定街道模式，進而決定城池形式。

　　在城內的街道系統中，前述的一豎（南北）一橫（東西）之交點即為精華區域，分佈著許多較短且不太規則的市街，並且還有一座大廟「雙慈亭」居中坐鎮，守護著這座城市，其意圖甚明。在南北街的北端有一條「頂橫街」，而東西街的東端亦有一條「下橫街」。於此來看，當年的居民將北門視為「頭」，而東南視為「尾」，在東門內的一段又稱為「草店尾街」。可見鳳山新城市具備清晰的方向意識的城市。在頂橫街一帶分佈著重要的公共建築，如城隍廟、龍王廟、試院、鳳儀書院。而在下

橫街一帶則以龍山寺壓軸收尾。至於南門內一帶，商店很少，配置軍事
機構如參將署、中軍守備署、火藥庫及東嶽廟等。這裡，我們當可知龍
山寺在整個鳳山城裡的位置意義了。

　　以清代台灣的幾座龍山寺作分析，我們發現一項重要的共通特點，
即初建時都選擇在市街之邊緣或郊區。台南龍山寺在東門外，台北龍山
寺在艋舺新店頭街南郊。鹿港龍山寺亦在五福大街之南郊。淡水龍山寺
位於清水街之南。這種現象似乎反映著作為佛境的龍山寺，在先天上性
喜幽靜的傾向。

　　鳳山龍山寺在清季，環境應是幽雅的。雖然面臨東門的下橫街，但
東門外有過溝仔街，顯然出入之流量，大東門遜於東便門。同時，龍山
寺作為大街之收尾，它的坐向竟是朝北的，在台灣五座龍山寺中，亦屬
罕見[5]。清代鳳山城內的寺廟，自文獻上統計，約近十五座，唯有龍山
寺是純粹的佛寺，另外，雙慈亭媽祖廟及城隍廟的後殿亦奉祀觀音菩薩[6]。

三、鳳山龍山寺之歷史沿革

　　鳳山龍山寺首見於文獻為清乾隆二十九年（西元 1764 年）王瑛曾
重修《鳳山縣志》，記載龍山寺在埤頭街草店尾[7]。在此之前於康熙五十
八年（西元 1719 年）李丕煜主修的《鳳山縣志》裡，尚未出現[8]。光緒
年間盧德嘉撰的《鳳山縣采訪冊》則明確地指出建於乾隆三十年，與重
修《鳳山縣志》所記無法符合，按合理推斷，似應在乾隆二十九年（西
元 1764 年）之前即已存在。現寺內最早之匾額為乾隆二十五年（西元

---

[5]　鹿港龍山寺朝西北，淡水、台北的朝南。

[6]　鳳山城內南北大街，中和街，應是最初期的街道，據《鳳山縣采訪冊》內收錄之「嚴禁呆錢
　　碑」，中和街設有隘門。又據現存之「重修雙慈亭碑記」，此廟原供奉觀音佛祖，至乾隆
　　十八年（西元 1753 年）之後始建正殿，兼祀天上聖母。那麼鳳山城之第一座觀音寺，應為
　　雙慈亭。

[7]　《重修鳳山縣志》卷十一名蹟所載，關於轄內觀音寺有興隆寺，又一在埤頭街草店頭，一在
　　草店尾，亦曰龍山寺，一在鳳山下莊，一在淡水新園街，一在港西里萬丹街。

[8]　康熙五十八年鳳山知縣李丕煜主修的縣志裡，觀音宮條下，指出一在興隆莊龜下，一在鳳山
　　下莊，一在淡水新園，一在萬丹港街。與四十五年後乾隆二十九年（西元 1764 年）所修縣
　　志相比，即知康熙年間尚未建龍山寺。

1760 年）之「南雲東照」。據當地父老傳說，寺之初現，起因由一位來台移民將香火掛在井邊石榴樹枝上忘了取走，夜晚發光，里民乃捐資籌建寺廟，並以石榴樹彫成觀音像。現寺內神座之下仍為一口井可為這項傳說增加可信度。因而我們可作這樣的判斷，寺初建於乾隆初年，至乾隆二十九年（西元 1764 年）之前已有基本的格局，額為龍山寺。

　　乾隆年之後的修建記錄，現寺內尚存有嘉慶十二年（西元 1807 年）、道光十五年（西元 1835 年）及同治十年（西元 1871 年）三座重修碑記。這是龍山寺在清代的三次最主要的修葺記錄。其中道光碑內稱「緣龍山寺建廟垂茲近百年矣」，據此反推回去，當在乾隆初年，與我們前面的推論至為接近。

　　至於初建時知格局與形式，現在無可考，據嘉慶碑所記「辛酉冬，因牆、桶傾頹，捐貲補葺，規模由舊，無奢巧之奇，綢繆必堅，有觀瞻之壯」。這段資料顯示：嘉慶六年（西元 1801 年）開始籌備修葺。所耗費的銀員據主碑及副碑上所鐫數目統計，共捐得二千五百多元，而且有人捐大石矼一條，瓦五千塊。據現存鹿港龍山寺之廊壁石碑一項修建資料，道光年修葺花費四千多元。比較起來，或可推定嘉慶年鳳山龍山寺之大修規模不小，至少屋頂全換新了。現寺內尚存之大石矼，應是嘉慶年所置無疑[9]。

　　其次，我們再詳細研究道光十五年（西元 1835 年）重修碑之內容。從乾隆初年建，至嘉慶大修，中間相隔約四十年，嘉慶修建至道光再修，相距僅二十八年。這麼短的時間要修些什麼呢？道光碑記「越甲午秋，

---

[9] 關於清代修廟之費用，在當年的物價標準上衡量，究竟是什麼情況？由於台灣的建築，工料大都來自大陸，加上船運，價錢應高於內地，無可置疑。據艋舺龍山寺在乾隆初年建時費二萬餘元，嘉慶年大修時費一萬五千餘元，同治年再修亦費一萬五千多元。道光十年修鹿港龍山寺時，留下二塊罕見的黑晶質石碑，上面詳列工料費用，這是很有參考價值的資料。筆者利用同時期 淡水廳築城案卷，統計一座新竹城門樓（今尚存迎曦門）之造價，共需六千一百零七兩八錢八分二釐。以一銀元合七錢二分換算，約為八千四百八十三元。而鹿港龍山寺修葺費約四千元。據淡水廳築城案卷，石柱一根須二十七元多，樟木柱一根需半元多，而木匠每天有〇．二元工資。易言之，鳳山龍山寺石碑上捐二元的人，即是捐出二十天的工資。據黃典權在民國四十八年出版之台南文化季刊六卷三期，對清同治年間台南某帳本資料之研究，得知當時之物價，如生油每斤 0.0714 元，雨傘一把 0.17 元，十斤棉被為 3 元，可作為古今比較之參考。

復新翻蓋，乙未夏落成，十分華麗。其捐題銀兩諸人，一盡勒立碑石，名垂奕禩，俾世之人共知後人樂捐不讓前人，且使後人鼓舞後人也。」亦即道光十四年（西元 1834 年）秋天修至第二年夏天，依據筆者調查台灣其他寺廟之例，顯然有意要避開雨季施工。這次修了近一年，所耗時間較上次為短，統計正副碑之捐銀，共計一千一百多元，另有人捐石材六塊，立碑於道光十五年的臘月，即寺修葺完成之後不久；總董張源裕的名字亦見於嘉慶碑，他參與了兩次修建之事務。依寺現貌之風格判斷，有些石彫如麒麟垛可能是這次安置上去的，斗栱及部分木彫亦呈道光風格，亦有可能包含在此次修葺範圍內[10]。

其後，至同治十年（西元 1871 年）又有一次修葺，重修碑記現亦存寺內。碑文只紀錄捐銀者姓名及前額，統記起來共計一千八百多元，顯然只是小修。這次距上次相隔了三十六年。張、丁二姓似乎是延續先代之支持者。

至光緒二十年盧德嘉在鳳山縣采訪冊中記載[11]為：

> 「觀音寺（額龍山寺），在大東門內，屋十二間，乾隆三十年居民建，嘉慶十二年陳可寄重修，道光十五年張源裕重修，同治十年隆益號再修。廟租十九石，清溪林成功助田十六甲，六莊嚴州渡頭一所，年納銀十六元。」

很明顯地，我們知道盧氏親身到過龍山寺作調查，稱采訪冊頗名符其實，三塊石碑提供他基本的資料。在這裡，他也對當時的格局作了較明確的描述。

1895 年日據之後，龍山寺有了較大的改變，首先是鳳山城牆拆除，原先寺前僅有一條直對著的道路「草店尾街」，光緒年間又叫作仁和街[12]。日人對鳳山進行所謂市區改正計畫，在龍山寺前橫闢一條道路，近今天的中山路。寺前廣場與馬路相通，視野為之大開。至日據昭和八年（西

---

[10] 寺內所存三座石碑，碑文已被收錄於台灣銀行經濟研究室「台灣南部碑文集成」中，列為台灣文獻叢刊第二一八種。

[11] 見台銀版台灣文獻叢刊第七十三種《鳳山縣采訪冊》頁一七〇。

[12] 同註 3 頁一三七

元 1933 年），寺兩側護室被改建為水泥造洋式建築。[13]日據時期除了護室改建外，中軸的前殿及正殿可能也有一次以上的修護，包括換瓦、油漆彩繪等。最近的一次重修是光復以後，民國四十七年（西元 1958 年）翻修前殿及拜亭屋頂，以水泥柱修理排樓封柱及後金柱，並重施彩繪。當時剪黏匠師係聘自台南的葉鬃，葉氏為台南名匠洪華高徒，1944 年主持赤崁樓文昌閣之修護。這次修龍山寺，中庭龍虎堵即為他親手所作[14]。油漆則出自鳳山當地一位郭姓匠師之手。

第二節　建築格局與特色

龍山寺再初年創建時之格局及形式未見於文獻，至光緒年間《鳳山縣採訪冊》中所載謂「屋十二間」。如果與現貌比對，前殿三間、後殿三間，左右各有三間護室，大體上平面配置相去不遠。依現存物判斷，綜合前、後殿材料及形式風格，證以嘉慶碑「規模由舊，無奢巧之奇」描述，可以確定中軸部分包括前殿、拜亭及正殿之臺基與山牆壁體均為乾、嘉年物，前殿大石砛即如碑文所指，是嘉慶十二年（西元 1807 年）放置的。在台灣寺廟格局的分類裡，龍山寺屬於「兩殿夾拜亭，外帶左右護室」式的平面。

前殿與正殿之間夾拜亭，屋頂相接，形成「工」字形的平面。這種形式雖然不是台灣寺廟的主要形式，但卻很普遍，出現的地區很廣，仍然以南部地區較多。如屏東內埔天后宮、台南佳里金唐殿、台南三山國王廟等例。它的主要功能可使廟內前後貫通，連為一氣，不但進香客行動方便，不受日曬雨淋之苦，供桌可以向前伸長，祭品也不致露天擺置。但是，這種屋頂相連的作法也有其弊，殿內光線幽暗，只有王爺廟喜暗。

---

[13] 據現任龍山寺管理委員說法，日據時期改建兩側護室時，左護為二樓式，右護為一樓，光復以後因左護部分損毀，才再改為現貌地一樓式。據現貌看，左右兩邊的細節不同，可能為兩組工匠之對場作。

[14] 洪華的作品多分佈於台南市，原來興濟宮尚有一些交趾燒壁飾，可惜於近年重修時毀去。葉鬃為其高徒，1958 年修鳳山龍山寺時約 60 多歲，推算應出生於光緒二十年前後，約 1975 年逝世。

另外，正殿的正面外觀無法被欣賞。事實上，除非從側面觀察，否則對正殿而言，室內空間的意義將大於其外觀形式了。澎湖的許多中小型寺廟，前後殿相連或夾以拜亭，風沙大促使他們選用工字形平面，最能說明此種理由。

依采訪冊所述作推斷，兩側的護室各得三間，與現況五開間不符。按台灣其他寺廟，護室退入，未與三川殿齊頭者亦不乏其例，故推定左右兩護在光緒年間是存在的。這種格局亦可稱為「七包三」，即正殿與兩翼耳房、護室合為七開間，包住前殿三開間之意[15]。

日據時期 1933 年兩護之改建，雖只是五十多年前的事，但寺裡並未保留什麼資料下來。依護室現況視之，各為五開間，與正殿之間尚有耳房，室內置柱，再斷為三間。我們推測這些改變，大體上不會超出清代原格局之地界範圍。另外，在寺之西側，左護室後邊，有一片空地，亦於日據時期修建一個方亭，旁有假山草木點景。鳳山鬧市中能有這麼一處幽勝之地，頗為難得。清代文獻未曾提及，推斷為近代所築。

鳳山龍山寺可考的大修在清代有三次，日據時期一次，光復後一次。雖歷經五次以上的修建，但很值得慶幸的，中軸的建築幾乎仍為乾、嘉年物，至值珍惜。從 1933 年以來，未遭全面修理，加以缺乏正確之維護，目前損毀情況甚為嚴重。中軸建築主要的問題在於屋架變形及屋瓦移位，導致漏水及腐朽現象。兩側的護室為磚造之文藝復興式建築，工雖不精，但也有其時代特色。尤其左右兩邊之細節不同，如右護為圓柱，左護為方柱，彫飾細部亦各亦其趣。顯然為兩組工匠之對場作。據寺之管理人口述，左護原為二樓，現況牆壁亦較右護為厚。

寺現況就如外觀而言，屋脊泥塑局部斷缺，屋面下陷，筒瓦短缺，木作油漆脫落，彩繪被燻黑，正殿後牆龜裂傾斜。然而大部分牆體及木結構均仍保有正常及完整之品質。寺的位置洽在草店尾街（今三民路）及下橫街（今中山路）交點之丁字路口，自然形成明顯的地標，故鄉火很盛，朝拜者絡繹不絕。環境條件原本是非常好的，可惜地是左護前面

---

[15] 關於匠施用語「九包五」或「七包三」，近年有人解釋為九開間包五進，或七開間包三進，其實是錯誤的。

在數十年前被變賣，蓋了一棟店舖，擋住寺貌的一部份，至為遺憾。廟埕臨大街，現有鐵質欄杆圍起，右護牆外置立四座石碑，包括嘉慶、道光及同治年，碑文尚清晰，碑座亦存，非常可貴。

三川殿後龍井近年增置洗臺及貯水塔，雖較方便，但對觀瞻有不良影響。正殿前廊右側充為廟祝辦公處，雜物填塞過多，也對原本就狹隘的室內空間產生擁擠阻塞之感。虎牆外側有一座香爐，緊貼牆身，視其磚塊規格應屬日據時期所置，爐煙將寺牆燻黑了。按一般台灣或金門所見中小型廟，確有許多這種香爐附壁之例。然若廟地寬廣，實非長久之計。

右側耳房現在充為管理委員會之辦公室，護室的許多房間多空著不用，有的當成貯藏室。綜合分析起來，龍山寺中軸建築之使用率高於兩側天井及護室，西側庭園徒具良好條件，但只有附近兒童偶爾嬉戲期間，實未盡其用。將來兩邊護室之改變，或可分擔中軸建築之機能負荷，且應考慮庭園之可及性，則龍山寺的古蹟價值，可獲得相輔相成之功。

第三節　大木結構分析

（一）棟架

龍山寺前後殿雖然以「筒牽」樑連繫，但各殿棟架仍為獨立之系統。三川殿棟架，按宋法式分類，屬「六架椽屋，乳栿對四椽栿，用三柱」。以桁架而言，又可謂之七架桁屋架，前後出挑簷桁。排樓面置於前一架，步口廊得二架深，架內得四架，使用「三通三瓜」式棟架。這種棟架多出現於清代中葉之前，且多分佈於中南部開發較早地區。道光以後就少見了，一般三川殿多用四柱棟架，即後坡仍設步口廊之作法。

龍山寺三川棟架的特色可歸納為四項分析：

①用三柱，不做後步口。因後帶拜亭，取代步廊空間。

②束木為枋材，不作肥身，此法以粵匠較常用。

③挑簷桁為枋材，不作圓斷面，此為唐宋以來古法[16]。

④後坡在彎束之上多架一根圓桁，此為便通技巧，但屬特例。

另外，三川左右山牆內側，還出現附壁的棟架，且只做步口部分，此亦罕見之手法。在明間的步口上，又增加兩路「棟架」，以「架通」前後搭於壽樑吊筒及門楣之上。

瓜柱方面，步口所使用者有三類，架通用卷草「斗抱」。左右一路用獅座，附壁用較簡單的披肩尾式，架內部份，大通使用趖瓜，雕如意桃瓣，瓜腳如蹼張開。二通及三通所用較矮，瓜腳略過樑肚，通樑斷面扁圓狀，上下板路。

拜亭棟架使用六架捲棚，瓜柱疊三斗及四斗，各部關係頗為嚴謹，在龍山寺而言，技巧水準有凌駕前殿及正殿之勢。四垂側坡桁條由壽樑出櫸撐住，另外在瓜柱疊斗外側架小樑，以承椽木。這是典型的台灣四垂庭作法[17]。

正殿棟架使用宋法式所謂「十一架椽屋，前後乳栿，並箚牽，用五柱」。「前步口」深得二架，「架內」得五架，用三通五瓜。後面桁位分配趨稀，又得三架，但每架跨度增大。這組棟架通進深達深度九米十一，高度近六米。有幾項特色：

①用十三根桁，皆圓斷面，前挑簷桁架在與拜殿的箚牽樑上。桁位間距均不　等，後坡間距放大，使後簷口降低。

②束木不作肥身，且多為合成材製成。

③架內疊斗，大通疊四斗，二通疊三斗，三通疊二斗，漸縮次序非常明顯。

另外，經詳細測繪，我們發現所有桁木並非全部平行，明間棟架上的桁木間距較小，而山牆上的較大，有發散之現象，這也是其他寺廟少有的[18]。

---

[16] 明清北方宮殿已不復見此種做法，唐五台山佛光寺大殿在簷柱之上的桁木即為枋材。此亦顯證台灣古建築仍保有許多古式特色。

[17] 關於四垂亭立柱法，可參閱拙著《台灣的寺廟》。

[18] 桁木排列自內向外發散，確不多見。這種現象似非意外結果，應是匠師特意處理無疑。吾人推斷這種方式對屋架結構之穩定所助益。

（二）排樓楗枋

　　三川正面排樓隨著凹壽平面，明間與次間不在同一線上，但形式是一致的，明間排樓在門楣之上以十字栱先架「楣引」，楣引之上架斗座草後，置「三彎枋」。彎枋的中段較大，顯然當年的設計者考慮及匾額之懸掛。彎枋之上架「一斗三升」，檢簡潔的葫蘆栱托住桁引，構造關係至為明快。這種排樓處理方式在台灣的古建築裡，可算是較古老的做法。鹿港龍山寺的前殿、台南祀典武廟及孔廟大成殿等均屬此系統。另外一種是連栱作法，為了達成手拉手式的連栱，必須做到五彎枋或七彎枋，疊斗鋪作縫亦隨之增多。代表例如鹿港文開書院山門。自同治、光緒之後，台灣寺廟盛行連栱式，至日據時期北部陳應彬匠派時，運用率達到高峰。

　　鳳山龍山寺的三川次間用二彎枋，上置「一斗三升」，柱子上亦出「丁頭栱」，取得一致的系統，斗栱分部疏朗有力，確為本寺之特色。我們比較建於嘉慶十九年的鳳儀書院，其前殿排樓楗枋的形式與龍山寺相當類似，甚至棟架上的瓜筒及斗栱細節也極為相似，推斷這兩座同在鳳山城內的建築，可能出自相關的匠派之手。三川次間的排樓楗枋由於距離桁木較近，故不施楣引，直接在窗楣上置斗座草及二彎枋，但在「一斗三升」之上，加上連圭枋及桁引。

　　正殿的排樓作法與三川同一系統，壽樑下置飛罩，雕飾甚精。樑上置斗座草，不知是否後代抽換過，斗座草未與彎枋密接，是一項缺點。明間用三彎，次間用二彎。上置一斗三升，以承桁引及桁木。栱身曲線較少，形制古拙，亦清中葉之後少見之作法。正殿神龕前排樓顯得較特殊，在壽樑上直接置斗，斗上不加彎枋，而架上卷草紋的連圭枋及平板枋，上面未再置斗與桁引接觸，這也是後代較少見的[19]。

---

19 澎湖馬公天后宮雖然為一九二三年修建，其三川殿中脊與桁引並不接觸，為近代之一特例。

（三）斗栱

①柱頭斗栱方面，三川簷柱上由步口通樑出欅，挑柱吊筒，其下員光出栱，狀如丁頭栱。左右第二路亦同，但一半嵌入山牆內。

②棟架斗栱方面，步口「架通樑」上出一跳斗栱，頂住雞舌及前二架桁。「步通」上則先置獅座，上疊三斗，單邊出卷草「串」及栱，對著次間的一邊省却了，栱尾做桃彎收頭。架內亦同，均只出一跳斗栱，下面疊斗再出雕花的「串」穩定。拜殿的棟架斗栱亦均只出一跳，下層疊斗出串解決。正殿棟架斗栱形式與前殿有顯著差異，栱身上皮不作關刀叉，下皮亦不作葫蘆屏。各組瓜柱疊斗都只出一跳，其下的栱與栱之間不置斗，因而當時工匠將它的功能著重於疊斗之穩定及承受垂直壓力。並不負擔最上一層斗栱層層傳遞之力，各栱之間尚留有一小空隙可為明證。

③排樓斗栱，略如前述，三川及正殿均使用簡潔有力的一斗三升，栱身比例良好，所有斗亦施抹角挑彎，細部處理頗為玲瓏秀氣。三川所用栱之栱眼及下皮葫蘆屏曲線至為流暢，而正殿排樓所用栱之栱眼小，指在上皮凹下一小缺口，下皮亦同。前殿與正殿之建造年代或有不同，亦或當年為兩派匠師之對場作?這些歷史問題可能要在實際解體修繕時才能獲得解答。

（四）雕花材

①頭巾──三川及正殿均施卷草紋，尚未見螭虎頭出現。

②束隨及看隨──各殿束隨並非緊跟束木，承襲泉州派之傳統做法。架內一架或二架且用小托木取代束隨。三川殿多用植物題材，拜殿及正殿則出現螃蟹及麒麟、玉兔等生動的題材，頗令人感到興趣。

③托木及岔角──三川之二通及三通均用小托木，正殿二通即使用員光。雕飾能以卷草為主，螭虎題材尚未全面出現。易言之，尚未將螭虎系統化，因而雕花顯得較自由。大樑之下的岔角用飛魚，前後殿風格不同。

④斗抱——及斗座草，都使用卷草紋，拜亭二通及箌牽樑上有很精緻的作法，至於排樓面的斗抱，則為與彎枋下皮曲線配合，是一項缺點。

⑤員光——三川步通、拜亭二通及箌牽樑、正殿步通與二通下安置員光，雕工精湛，是龍山寺木雕藝術精華之重點。

第四節　彩畫及泥塑裝飾

龍山寺就像其他台灣的寺廟一樣，在人們視線可及與容易注意之處施以精美的彩畫。三川正面，門神、封簷板及壽樑是第一眼可以接觸的部分。自上而下，我們分析龍山寺的彩畫及油漆。橡木施黃底黑線的所謂「虎斑紋」。桁木漆朱紅色，中脊桁繪「雙鳳及太極八卦」，八卦外緣繪雲紋式的包巾。頭巾、托木、束隨、看隨及員光等透雕構件，多以化色（退暈）法為之，以朱、綠、青及黃色為主。束木由於不做肥身，在枋材上繪花草或螭虎團，尤以拜亭之螭虎團造型最佳。斗本身並未在每面勾勒較細緻的紋樣，只在斗腰漆上朱色，這是一般的傳統的作法。瓜筒施退暈法，瓜腳以朱、綠、青三色變化。通樑垛投以卷草花卉或螭虎團處理，垛仁施以花草國畫，雖不稱華麗，倒也還頗有變化。這些大部分都日據時期及民國四十七年重繪的。垛頭（藻頭）是較細膩的功夫，挑簷桁上出現很好的硬團香爐紋樣，垛仁內分別繪「九龍灌浴」、「皆大歡喜」及「四睡圖」，板路亦施連續之圖案。三川大楣上繪「夢遊月宮」、「仁貴救駕」。次間大楣左為「黃龍祖師渡召純良」，右為「志公渡梁武」。步口架樑上繪「平溪三笑」及「李白醉酒」。三川架內三通上繪卷書，亦可視為一種包巾。斗腰、斗底、栱背及雞舌下皮多漆朱紅色。

拜殿捲棚雙桁前繪兩隻鳳凰，象徵「兩儀」，後繪「四象」。雕花材貼金，束木繪軟團螭虎，二通上又出現卷書形的包巾及拂塵、寶劍、香爐、琴書及卷草等題材。大通樑有精美的垛頭分段，左邊為「天人降龍」，右邊為「三藏取經」，邊垛並配以八仙。

正殿木作煙漬很厚，彩繪頗難辨識。就目前所能確定者而言，通樑垛仁為淺色底，上施墨圖。瓜筒用色較多，左右棟架二通上的瓜筒分別

以金箔貼出「金玉滿堂」四字。比較起來，前殿及拜殿的彩繪用色較多，且繪製手法較精細。

　　泥塑部分，龍山寺的藝術水準甚高。三川殿墀頭置番人抬廟角，衣著用陶片剪黏，形狀栩栩如生。水車堵內亦安置許多泥塑裝飾，人物房舍皆點睛之妙的表現。三川步口廊牆又有祈求（旗球）吉慶（戟磬）泥塑，人物頭部浮出壁面特多，並施彩繪。龍山寺泥塑水最高者當推龍虎壁上面的水車堵，其題材仍以八仙故事及歷史演藝為主。燕尾脊上的螭虎造型尤其生動，細緻而不失渾厚之感，正殿步口廊山牆又有書卷泥塑，雖然略有剝落褪色，但仍可看出巧匠之藝。

　　屋脊剪黏及泥塑毀損甚多，但仍可窺其原貌之精華。三川中脊使用剪黏繁簡適中，上置雙龍。脊垛以麒麟、鳳凰及花草為主。上馬路以蔬果裝飾，下馬路則以水族為主。垂脊排頭部分毀失，但仍可看出武場人物帶騎之題材。正殿脊垛以泥塑的硬軟團螭虎分為三段，垛仁內以剪黏製作卷書、香爐、花瓶等器物。另外山牆外側的鵝頭墜飾工亦精，左右略異，當為對場之作。

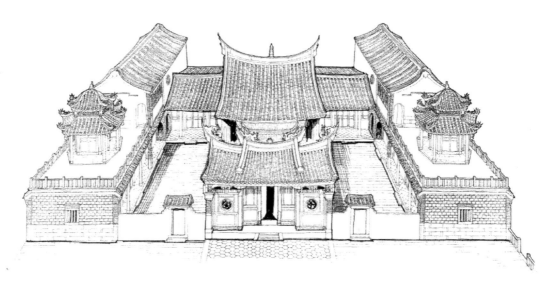

鳳山龍山寺建築透視圖。

台灣南部鳳山龍山寺，庭院樹立許多石碑。

鳳山龍山寺為「工字殿」佈局，中央置穿心廊。

第十四章　鳳山縣新城

第一節　清代鳳山縣新城的歷史沿革

　　鳳山縣城在台灣歷史上曾扮演重要的政經角色，因此深值進一步歷史考證研究。在清代曾將縣城易地，因此形成兩座鳳山縣城，一座在興隆莊，即今高雄市左營區。另一座在下陂頭，即今高雄縣鳳山市。兩座城相距約七公里，各具特色。從地理與形勢方面比較，興隆莊有蛇山、龜山、半屏山與蓮池潭為天然屏障，自然景觀優美。但因鄰近蛇山與鼓山，易攻難守，在清代的幾次變亂中曾遭攻破，因此乃有遷城至下陂頭之舉。

　　下陂頭位於興隆莊之東，地勢平坦，附近有鳳山。據清初康熙末年所修《鳳山縣志》載：

> 「有橫列於東南形似飛鳳，曰鳳山（旁有二小石如翅，故名）。又有數小峰圓淨豐滿，錯落於鳳山之東北者，曰鳳彈（形如卵，俗呼鳳卵，文廟視此為案山）。其在西南而與鳳山相附者，曰鳳鼻（有小崙形似鼻，故名）。」

鳳山這一帶在清初即顯露出它兵家必爭之地的重要性。

　　清初康熙年間鳳山縣城定在興隆莊，尚未築城。而當時下陂頭為一處商賈輳集，有店屋數百間的街市。據《鳳山縣志》所載：

> 「莊社街市，惟此為最大。」

意即其市街繁華程度冠於全縣，比縣治興隆莊還要熱鬧。

　　「下陂頭」即是今天的鳳山市，下陂頭的地名可以佐證當時有水塘，「陂」即埤，蓄水為池，以利灌溉。下陂頭街之所以成為鳳山縣城是有緣故的。清乾隆五十一年（西元 1786 年）因林爽文事件，南部莊大田響應，興隆莊的鳳山縣城被攻破，官民死傷甚多。乾隆五十三年（西元 1788 年）事平後，官民協議移建新城於下陂頭街，此為新鳳山城之

由來。而興隆莊則被稱舊城。

關於新鳳山縣城之城池，光緒二十年（西元 1894 年）由廩生盧德嘉彙纂的《鳳山縣采訪冊》述之甚詳：

> 「乾隆五十三年，始建竹城，環植刺竹，編棘為籬，聊蔽內外而已。嘉慶九年，知縣吳兆麟倡建四門，分為六座。大東曰朝陽，小東曰同儀，亦曰東便。西曰景華，南曰安化，北曰平朔，其外門曰郡南第一關。」

這段記載使我們了解到鳳山新成的六座城門的門額。而且，東門分大小二門，北門外有外廓。

《鳳山縣采訪冊》又載：

> 「道光十八年，知縣曹謹就六門上曾建城樓各一，復於四隅築砲台六座（東北隅、西南隅各一，東南隅、西北隅各二），外濬濠塹（東面即東門溪，餘三面即內濠溝）廣一丈二尺，深一丈一尺，周一千一百二十丈。」

這裡描述了城濠的周長與城濠的寬深尺寸。又載：

> 「咸豐四年，參將曾元福建築土牆，高八尺，寬二尺，上無雉堞，周如濠之數，牆外仍植刺竹。光緒十八年牆圮，李邑侯淦命眾業戶重修。」

據此，我們了解到鳳山城建築的過程，條列如下：

1. 乾隆 53 年（西元 1788 年）—環植刺竹，編棘為籬。
2. 嘉慶 9 年（西元 1804 年）—建六座城門。
3. 道光 18 年（西元 1838 年）—六座城門上建城樓，又築六座砲台及外濬濠溝。
4. 咸豐 4 年（西元 1854 年）—建土牆，上無雉堞，牆外仍植刺竹。
5. 光緒 18 年（西元 1892 年）—土牆傾圮，再重修。

鳳山城池在光緒二十一年（西元 1895 年）台灣割日之後，逐漸改變，從 1910 年代所攝照片得知，東門、東便門尚存，但已無樓，其於

城門因拓路之故可能遭拆除。城牆因係土築，也日漸崩塌。東門城門約至 1920 年代才拆除，只餘東便門，而門內的打鐵街仍保存下來，這條打鐵街在清代文獻中已提及。

依據最近幾年之勘察，南邊與西邊的城濠尚存，且仍有水流，成為市區之排水溝，北邊的城濠有部分乾涸，東面的東門溪經濬寬，成為大排水溝。所有的城牆皆不存，但砲台仍保存三座，包括東南隅的「訓風」砲台、西南隅的「城瀾」砲台與西北隅的「平成」砲台。城門則只餘東便門，門外尚保存一條石板橋。

第二節　鳳山縣城之規模與形制

鳳山縣城相對於在左營的舊城，可謂之新城。這座城池之規模與形制，不但異於舊城，也與台灣其他清代城池不同，值得分析比較。

前已述及，鳳山新城之興築源於清乾隆末年林爽文抗清事件，舊城被攻破，縣令集典史等文武官員多殉職，邑人乃有遷移縣治之議。在乾隆五十三年（西元 1788 年）初建，其規模據後來《鳳山縣采訪冊》所載，周圍應與城濠長度相近，即一千一百二十丈左右。

再據 1920 年代之鳳山市街地圖，當時屏東支線火車已通車，鳳山車站設於北門之外，而大部分的土質城垣仍存。它的城池形狀頗罕見，為不規則之形，有如元寶，北段城牆向北突出，東段城牆則向東突出，整體形狀有如靴子。

關於這座有如元寶形的土城，我們不妨從交通因素來作解釋，按嘉慶九年（西元 1804 年）知縣吳兆麟在「外北門」所題「郡南第一關」，可知鳳山城是台南城以南最具軍事、交通及政治地位之城市。它的北門向北突出是很自然的事，因為北門即是通往台南之門戶。至於東門向東突出，則又是交通因素，出東門，過下淡水溪，可銜接廣大的阿緱（屏東）地區。

當然，另外一種解釋是地質因素所造成，嘉慶十一年（西元 1806 年）的蔡牽事件，新城被攻陷，事後有人認為新城所在的陂頭土薄水淺，

地苦潮濕，比不上舊城負山面海之形勢。所以鳳山新城之牆垣為因應土質軟硬條建，乃建造不規則之形狀。也許，另亦有風水因素之影響。

我們依據古地圖及現代航測地圖疊合比較，清代的鳳山城就浮現出來了。從鳳山龍山寺的一對木雕窗聯可以反映鳳山城之地理特色，聯曰：

「東門保泰，南海流芳，靈通鳳彈，德普海疆。」

鳳山古稱「下陂頭街」或「陂頭街」，隨即埤塘，蓄水以為灌溉。地勢雖較低，然其地理位置居中，北通郡城台南，南通前鎮港口，西出打狗港口，東出下淡水溪流域。

鳳山城的北邊有武洛塘山，東南邊有一座狹長形的山，臨海端首昂如冠，最為圓秀。旁列二小峰，形若飛鳳展翅，這是「鳳山」名稱之由來。清代鳳山八景，其中「鳳岫春雨」即指秀麗之鳳山。在鳳山尾端的幾座小山嶺，更是圓潤秀媚，猶如鳳卵，人們稱之為「鳳彈山」。總體看起來，鳳山城附近的環境是很優良的。

其次，我們依據文獻方志與現場勘察史料，來分析鳳山城內的街道佈局。鳳山城的街道採用中國傳統上常用的「丁」字系統，即東西大街與南北大街均非直線相通。鳳山城的北門內有「內北門街」、「頂橫街」、「和安街」與「中和街」。東門內有「下橫街」與「草店尾街」。東便門內有「打鐵街」。西門內有「永安街」、「縣口街」、「大廟口街」與「草店頭街」等。

街道中以「和安街」、「大廟口街」、「草店頭街」及「草店尾街」等最為繁榮，幾座大廟也都分佈於此。例如和安街一帶以城隍廟為中心，大廟口街以「雙慈亭」為中心，這是以供奉媽祖與觀音為主的寺廟，香火鼎盛，冠於鳳山地區。草店尾街則以龍山寺為中心，這是一座創建於乾隆出年的古剎，至今仍保存古貌。

鳳山縣城內逐日為市的街道有外北門街（武洛塘街今鳳松路），和安街（翠桐腳街，在北門內今中正路），頂橫街（新打路街）、縣口街（石橋仔街，據推測應有一石橋）、登瀛街（今天曹公國小附近）、永安街（西門內，今之中山路西段）、大廟口街（菜市仔或柴市仔，今之三民路）、

仁壽街（三角通街，今之光遠路）、寅餞街（魚仔市或鴨仔市）、大老衙街、中和街（中街，今之中正路中段）、慶安街、仁和街（草店尾街，今之三民路南段）、下橫街（今之中山路）及打鐵街。另外在小東門外有過溝仔街，亦屬逐日為市的街路。我們嘗試將這些老街名繪入地圖中，並與今天的街道相比，復原了清末之鳳山城。

城內的主要公共建築很多，顯示清末的鳳山城大體上已發展成熟，現依據盧德嘉《鳳山縣采訪冊》作一整理如下：

1. **縣署**—坐北朝南，大小五十間，嘉慶九年（西元 1804 年）由知縣吳兆麟建。包括大堂、二堂、三堂、花廳、幕廳、內室、頭門及儀門。門左有福德祠，門右有監獄。道光十八年（西元 1838 年）知縣曹謹重修一次，增建水心亭，以驗圳水之多寡。咸豐三年（西元 1853 年）因林恭事件，縣署遭焚燬，後由代理知縣鄭元杰修葺完固，光緒十九年（西元 1893 年）再由邑侯李淦重修。

2. **典史署**—在縣署左側，嘉慶九年（西元 1804 年）由知縣吳兆麟與典史談堃建。道光十八年（西元 1838 年），知縣曹謹修。咸豐三年（西元 1853 年）被毀，知縣鄭元杰重修，後再由典史梁調昌重修。

3. **南路營參將署**—在南門內，乾隆五十三年（西元 1788 年）建。大小四十八間，包括頭門五間、門外左右各二間、大堂三間、堂左四間、堂右蕭曹祠三間、二堂五間，左右兩廊各三間，上房五間，左右兩廊各二間，官廳五間、廚房四間。咸豐三年（西元 1853 年）被焚燬，後由參將曾元福、葉承輝重修。署前有洗馬池。

4. **中軍首備署**—在參將署東側不遠，舊為台募公廳，大小九間，創建何時莫考。道光二十八年（西元 1848 年）改作衙署，光緒十八年（西元 1892 年）首被王得凱修，增建後房一間，凡十間。

5. **倉廒**—在縣署之後，計十間。嘉慶九年（西元 1804 年）由知縣吳兆麟建。道光十八年（西元 1838 年）知縣曹謹修。咸豐三年（西元 1853 年）再由知縣鄭元杰重修，但後於光緒十四年圮毀。

6. **義倉**—在鳳儀書院照牆內左廊，平列九間。同治十二年（西元 1873 年）勸捐民穀六千餘石，董事生員王應運監理。在光緒年間倒壞。

7. **鳳城鋪遞**—即驛站，在參將署內。

8. **火藥庫**—在縣城中軍衙右側，計八間，環植莿竹，外濬溝渠，周里許咸豐三年（西元 1853 年）被逆截水灌壞，後由參將曾元福修。光緒十八年被風損壞二間，後再由守備王得凱重修。

9. **鳳儀書院**—在縣署東側，屋三十七間，包括正中廳事三間，左右官廳房各二間，兩廊學舍十二間，講堂三間，頭門五間，義倉九間，聖蹟庫一間。嘉慶十九年（西元 1814 年）候選訓導歲貢生張廷欽建。光緒十七年（西元 1819 年）舉人盧德祥重修。

10. **試院**—在鳳儀書院東側，屋三十六間，大堂一座，大堂前閩童廊號十間，座位四百號。大堂後穿心亭一座，亭左粵童廊號六間、座位二百四十號。亭後卷廳事一間，左右官房各三間，廚房一間。廳事後為奎樓，樓左房屋五間，光緒元年（西元 1875 年），增貢生蔡垂芳董建。

11. **奎樓**—在試院之後，分為上、中、下三層。光緒九年（西元 1883 年）生員丁星輝董建，尚未完竣即在光緒十八年（西元 1892 年）被颱風吹倒。

12. **玉皇宮**—天公廟，額曰靈霄殿，在登瀛街。大小九間，創建何時咸豐三年（西元 1853 年）董事林港河等重修。

13. **天后宮**—額曰雙慈亭，主祀媽祖，後殿祀觀音，故名，俗呼大廟）。在縣署南，屋十八間，乾隆十八年（西元 1753 年）陳光明董建。

14. **湄洲宮**—在登瀛街，俗稱興化媽祖廟，屋七間，道光二年（西元 1822 年）黃漢樓修。

15. **內北門街媽祖廟**—屋有二十二間，道光十八年（西元 1838 年）林艷山董建，咸豐四年（西元 1854 年）漳鎮公標重修。

16. **四聖廟**—在參將署旁，除祭祀天后外，兼祀關帝、火德星君、馬明尊王。屋六間，乾隆五十九年（西元 1794 年）李紹曾建，道光二十九年（西元 1849 年）稿房陳志行修。

17. **龍山寺**—奉祀觀音，在大東門內，屋十二間，乾隆三十年（西元 1765 年）居民建，嘉慶十二年（西元 1804 年）陳可寄重修。道光十五年（西元 1835 年）張源裕重修，同治十年（西元 1871 年）隆益號再

修。

18. **廣寧廟**—即三山國王廟，奉祀客家及粵籍人士所崇拜之清化威德報國王、助政明肅寧國王、惠威宏應豐國王。在三角通街，屋六間。乾隆二十年（西元 1755 年）韓江募建，同治十二年（西元 1873 年）洪大吉重修，後殿為昌黎洞。

19. **城隍廟**—在鳳儀書院西側，屋二十八間，嘉慶五年（西元 1800 年）建，咸豐九年（西元 1859 年）歲貢生吳春華修。

20. **龍王廟**—在縣署東側，與城隍廟比鄰，屋三間，道光二十三年（西元 1843 年）知縣魏彥儀建。

21. **東嶽廟**—在參將衙右側，奉祀仁聖大帝，又名六將廟，與四聖廟比鄰，屋七間，同治四年（西元 1865 年）中軍趙品建。

22. **同安廟**—奉祀清水祖師、保生大帝、天后與張舍人，在中和街，屋四間，同治十二年（西元 1873 年）舉人王希維修。

23. **曹公祠**—在鳳儀書院頭門內左畔，屋四間。奉祀邑侯曹謹，咸豐十年（西元 1860 年）建。

24. **昭忠祠**—舊名斌忠祠，又稱為義民廟，在西門內，屋五間，道光二十七年（西元 1847 年）建，光緒十七年（西元 1891 年）邑侯李淦重修。

以上諸建築有的尚存，或已改建，或早已不存。我們憑藉這些公共建築可以了解清末鳳山城內之民間信仰及社會習俗。例如城內有泉州廟，也有泉州南部的同安廟，也有客家人崇拜的三山國王廟，顯見當時城內各籍移民並存。目前尚存在的公共建築有：雙慈亭（三民路）、龍山寺（中山路）、城隍廟（鳳岡路）、曹公祠（曹公路）、靈霄殿（中正路）、天后宮（三民路）與鳳儀書院等。其中鳳一書院幾乎仍維持清代格局，建築結構雖有破損，但價值仍很高。根據這些建築物可作地理座標，為考證清末鳳山市街組織提供重要的條件。

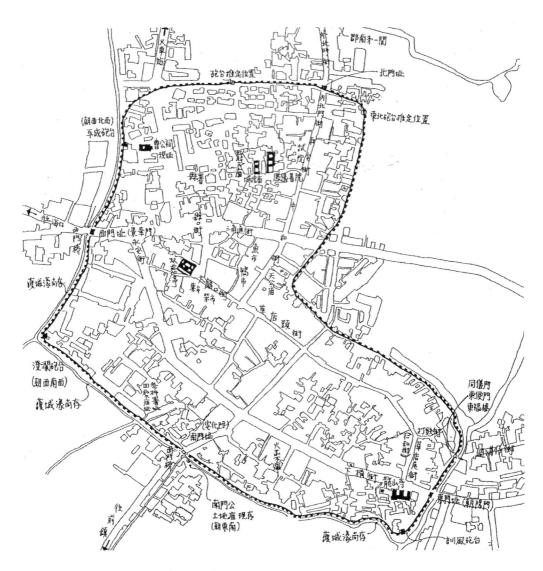

依文獻資料與航測圖考證出來的昔日鳳山新城街道圖。

第三節　城池的構造與形式

（一）城牆

清初設鳳山縣治於興隆莊時，當時市街規模小，故未設城池，而當時鳳山縣轄區內最大的街市是下陂頭。引康熙五十八年（西元 1719 年）李丕煜修《鳳山縣志》謂：

> 「下陂頭街，屬竹橋莊，店屋數百間，商賈輳集。莊社街市，惟此為最大。」

清乾隆五十一年（西元 1786 年）林爽文事件後，於五十三年（西元 1788 年）在下陂頭街新建竹城，環植莿竹，編棘為籬，成為最初的鳳山新城城牆。考台灣古代築城，以莿竹為城頗多，例如竹塹城即屬之。

道光十八年（西元 1838 年）知縣曹謹增修鳳山城，曾濬滌濠塹，廣一丈二尺，深一丈一尺，周一千一百二十丈。這周長也有助於我們了解當時竹城之周長。至咸豐四年（西元 1854 年）由參將曾元福建築土牆，「高八尺，寬二尺，上無雉堞，周如濠之數，牆外仍植莿竹」。采訪冊之記載使我們知道土牆時有如一般農宅旁的土牆，以土塹磚疊砌，牆頂舖瓦以擋水，這種構造因非夯土作法，所以不易久存。

「光緒十八年，牆圯，李邑侯淦命眾業戶重修」，采訪冊彙纂者盧德嘉脫稿於光緒二十年（西元 1894 年），盧氏之記述應深具史實價值。

我們為了探勘鳳山城池之範圍，曾循原來城址探詢遺構，但未見到完整的清末土牆，僅小東門、訓風礮臺與澄瀾礮臺附近各有一小段，亦彌足珍惜。

（二）城門

鳳山新城之城門為嘉慶九年（西元 1804 年）由知縣吳兆麟所倡建，共有六座，即大東門（朝陽）、小東門（同儀）、西門（景華）、南門（安化）、北門（平朔）與外北門（郡南第一關）等。如今保存下來的僅有小東門。

　　小東門在鳳山城之東南角，它的原始形式不得而知，至今我們尚未發現較早期的照片。但其城門洞與台座牆體仍大體完整，可作為考證之基礎。

　　小東門呈長方形，面寬 10.8 公尺，深 7 公尺。門洞方向朝東偏南約 45 度，即八卦中的巽位。台座高度約 4.3 公尺，拱門為紅磚發券而成，外拱直徑為 2.1 公尺，深有 3 公尺。內拱直徑 2.6 公尺，深約 2.4 公尺。拱之形成屬半圓拱，拱基之下則為石材。

　　現場之探勘，未發現門洞內是否有門臼，疑被馬路填住了。台座上面則未見城樓基礎或礎石，可能在近年的修繕中被掩蓋了。近年這個台座曾由地方政府自行雇工修繕，外牆以水泥修補空隙，台座上面亦舖以紅磚。

　　小東門之內門額仍存，嵌於拱門之上，額曰「東便門」，落款為道光十九年（西元 1839 年）。但外門額為近年所嵌入之物，額曰「東便門」，為大理石製。

　　城門外立有同治三年（西元 1864 年）「重修東福橋」碑記，內容所載各相關捐銀人士頗有助於我們了解當年建造石橋之背景。其中何學洙、王淵觀、鄭元輝與丁燠彩為立石主要代表，未見官銜，據此研判何氏可能為地方賢達或富商。

　　另外，小東門外牆左側緊鄰著東福祠土地公廟，若按采訪冊所載在小東門外過溝仔街，額「東福祠」。那麼這座廟原應在東門溪對岸，大概近代被遷建在小東門之外牆下。小東門的構造，台座為土石結構，大部分為台灣所產硓（石古）石，小部分為大陸來的花崗石。門拱為紅磚，應屬大陸所產之「顏只磚」。至於道光年間知縣曹謹所建之城樓，則形制無可考證。

　　我們所能看到的早期照片，有大東門的內外二種角度的照片，約攝於 1910 年代或 1920 年代。它的構造亦屬磚石混合式，台座下半段為硓（石古）石砌成，上半段為紅磚，但外表粉刷灰泥。雉堞為紅磚砌成，形如今天左營舊城所見。但城內一側的女牆並非雉堞，而是紅磚砌成空花式。或許，我們可以作如下之推測，大小東門暨為同時期所建，小東

門上之雉堞即女牆形式應與大東門相同。

（三）礮臺

鳳山新城之礮臺為道光十八年（西元 1838 年）知縣曹謹就土城四隅所築之礮臺，共有六座，包括東北隅、西南隅各一，東南隅與西北隅各二。近年經過勘察，只餘東南隅的「訓風」礮臺，西北隅的「澄瀾」礮臺與「平成」礮臺，共三座，亦彌足珍惜也。

這三座礮臺街設在城牆轉角或轉彎處，形勢險要，頗有利於防守。我們所測繪的「訓風」、「澄瀾」與「平成」三座礮臺，大小形制皆不相同，或可推證當年各座皆因地制宜，相度形勢所建也。現分述如下：

1. 平成礮臺—平面呈長方形，內側有階梯直上，壁體為硓（石古）石所砌，並略向內傾斜，使較穩固。女牆為磚所砌，外粉刷白灰泥。台面現舖以尺磚，據一般城牆作法，原亦舖尺磚。正面嵌有花崗石所刻之匾額，曰「平成」，落款為「道光戊戌年清和月穀旦，知鳳山縣事曹謹建，監生陳廷順，鋪戶林萬記、鄭榮茂監造」。礮臺上所裝備之大礮未見相關史料記載，不過應屬清代駐軍所用之中國自鑄鐵礮。

2. 澄瀾礮臺—平面呈不規則之八角形，向西、西北及向東、向南的四面較大，其餘較小。這座礮臺剛巧座落在城牆轉角處，它的北面與東南銜接城牆。當年在上面安礮，確有最好的射擊角度。牆體為卵石與局部硓（石古）石，雉堞為磚砌，外粉石灰。匾額為花崗石所雕，曰「澄瀾，道光拾柒年六月建，鳳山縣正堂曹　謹□以仁，□□協興，□同成　全立」。

3. 訓風礮臺—平面呈圓弧形，位於鳳山城東南角上，前鄰鳳山溪與城濠河流處，形勢自是非常險要。其主要構造為硓（石古）石與卵石，有如一段彎曲的城牆，與前述二座礮臺不同者是匾額嵌入城內曰「訓風，道光戊戌年穀旦，南路營參將余躍龍督造，鋪戶楊協興丁黃錫隆號張全利建造」。額石左右有泥塑之書卷裝飾，作工嚴謹。

（四）橋樑

1. 城濠石橋（東福橋）

東福橋在東便門之外，是清代鳳山城聯繫城內打鐵街與城外過溝仔街之重要途徑。據盧德嘉《鳳山縣采訪冊》丙部地輿「橋樑」篇所記載：

> 「東福橋，在東門溪上，長五丈餘，寬尺許，縣治往下淡水經此，同治三年何學洙修。」

這是方志中僅可找到的關於東福橋的文字描述。上引采訪冊中的東福橋尺寸，或有值得商榷之處，寬尺許恐有漏字，依現場度量，寬度約在六尺餘。在采訪冊中又記述了鳳山縣其餘的七十七座橋樑，其中有的長度僅八尺或一丈六或一丈八，較長的有四丈或五丈。但一般寬度都為四尺或六尺。因此我們推證東福橋原應有六尺無疑。

橋樑的構造在采訪冊中記載，「全邑橋樑凡七十七處，其中石橋五時有九，木橋十有三（南門陂、加釣陂、舊圳、芎蕉腳、若苓腳、港仔埔、枋橋、（魚隶）港陂、腹內、竹仔港、鳳山港、東港、客厝）。竹橋凡五（過溪仔、薑園、溝仔港、大竹、車路）。其不註者，皆石橋也」。據此，清代台灣各地之石橋當不在少數，如今只有鳳山東福橋仍大體上保存原貌，橋墩與橋板俱存，實乃難能可貴也。

東福橋在鳳山東便門外，東便門又名「同儀門」或小東門，為何大東門（朝陽門）外沒有同樣規模的橋樑？采訪冊中共記載了城內外的橋樑：

1. **東福橋**—在東門溪上，長五丈餘，寬尺許，縣治往下淡水經此，同治三年何學洙修。

2. **外濠橋**—在外北門濠溝上，長丈許，寬五尺，縣治往郡經此，同治七年中軍劉全修，光緒六年重修。

3. **郡南橋**—在外濠橋北數武，長八尺，寬四尺，縣治往郡經此，創建莫考。

4. **內濠橋**—在內北門濠溝上，一名內北門橋，長丈五，寬六尺，

　　同治七年中軍劉全修，光緒十八年街眾重修。

5. **西門橋**—在西門外濠溝上，長丈五，寬六尺，縣治往前鎮經此，光緒九年林元忠造。

　　從這些記載看，唯獨沒有東門橋，我們似乎可以推證當時大東門外沒有橋樑，只有小東門外有橋，即東福橋。並且這是最長的橋。至於東福橋之名，可能與小東門外過溝仔街的「東福祠」土地公廟有關，廟內祀神尚有橋公、橋媽，采訪冊中祠廟篇：

　　「一在縣城小東門外過溝仔街，屋一間，額東福祠，創建莫考。」

　　最後，東福橋在同治三年（西元 1864 年）由何學洙修，何氏之背景不詳，根據重修東福橋碑記，何氏名字與商號並列，他可能是鳳山當地的巨賈或社會賢達。

　　東福橋是台灣僅存的船形橋墩與石板構造的古橋，它的長度據實測約有 22 公尺，寬約近 2 公尺，換算古制則為長近六丈，寬近六尺，與采訪冊所載「長五丈餘，寬六尺許」相符。共有三個船形橋墩，四孔石樑。

　　每座橋墩相距約 6 公尺，兩岸邊緣亦有類似橋墩之構造，以承石樑重量。船墩兩端呈船首形，尖角約為 45 度，它的構造在四周砌磚石，內部可能填土石。構造頗為穩固。平面上看近六角形。船首形之目的為減低水流衝力。在橋墩上端，可見到石條層層懸挑，屬於一種臂樑構造，可以有效縮短石樑之跨度。

　　石樑長度約 6 公尺，由四條並列構成橋面，厚度約為 20 公分。近年在石板面之上再鋪一層鋼筋混凝土樑，以增加抗彎矩能力。未來整修時，建議應予去除，恢復原來石板橋面。

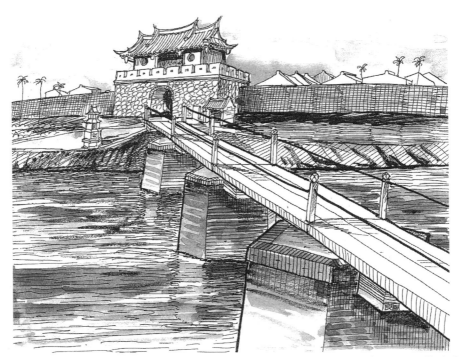

鳳山新城小東門（東便門）門外尚保存一條石板橋（東福橋），是台灣僅存的
船形橋墩與石板構造的古橋。

東便門、東福祠及東福橋復原圖。

東福橋的船首形橋墩。

第十五章　雄鎮北門礮臺

第一節　歷史沿革

一、雄鎮北門礮臺之始建

　　「雄鎮北門」為位於高雄港口北岸哨船頭的一座礮臺城堡之門額題字。長久以來，由於這座規模不大的古礮臺為人所忽略，而有關文獻或疏於記載，或語焉不詳，因而無人清楚它的來歷。近年有的文獻記述謂之清初康熙三十年（1691）由鄭經部將所建之鎮守設施，並謂為旗後前往鳳山縣舊城必經之孔道。事實上，這座小城堡並非清初之物，而是清末所建的礮臺。相對於港口南岸的旗後礮臺之門額「威震天南」，稱之為「雄震北門」。

　　查考文縣，最早出現打鼓一帶的礮臺，首先為清康熙五十八年（1719）鳳山縣志裡卷五武備志：「打鼓汛：礮臺一座，安礮一位，煙墩一個，望高樓一座；岐後汛：礮臺一大座，安礮六位，鎮標右營撥兵三十名看守，煙墩一個，望高樓一座。」這裡兩個礮臺相比較，打鼓汛顯然是個小礮臺，只安了一尊礮。不過其原始位置在何處，無法正確考證，如按港口形勢觀之，很可能即在今天「雄鎮北門」礮臺址上或附近。

　　文獻資料上初次出現最清楚而可靠的記載為清末光緒二十年（1894）盧德嘉鳳山縣采訪冊營汛礮臺有

> 「一在臨港扼要處，周里許，營房八間，大礮兩尊，光緒元年副
> 將王福祿造」。

　　另外，又同時記載

> 「礮臺，在大竹里打鼓山大棚頂，縣西十五里，周二里許，營房
> 二十七間，大礮四尊」

　　及

「一在旂後山嶺，縣西南十五里，周里半，營房二十二間，大礮四尊，光緒元年副將王福祿造」。[1]

　　按照採訪冊關於位置、規模、房舍與礮位之記述，再比較今天尚存的旗津旗後礮臺，我們可以確定在臨港扼要處之礮臺所指的即是今天的「雄鎮北門」礮臺。

　　副將王福祿的背景如何？吾人得先回溯多事之秋的同治末年。同治十年（1871）有琉球人六十六名，因風漂流至台灣南端，遭牡丹社土著殺害，其中少數獲救，幸而逃生遣回琉球。但日本藉故欲擴大事端以侵台，遂於同治十三年（1874）出兵至瑯嶠（今恆春一帶），並與土番戰於四重溪及石門。土番不敵，日人久駐不去。這時清廷始覺事態發展嚴重，乃授沈葆楨為欽差大臣，辦理台灣防務及涉外事務。

　　沈葆楨於同治十三年至台，調兵遣將，增修礮臺，準備予日軍壓力。日軍乃於年底撤兵。此即為台灣史上著名的牡丹社事件。而打狗的幾處礮臺，皆在這次事件之後獲得大修與增加礮位，防務大為增強。

　　當沈葆楨政與侵入之日軍交涉時，時臺灣道夏獻綸與沈氏所推薦的法籍顧問日意格（Prosper Giquel）與斯恭塞格（Segonzac）先至打狗附近勘察形勢。而同時被調入台灣的淮軍提督唐定奎則率軍抵達旂後，兩位西洋軍事顧問即與唐定奎商議在打狗港口建造幾座礮臺。同治十三年冬當日軍撤兵之後，唐定奎都造的旗後礮臺即已開工。至第二年即光緒元年（1875），淮軍副將王福祿因接替陣亡的王玉山而進駐枋寮，兼督造旗後礮臺。整個過程分析起來，欽差大臣沈葆楨、提督唐定奎、副將王福祿三位是同治末年與光緒初年打狗港幾處礮臺建立之功勞者。盧德嘉的鳳山縣採訪冊成書於光緒二十年，事過境遷，只提王福祿督造打狗港三處主要礮臺，漏掉唐定奎之貢獻，吾人不能不知。[2]

　　然而值得進一步討論者，乃是旗後礮臺為淮軍將領於同治、光緒之際所築，而臨港扼要處的「雄鎮北門」小礮臺是否為同時建造？光緒十

---

[1] 盧德嘉《鳳山采訪冊》，頁147，台銀本。

[2] 唐定奎來台之前，從劉銘傳勦粵捻，見羅剛撰《劉公銘傳年譜》初稿。

年（西元 1884 年），中法戰爭時，在台南的臺灣道劉璈報請修築安平及旗後之礮臺，劉銘傳向英國購買阿姆斯壯大礮，旗後礮臺及打鼓礮臺亦安裝數尊。劉璈巡臺退思錄謂：

> 「至旂后礮臺添進子藥房及南北岸改造女牆，前據委員估報需價三千七百餘金，尚飭撙節勘後，且該礮臺稍形淺露，亦令仿照安平，加築護牆，開塘式樣，量為變通辦理。其旂桿處，應築小礮臺，聯終南北兩礮臺（註按即旗後及打鼓礮臺）。據陳管帶羅復稱，該處地段未廣，難於建造，開挖地營，又礙石底；因改由旂桿處添築小礮位二座，估計工料銀三百七十餘兩。惟地勢本高，宜求合用，並今礮位之外，加築圍壘，開鑿深濠，較為穩適」[3]。

據此，那麼或可推測原先光緒元年時「雄鎮北門」雖已完成，但配備傳統中式大礮，至中法戰爭之後，才由駐台南的劉璈改裝西式大礮，並修改了礮位之構造。

一九○三年由 James W. Davidson 所著的《臺灣的過去與現在》一書中也有一段對「雄鎮北門」礮臺之描述：

> 「在打狗旗後山地方之下端亦構築一礮臺，其設計原為歐式，後又參酌華式而成者。另又築一小礮臺，其所選地位足以控制該港之門戶」及「打狗方面，當局在港灣兩側所建造的兩礮臺中，安放上年購入的四座七吋 6.5 噸，又二座六吋 8000 磅。礮口裝入 muzzle loading，礮身內刻有條紋（rifled）的阿姆斯壯（Armstrong）礮。」[4]

劉璈《巡臺退思錄》光緒八年九月初四「詳請裁減礮臺餉需並委陳總兵管帶旂后礮勇由」對「雄鎮北門」備礮記述為：

> 「旂後口南北兩岸分築礮臺各一座，購置安蒙塘（即 Armstrong）六噸半大礮四尊，四噸半大礮二尊。」

---

[3] 劉璈《巡臺退思錄》，臺銀本，臺灣文獻叢刊第 21 種。
[4] 見蔡啟恆譯，《臺灣之過去與現在》臺銀版，頁 149 及頁 152。

　　Davidson 書中所記的二尊 8000 磅大礮是否即為劉璈所言之四噸半大礮？若按公噸與英磅重量比換算，8000 磅才接近四噸。不過吾人認為乃因粗略記載所致，基本上應指同樣的二尊大礮。

　　再接下來，胡傳在《台灣日記與稟啟》中光緒十八年（1892）四月初九日記：

> 「該處新舊礮臺大小三座，舊者一大一小，在海口低山上，緊扼海港岸側。新者在港北之大平山頂。……以四哨駐大坪頂新大礮臺，以一哨分駐大小二舊礮臺。」

　　這裡所指的大坪頂之新大礮臺，即前所引鳳山縣采訪冊所說的大棚頂，其址在今天高雄壽山上，我們在西元 1968 年時曾至山上實地勘察，尚發現一些牆垣遺蹟。

二、雄鎮北門礮臺設計者之考證

　　清末道光年間鴉片戰爭之前地台灣海防礮臺多為中國傳統式礮墩，但同治末年牡丹社事件之後就完全改觀了。沈葆楨身為福建船政大臣，與西洋技師有風覆接觸經驗，他深明西洋船堅礮利之道理。故籌設安平二鯤身大礮臺及打狗旗後礮臺時，即重用洋匠。

　　光緒元年（西元 1875 年）建安平二鯤身大礮臺時，聘法國技師帛爾陀（Berthault），當唐定奎率准軍入台時，帛爾陀與魯富二人亦抵台。同時沈葆楨與臺灣道夏獻綸所推薦的法籍工程顧問日意格（Prosper Giquel）與斯恭塞格（Segonzac）亦至打狗一帶勘察適合築造礮臺之地形，這幾位洋匠對旗後礮臺及雄鎮北門礮臺之設顯然有著深厚之淵源。那麼哪一位是主要的設計者？

　　清末洋務運動時期，中國國防及軍事建設仰仗洋匠甚多，例如法人對福州船政局幫助很多，德人漢納根（Von Hannacken）協助北洋礮臺之設[5]。同治十三年（西元 1874 年）提督唐定奎及副將王福祿所聘之洋

5　見胡光麃《影響中國現代化的一百洋客》，1983 年，傳記文學出版。

匠，據羅大春《臺灣海防並開山日記》之記載為帛爾陀與魯富，前者設計督造安平大礮臺，而後者很可能即為旗後及雄鎮北門礮臺之設計督造者。西元 1916 年初版由杉山靖憲編著之《臺灣名所舊蹟誌》提到旗後礮臺由副將王福祿聘英國技師所建，連雅堂《臺灣通史》亦謂係聘英國技師所築。

　　不過中法戰爭後，劉銘傳的德籍軍事顧問鮑恩士（Baons）曾對台灣南北各主要礮臺作了一些建議，並且加以修築。打狗港三礮臺亦可能略加修葺，為了更換新購置的阿姆斯壯大礮，鮑恩士對旗後礮臺可能改動較大。

　　至於建造時徵調兵工施工，亦為當時台灣南北路各礮臺共同的作法。因此，這幾座由洋匠所設計的礮臺，或多或少帶有一絲中國建築之色彩。清末美國註台記者 James W. Davidson 在《臺灣的過去與現在》一書中謂：「在打狗旗後山地方之下端亦構築一礮臺，其設計原為歐式，後又參酌華式而成者」[6]。雄鎮北門礮臺之入口大門有如一般中國城牆，上有五座磚砌雉堞，門額上題「雄鎮北門」四個大字，我們認為這種建築樣式即是 Davidson 所謂的參酌華式吧！

第二節　建築格局與特色

　　十九世紀的海防礮臺射計經過西歐列強之鑽研，歸結出不少理論。隨著大礮之改良，威力及射程均大增，而礮臺之設置亦成為一種專門的軍事學問。十九世紀中葉之後，流行前膛礮，即前裝礮。礮臺所安裝的礮亦有礮架或礮車。礮身呈單筒狀，「前身」較細，而後端的「藥室」較粗，並留一小洞，謂之「火門」。中部凸出兩個「礮耳」，以利大礮調節俯仰角度。安置這種礮的礮臺較簡單，只要能有效地掩護即可。

　　進一步的「滑腔要塞礮」，尺寸及重量均較大，通常亦放置於礮車或礮架之上。在西元 1860 年代，礮架本身設有半圓形軌道，以利大礮

---

[6] James W. Davidson 著，《臺灣的過去與現在》，1988 年台北南天版。

迴旋。而礮管本身之鋼鐵利用冷卻壓縮原理鑄造，強度大增。英國的 Armstrong 廠及德國的 Krup 廠均生產很多型式的滑腔要塞礮或艦礮。滑腔的主要特色是當發彈時，礮之後座力使礮身向後滑動，可抵消一部份後座力。同時也發展出「後裝」礮，礮彈由後端開口送入，以「尾栓」鎖住。[7]

光緒年間台灣南北各主要礮臺所使用之礮，大多即購自英、德的滑腔巨礮，其礮臺之設計較為複雜，尤其是礮座高度及角度要精確計算。十九世紀由西洋技師在中國所建設的礮臺，通常皆具備營門、城垣、子牆、彈藥庫、觀測所及營舍等設施，茲分述之：

（一）營門

為礮臺之大門，通常以磚拱、石楣或木楣建造可壯觀瞻，並藉以別內外。門額且常由朝中重臣或地方首長提額字。如據傳李鴻章題「西嶼西臺」，沈葆楨題「億載金城」。

（二）城垣

將礮臺當成一座小型城池設計，其周圍以城垣，大多為土石構造。有時在城垣外圈仍有土城，可吸彈，城垣內有時亦挖出壕溝，更增防禦效果。

（三）子牆

即大礮前方之護牆，可掩護礮身，並防護敵彈來襲。其構造力求堅硬，多以土石、三合土或鐵水泥（早期之水泥）為之。有時子牆內側闢出尖拱形小洞，儲存礮彈，以備有事之用。

（四）彈藥庫

可安全儲藏彈藥之倉庫，並須避潮氣。通常設在礮座下方，猶如地

---

[7] 關於 19 世紀火礮可參見 David Harding《Weapons》一書，1982 年日本版由田島優及北村孝一譯。

下室或坑道，闢小孔以遞送彈藥。

（五）觀測所

在大礮旁邊之房舍，通常為以磚石拱卷建成之小屋，戰時作為礮勇計算大礮角度與彈著點之關係，以備即時修正。滬尾、西嶼西臺及旗後礮臺尚可見之。

（六）營舍

在礮城之內通常擇中央空地或利用礮座後側另築指揮官及兵勇居住之房舍。

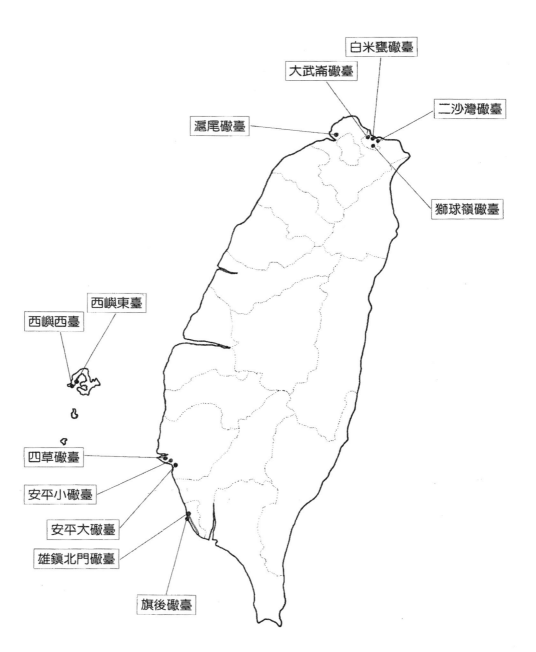

臺澎地區現有砲台位置示意圖。

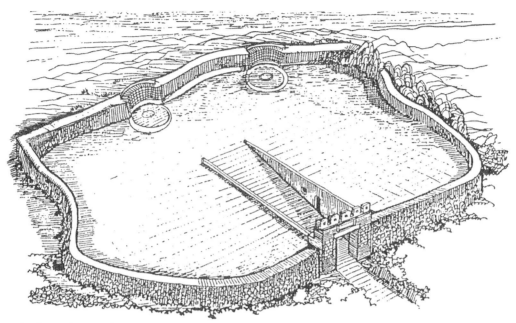

雄鎮北門全區透視圖。

雄鎮北門模型。

雄鎮北門營門正立面圖。

雄鎮北門砲座前城垣凹入成弧形。

第十六章　金門海印寺

第一節　歷史沿革

　　金門雖為福建沿海一小島，然自唐朝陳淵闢土以來，人文薈萃，文治武功皆有可觀。尤其是宋朝朱熹主簿同安，直接影響了金門的文風，奠下了金門文化之根基。金門的文化背景深厚，表現在它純樸而刻苦耐勞的民情風俗上，也呈現在它豐富而多彩多姿的建築面貌之上。

　　金門舊名浯洲，又名仙洲，明初才改稱金門。晉時中原六姓避難來到金門，有如武陵桃花源。唐朝置牧馬場，陳淵又帶來十二姓，開荒墾牧，金門人口增多，土地開闢，文物鼎盛，祠廟寺觀隨之出現。然而自古以來受到如家思想之影響，士大夫多不崇尚佛教，只有民間普遍禮佛。清代初年金門盛行持齋禮佛，鳩資設立菜堂。

　　據清道光年間林焜熿「金門志」所載，當時主要的祠寺幾乎皆祀奉古代先聖先賢，如關帝、陳淵、張巡、許遠、吳真人、清水真人及媽祖等神明，屬於佛教者幾稀，大概只有後浦東門的靈濟寺（舊名觀音亭）及少數小庵。

　　從方志等文獻上探索，金門在明清兩代的佛寺非常稀少，明代隆慶年間洪受所著「滄海紀遺」中載「九月重陽，則辦肴饌，邀二三知己，登高於太武」，人們登太武乃是重陽敬老之緣故。未提及山中有佛寺，在風俗歲時方面，提及元旦拜祖先，三月清明祭掃先塋掛紙，端午插艾，七月七夕乞巧，中元荐盂蘭，八月中秋演戲賽神。這裡的賽神大概指的是城隍廟、關帝廟或天后廟。

　　近年所修之金門縣志在卷三人民志宗教篇中亦提到金門佛寺較少之原因：

> 「金門民間，雖家家奉佛，處處唸經，然若詢以佛教旨歸，則鮮有能解者，亦惟隨俗崇拜而已。蓋因自昔士大夫皆不崇尚佛老。流風遺緒，相沿成俗故也。」

　　有了這樣的背景，或許可以理解金門的佛寺不多的遠因。清代道光年間「金門志」卷三祠祀所載，只有後埔（今金城）東門靈濟寺、太武山的太武巖寺、西山後的忘歸巖寺及小嶝鍾山的章法寺等。再據近年撰修「金門縣志」中所錄，有清末所修前水頭金水寺、古寧頭林厝保生寺（已廢）、湖美中堡觀音寺（已廢）。近年新建者有金城西門外金蓮靜苑及西埔妙香寺等。總的來說，金門的佛寺數量遠不及中國古聖賢崇拜之祠廟。

　　見諸文獻的最古老寺佛，首推太武山上的太武巖寺與金城東門的靈濟寺。靈濟寺俗名觀音亭，祀觀音大士，配祀彌勒佛、韋馱護法與十八羅漢，初建於宋末，歷經明、清修建。至於太武巖寺，它亦初建於宋朝，但原本並非一座佛寺。

　　金門的山川形勢非常壯麗，自大海中崛起，洪受形容太武山盤鬱峻拔，巖巖之勢，皆積石也。近觀之，則礧石團結。又謂其紛糾縈紆若印章篆刻，所以稱為「海印」。太武山雄偉莊厚，獨冠嶼上，海上人別呼為仙山。明朝洪武年間江夏侯周德興嘗登而為之識云：

　　　「帝典王猷，海外傳一肩行李，龍樓鳳閣，空中起百代文章」

　　在石門關刻曰「海山第一」。在這樣壯麗的仙山裡，很自然地出現了寺廟—太武巖寺。

　　石門關，是一座石楣石柱帶半圓拱的小門，額曰「海山第一」，它在文獻上初見於明洪受的「滄海紀遺」一書中詞翰之紀第九，太武巖十二奇誌與詠太武山十二奇。謂「以幽奇，則曰古石室，石門關」。詠曰：

　　　「歷徧風塵跣足還，峯頭依舊石為關。
　　　　可憐夜半未歸客，伸手無從露一班。」

　　依此描述，當時之石門關的範圍可能比現存者大；石牆也許更高更長。可惜在一九九四年，寺方不知此古建築之深遠歷史文化價值，將門兩側之石牆拆去，殊為可惜。

　　「海山第一」之題額者為盧若騰，號牧洲，十九都賢厝人，崇禎己

卯鄉科，登庚辰進士，官至海道巡撫。他的事宜與所著「浯洲節烈傳」後來由貢生黃鑭收入於「滄海紀遺」之內。

石門關之性質，應是太武巖寺所附屬的一種山寨，但它並非軍事防禦性質，依「金門志」規制所載之城寨及燉台，皆未提及。故作為山中佛寺之自衛設施是可能的。

據金門志載：

> 「太武巖寺，在十七都，祀通遠仙翁，宋咸淳間建。萬曆八年重修，黃逸所嘗讀書期間。」及「在太武山，又稱太武巖寺。宋咸淳間建，明萬曆八年修，二十八年重修，永曆十五年又重修。」

這段記載，分析如下：

1、十七都─明代將泉州同安劃分五十二都，浯洲轄隸三都，以太武山為界，山之西為十七都，山之東為十八都，山之西南為十九都。（據滄海紀遺）

2、通遠仙翁─宋時人，其先永春樂山隱士。後仙去，人稱白鬚公。初封通遠王，嘉祐間，以禱雨有驗，加封善利王，尋加廣福顯濟。咸淳中，降真浯洲海印巖，輒著靈響，島居者使作祀之。祀西有倒影塔，夜每放火，舟人遙望，以為指迷海道。祈風禱雨，悉奇應。萬曆間，邑獲劇賊，越獄而遁。知縣金枝，夢登太武山，遇神示賊處，躬渡海，詣祠以禱，如夢指，果得賊，因捐金新其巖宇（金門志、滄海鎖錄，參聞書抄）。

3、宋咸淳間─指宋代咸淳歲次乙丑（1265）。（據海印寺源考）

4、黃逸所─黃偉，字孟偉，號逸所，明代汶水頭人。性敏而愨，嘗就府小史，投筆曰：「非丈夫也」。棄去。讀書太武巖，領正德庚午鄉薦。從同年友陳珅學易，所得益深。登正德甲戌進士，授南刑部主事。（金門志卷九人物列傳）

依據上述分析，我們得到一個海印寺初建之輪廓，它原來稱為太武巖寺，供奉通遠仙翁。明洪受「滄海紀遺」中收錄許樵谷題太武巖詩曰：

> 「何處飛來海上山，何年有此洞中仙。

　　　　天寒華表歸白鶴，日暮香爐生紫烟。
　　　　桃竹杖支雲壁路，菊花杯薦石池泉。
　　　　茲遊年已八十六，誰謂相期更十年。」

　　詩中所指洞中仙，應是「通遠仙翁」。在明朝嘉靖與隆慶年間，文人登太武山歌頌太武巖不在少數，但似未出現提及太武巖是否供奉佛像，然而當時太武巖駐有和尚。據滄海紀遺載有：

　　　　「太武巖僧笑堂者，十八都湖尾人，亦有說是湖頭人，未知孰是？
　　　　頗能詩，送其二徒入京云：客路逢秋意慘悽，吳歌楚舞聽應迷。
　　　　海天一色雁雙去，山月半窺猿自啼。心動故園頻入夢，詩逢好景
　　　　易成題。落霞孤鶩西風外，更向何山去托栖。」

　　僧侶笑堂駐太武巖，或許寺中已供奉佛像，在明永樂年間，笑堂禪師由太武巖移往後浦（今金城）東門靈濟寺。據此，似可推斷，宋代所建的太武巖，已經開始轉變為供奉佛的佛寺了。

　　另再據寺所撰之「海印寺源考」載，明萬曆八年（1580）邑侯金公桂峰捐俸修葺。永曆十五年歲次辛丑（1661）因廟宇傾頹圮，浯邑信眾再鳩資重建，正殿供奉觀世音菩薩，改寺名為「海印寺」。這段記載未見出處，但已指出永曆十五年後，海印寺為一佛寺了。

　　至清代光緒年間，海印寺由一本大師住持。光緒十九年，寺方募款鑄造銅鐘一口，重七百五十觔，鐘面鑄刻「金聲玉振」與「南無阿彌陀佛」字樣，鐘現存寺中。

　　明末金門名宦盧若騰對海印寺曾留下碑記，石碑早已損毀或遺失，但碑文被收錄於清代林焜煌的金門志裡。盧若騰，字閑之，一字海運，號牧洲，賢聚人。崇視丙子舉人，庚辰進士。御試召對稱旨，時中外多警，上雅意邊才，授兵部主事，譽望大起，明末剿倭寇有功。當明亡而清兵南下時，康熙三年，將渡台灣，至澎湖病亟。夢黃衣神，持刺來謁，忽問今是何日，侍者以三月十九對，矍然曰「是先帝殉難之日也」。一慟而絕，年六十六。若騰著述甚多，上自天文地理，下逮蟲魚花草，宏通博雅。

現將盧若騰募建太武寺疏與重建太武寺碑記錄下：

◎明盧若騰募建太武寺疏：

古所稱海上三神山，以其在人世之外，故神之也。若夫人世之內，海上之奇稱者，我浯而外無兩焉。鴻漸一龍，奔入大海，天霽水澄，石骨稜稜可辨。蛇蜒起伏，挺為巨岩，盤結十餘里，全體皆石，狀類兜鍪，尊嚴莊重之勢，不屑與翠卓蒼巒爭妍絜秀，名曰太武，厥有繇也。氣脈龐厚，孕毓英多。浯地週迴不能五十里，而同邑人物，浯幾居其半焉。文章德業，尤多焜耀，至今而膺五等之封，建大將之旗，雄姿偉略，後先相望，雲臺坐位，直挾左券以需之，孰非茲山之靈異所鍾萃而發越也哉。不特此也，國變以後，沿海厭苦兵戈，浯獨不改淨土。去歲三月六日，強師襲島，颶風發於俄頃，漂檣斷帆，盡葬魚腹；島人卒免於風鶴之震，山靈禦災捍患之功，又安可誣也！山椒舊有棲神祠宇，祈禱多應。萬曆九年，劇賊越獄遁，邑侯金公躬渡海詣祠禱焉，賊旋受縛，亟捐俸倡紳士新之。歲久漸圮，念衷洪公，邦憲周公，皆浯產也；誠與神通，慨然為興復之舉，顧猶欲鳩眾成之，非無說也。蓋以生茲土，寓茲土，有事茲土者，人人皆有其心焉，各有其力焉。使人人無不遂之心，無不殫之力，則功之就也必速，而澤之流也必長，此二公之志也。抑尤懷獨為君子之恥焉。將諉是役於眾而以疏屬僕；僕亦惟敬述二公之意，以愨惠諸有心有力者，有以知其無所強而欣然竟赴也。夫天下之事之藉人心力者多矣，誠師二公此志，引而伸之，即天下大事無難矣，區區岩宇言乎哉。

◎明盧若騰重建太武寺碑記：

海上各島，浯洲最著；諸島名山，太武最著。夫其含氣厚而毓精繁，僅以十二奇概之，膚已。舊傳山椒嘗有玉筍自天而降，宋咸淳中始建巖宇，祀樂山通遠仙翁，浯人祀之，有禱輒應。隆慶壬申，郡貳守少鶴丁公，以汛事至止，陟巔搜奧，題刻二詩而去(丁肖鶴登太武山題詩刻)。萬曆庚辰，邑侯桂峯金公，感異夢，詣祠躬謁，捐俸而修飾之。嗣後屢圮虞葺，而規模漸縮於初。　國變以來，獨吾島為一片乾淨土。辛卯二月三日之霧、丙申三月六日之風，變而俄頃，出人望表，雖云天意，亦藉山靈。忠振洪公，

慮名區之蝕晦、期勝事之蟬聯，倡議鼎新，率先檀施，而周、戴
二都閫復同聲響應焉。其措巧思而勤董督者，山後義士陳膺授、
坤載兄弟也。經始於辛丑初春，落成於秋杪，殿臺亭館，迥異舊
觀。上自勳鎮鉅公、下逮土著編戶，各伸願力，人數頗多，難以
悉登諸石，乃備錄一區，揭諸神祠，爰彰一時機緣之盛。而茲磨
崖勒記，第列廢興本末、營建歲時，俾來者有所考焉。洪公名旭、
周公名全斌、戴君名捷，作記者盧某，皆浯產也。

另外，近年重修又留下二座碑記，錄下參考：

◎海印寺重建誌：

海印寺又稱太武巖寺，宋咸淳間建，明萬曆八年修，二十八年重
修，永曆十五年又重修，民國三十八年後共匪為患，盤據大陸，
隔海砲擊，禍延如來，致殿宇蕩然，人神共憤，四十七年冬，魯
南劉公壽如上將鎮守金門，悉力經營戰場，朞年百廢俱興，名區
勝蹟亦與焉，乃於四十九年春又鳩工重建，及月而成，殿台亭館，
迴異舊觀，爰為之銘曰：太武之巔，慈雲環繞，維神所繫，香火
裊裊，厥靈赫赫，載祈載禱，民康物阜，神佑浯島，海山第一，
勝蹟可考。毋忘在莒，領袖示昭。鍾靈毓秀，文物華表　王師雲
集。金城確保，詎匪肆虐，廟宇傾倒。人神共殄，殲彼群獠，爰
議重修，闡揚佛道。新殿落成　河山再造。海印寺重建委員會主
任委員陳卓凡，中華民國四十九年五。

◎海印寺重建記：

時為民國四十七年八月二十三日，共匪無端砲虐，望圖以火海陷
我前哨基地，歷時四十餘日，濫射六十餘萬發，使我廬舍為墟，
古寺泰毀，激起人神共憤，以至其極。本部戍守金門，懷承戰地
政務兼主任委員劉上將安祺經營戰場之旨，在修建會策劃之下，
保存古蹟，闡揚佛教，乃鳩工一排，於二月動工，幸賴同仁運用
高度智力，發揚克難創造精神，經三月落成，亭台肇造，佛殿重
光，記此名山勝蹟之重建，與反共復國之功業，同垂不朽。實踐
部隊長陳桂華承建，中華民國四十九年五月。

民國五十八年，地方人士及釋月悟，募捐款，於寺前闢地新建樓
閣二座，曰「龍樓」、「鳳樓閣」。上懸鐘鼓，下藏經典。又闢寺
後坡地，增建大雄寶殿，供奉三寶。民國七十一年再度重修。

◎附錄新建太武山龍樓鳳閣誌：

太武為本邑名山，雄偉莊厚，獨冠島上，明江夏侯周德興，嘗登斯山而為之讖云：「龍樓鳳閣，空中起百代文章」，以故金門往昔人文煥發，科甲聯登，蓋為山靈之所鐘毓也。山之海印寺，建於宋咸淳年間，歷今七百餘載，香火仍盛，每當春秋佳日，邑人聯袂登臨，尋幽探勝，極遊目騁懷之娛，顧孤寺巖棲，梵宇湫隘，僧侶無藏經之室，遊人少流憩之亭，浮屠月悟，思為名山添勝，議於寺前兩側，增建樓閣二楹、上懸鐘鼓、下藏經乘，歲戊申，以所議商於眾，同人等嘉其宏願，爰為籌倡，賴各方善信檀越，踴躍輸將，於是鳩工庀材，破土興建，歷時半載而告竣焉，值茲中華文化復興之際，金門精神光芒萬丈，而斯樓之建，蓋將應運而興，因取周讖以名行之，行見暮鼓晨鐘，彰天聲而喚世夢，金繩寶筏，開覺路而渡迷津，奮揚正氣文風，光復中華故土，是雖區區小築，而意義則甚深長，因樓之成而為之記，至捐款芳名，另勒一石，以彰善德焉，建築委員會主任委員陳卓凡，副主任王秉垣，委員傅永成、張西湖、李怡來、謝宏榮、歐陽晚池、許金培、許乃源、李景商、王安開、石炳炎、李中雄、李智中、顏西林、吳炯偉、許加壯、張漢棟、陳金穆、蔡振益、楊正國、陳勇鵝、洪福田、孫水泉、陳水炎、李世琅、釋月悟。李怡來撰，李世琅書。中華民國五十八年二月穀旦。

第二節　建築格局與特色

一、平面佈局

　　海印寺座落在太武山頂，它的方位坐東南朝西北，三面環山，巨石嶙峋，前面開濶，自然形勢極佳，既幽且深，古人獨具慧眼，選址於此興築太武巖寺。寺之背後負巨石，有石室，納為海印寺之一部份，可謂結合人工建築與自然山岩而成佛寺。

　　寺之原始佈局應與現狀大致脗合，因山谷中不太可能有第二種佈局了。寺之平面佈局並不屬於中國傳統佛寺之作法，亦即沒有山門、天王

殿及藏經閣等內容。從這裡，似乎也可以佐證海印寺之前身太武巖寺並非供佛的佛寺。

　　海印寺的現狀佈局，各殿之大小與地形高低相配無關，在中軸線上，從向前後依序為鐘鼓樓、方池、拜亭、大殿、後殿與古石室。其中，鐘鼓樓為「龍樓」與「鳳閣」，為一九六九年所新築，由地方人士與住持釋月悟所募集捐建，樓上懸鐘鼓，樓下藏經典。鐘鼓樓之屋頂採單簷的歇山頂，平面近正方形，單開間，四面闢門窗。屋簷起翹，但未做吊筒，簷下略顯單薄一些。出平座，圍以水泥磚矮欄。樓下置迴廊，四隅各置一柱。雖為水泥構造，但外觀形式頗玲瓏而輕巧，為海印寺增添一景。

　　方池位於拜亭之前，稱「蘸月池」，平面呈長方形，四周圍以石欄，泉水係自岩石縫中流出，水量並不大，但水質清淨。

　　大殿與拜亭相連，是一種常見的閩南小型寺廟形式，拜亭為一座四柱亭，用歇山頂，屋頂與大殿簷口相接。既可作為祭拜空間，設置香爐，又可充為遮陽擋雨之用，頗能符合南方炎熱的氣候。

　　大殿內供奉觀音菩薩，兩側山牆內供奉十八羅漢。平面簡潔，殿內可見到四點金柱獨立其中。後牆左右闢圓拱門，可出後殿。

　　大殿之後緊臨山岩，岩石凸出地面，似為龍脈而保留，稱安心石，並且尚有一小石窟，其位置恰在正殿中軸線之後，顯係重要原物。

　　石窟之上近年建六角亭，並有階梯可登上後殿之平台，平台左右各有一側室，拱立於後殿之左右。後殿亦一九六〇年代所建，為鋼筋水泥結構。屋頂採歇山單簷，不過係在硬山頂四周圍以四坡頂而成。殿內供奉三寶佛，現被稱為大雄寶殿。

　　後殿之後，為巨大岩石，有石階可登，巨岩之下有洞穴，洞口外設石楣與石柱，額曰「古石室」。這即是文獻上所載仙翁之石室了。石柱之形制頗古拙，可能為宋代或明代物，應具很高文物價值。

　　綜觀海印寺佈局，前後進深很長，且因應地形，依勢而生，層層佈局，最後以古石室終結，一氣呵成，不失為緊湊有力之空間形式。

二、建築構造

海印寺在一九五八年金門砲戰時遭到嚴重的損毀，大部分的殿宇均在一九六〇年之後重建。因此，在現存的殿宇之中，大都加入鋼筋水泥結構補強，只有台基與牆體仍保持石構造，而屋架也只剩裝飾構件為木製。不過，金門的民居與寺廟累積了數百年之傳統，地方工匠仍然承繼古老的營造手法，重修的海印寺即出自金門老匠師之手，例如住在小徑的張振華匠師即參加一九六〇年代的重修工程，甚至一九八〇年代初期拜亭屋頂之整修亦出自其手。因而，我們對海印寺之建築分析，仍然從傳統作法之角度視之。

先分析拜亭，拜亭為一座四柱亭，立在大殿之前，結構與大殿相連，可歸類為「殿前帶軒」之形式。在金門、澎湖與台灣的中小型寺廟常見此作法，可收祭拜之便與防雨防曬之效。海印寺拜亭平面並非正方形，面寬略大於進深。四柱法，立於高大的台基之上。屋頂歇山單簷，不作燕尾脊，出「八字規」。上端平直，為金門寺廟所常見。

棟架使用「六架捲棚」，前簷口以樑頭及斗栱出挑，簷下置「捧前桁」，不出吊筒，看起來較簡潔。大通已改為水泥樑，上置方形斷面「蜀柱」，通樑下無「托木」（雀替），顯係簡單作法。「二通」上置一對獅象，上疊三斗，「束木」齊全，但位置裝設有誤，棟架缺乏系統，此當為重建時舊料運用之結果也。

其次，正殿的形制，面寬三開間，進深四間，深度大於寬度。屋頂為兩坡硬山式、形式硬朗壯碩，它的屋頂坡度甚緩，經過實測研究，斜度為一比二，與宋代《營造法式》所定一樣。屋架有明顯彎度，亦即上升至第三架與第二架時，「分水」值提高。

正殿的台基應為明清之物，砲戰時損毀有限。因此我們認為它的平面與柱位佈局應因襲舊制。殿寬三間，故立面分割循傳統之作法，明間闢門，次間闢圓窗，這種中為槅扇門，兩旁為石圓窗或八角窗之形式，實則亦有防震作用，使屋架不易左右動搖也。

殿內可見獨立之四點金柱，此法較罕見。先談棟架，架內為「三通

四瓜一獅座」，經實測調查金柱現已改為水泥柱，推測原應為木柱，或原為石柱，遭砲擊而折斷。「大通樑」亦為水泥構造。大通上的木瓜筒近於泉州派風格，「二通樑」仍保存木造，上至二個瓜筒，「三通樑」上則置獅座，因距離短，以石獅代替瓜筒之作法，在金門他地或台灣多可見之。

　　細觀其束木之安置，束頭高而束尾低，節路優美大方。最值得注意者為其束尾出斗栱，以承桁木下方之「串木」，「串木」之作用有如清官式作法的「三福雲」，使單向出栱能增多一根橫向栱，發揮穩固作用。

　　海印寺正殿棟架使用多次束尾出斗栱之構造，在台灣少見，但在金門卻有多例，如山后王宅祠堂即可見之，這是一種技巧嫻熟的大木作法。

　　另外，正殿的棟架前帶捲棚，有暗厝。神龕之後，後軒的三架使用簡單立筒，彫飾材亦省略之。至於排樓方面（即攀間），後排樓使用彎枋及一斗三升。而明間出現五彎枋，與一般金門及台灣所見多出三彎或五彎相同。

　　正殿後牆闢左右雙門，可達後殿與古石室。後殿之地盤更高，地基之下為巨岩。後殿於一九六九年新建，被稱為大雄寶殿，供奉三寶佛。三寶佛指的是毗盧遮那佛、釋迦佛與盧舍那佛。按一般中國佛寺之傳統，寺廟中之主殿稱為大雄寶殿，然在海印寺，因後殿供佛陀，故將它稱為大雄寶殿。

　　大雄寶殿平面近方形，面寬三間，殿內只有二根後金柱，前面闢一門，與古制大雄寶殿相去甚遠。屋頂為歇山式，較特別之處在於屋頂係以雙坡頂四周加一圈單坡頂組成，雖為歇山式，但前後屋坡有一斷線，形略如重簷。其牆體皆為石條砌成，外觀頗樸實。

　　最後，後山的「古石室」是海印寺最古老的建築，它利用巨岩之石洞略加修整而成，入口處有石楣及一支石柱，石柱為抹邊八角形斷面，上端置一斗狀物，下端可見一樺洞，未知其原始用途，形制頗奇特。然無論如何，這是人工與自然相結合之古建築，深具歷史文物價值，為海印寺之寶，彌足珍惜。

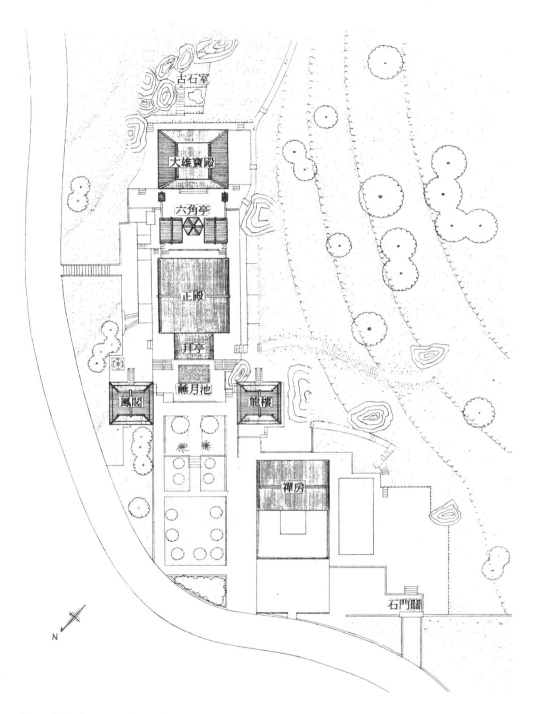

金門海印寺全區平面圖。

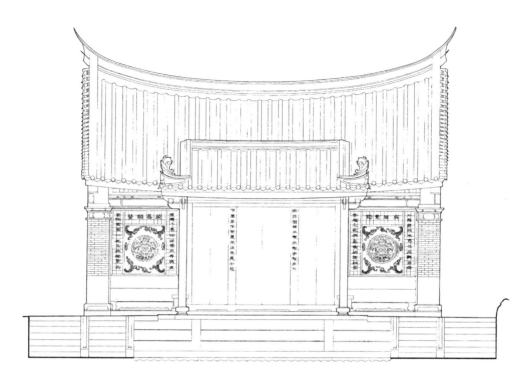

海印寺正殿與拜亭正立面圖。

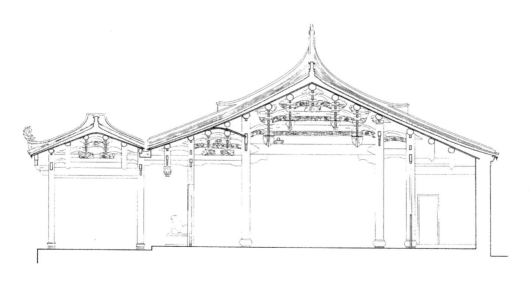

海印寺正殿與拜亭棟架剖視圖。

第十七章　金門提督衙振威第

第一節　歷史沿革

一、建造背景

金門古寧頭在近代史上無人不知，曾經發生驚天動地的戰役。然而古寧頭的李氏宗族在清史上早已享有盛名，在有清一代古寧頭人才眾多，尤以武功人物輩出。吾人深知金門古時生計條件不佳，土地貧瘠，居民每為風沙所苦。是故，金門世代居民向以魚耕讀書為志，向外謀求發展，或取功名或至南洋經商，皆有可觀之成就。古寧頭之村落又包刮南山、北山及林厝，其居民李姓為主，可謂是中國傳統的血緣性聚落，易言之可稱李家村。李氏家族源遠流長，其先祖來自中原，至清初已人丁旺盛。

位於古寧頭北山村之東界入口處的一座古宅第，里人尊稱為提督衙，本為清乾隆年間李光顯之故居。光顯因緣際會於乾隆四十二年（公元一七七七年）投效軍旅，由於他對海事熟悉，並且驍勇善戰，身經數十次大小戰役，終於累功至廣東提督。他的海上功績且與台灣歷史有著密不可分的關係。

被乾隆視為十全武功之一的台灣林爽文、莊大田之變，當時光顯被調入台駐節打鼓汛，即今天高雄旗后礮台一帶。光顯足跡亦至恆春，後又為剿海盜蔡牽，隨浙江提督邱良功並肩作戰。吾人今日且可在金門城東門邱良功母節孝坊之石柱上看到光顯聯對之落款。

李光顯投身軍旅，官至掌握兵權的提督，然而其為人廉潔，身後兩袖清風，吾人從其故居即可得證。現位於古寧頭北山村的振威第，據傳並非光顯自身所建，光顯常年在外，居故里的時間很有限。這座宅第為其兄弟所建。從外觀視之，宅第並不華麗，其格局與金門一般民居相若，而且金門許多商賈或官宅都比它更為宏偉。這種現象吾人可自光顯之為官志節與風格窺知。是故，振威第之歷史價值，主要建在其人文背景與

建築物之關連與契合之上。

　　振威第的建築物本身雖非屬於精雕細琢之華宅大屋，然而經過調查，發現它自乾嘉時期初建以來並未遭受太大的改變，基本格局及建築構造悉為初建時貌，此點至為可貴。李光顯在乾嘉時期戰功彪炳，聲名顯赫，然而它的遺物多因近代戰亂而散失，原「振威第」匾額亦不存。甚至光顯的陵墓亦因近代駐軍構築工事而遭毀，墓前之翁仲及石馬、石羊等石象生亦散落不可尋。因而，北山村僅存的故居，實更顯得珍貴。

二、初建及變遷

　　振威第的建築如前所述，雖然外觀上稱不上宏偉華麗，基本上乃屬於一種金門傳統的民居格局與樣式。在格局上言，它是由前後兩個部分所組成，這兩組皆可以單獨看待，前組為兩進兩廂的四合院，後組為緊接在後的一進兩廂的三合院。合起來看即為三進的格局。在樣式上言，面寬三開間，前廳入口凹壽式作法，側面山牆為硬山式，屋脊及規帶呈現和緩之曲線，在磚石厚牆的造型裡顯露出一絲柔和的性格。可謂剛中帶柔，或剛柔互濟之造型。這種樣式的精神特色，實即充塞著金門島的所有民居，我們可以感受到，這是金門樸質耐勞民性之精神，民性與其建築相互輝映，相互投射，此為建築史之必然現象。

　　對於振威第，不但繼承了金門傳統居民之特性，作為一座獲有功名者之宅第，當其初建時，匠師及屋主必然也會考慮及清代武官宅第之規制。按大清會典雖然對於不同品級之文武官員之朝服衣冠之色彩圖飾有所規定，但對於宅第並無嚴格之限制。事實上只要不要過份豪華或僭越即可。例如在台灣，官宅多可作為燕尾脊。在金門，則無分軒輊，大部分的居民皆可多翹脊。至於宅前立旗杆，則具有功名或中文武舉才可，旗杆象徵著正式的名器。振威第的面寬只得三開間，進深亦只有三進，出看似平凡，但其屋脊高度確比一般民房要高，當人們走進宅內時，仍可感覺廳堂高敞之氣勢來。

　　關於振威第始建於何時？也是一個不容易得到確切答案的問題。依

古寧頭籍文獻耆老李怡來先生訪查，得知這座被里民稱為提督衙的振威第係光顯將軍之兄光輝及弟光寬合力所建。因光顯一生多在海上奔波，駐守於外地，能回故里的時日有限。尚且其逝世時系在廣東提督任所，移體由感念其恩德的粵商代為收斂歸葬金門。是故吾人推斷這座北山的振威第由其兄弟親族使用時間居多，光顯將軍本人可能只有年節才有機會回家與家人團聚。

另外，據李怡來先生考證，光顯於嘉慶二十一年（公元一八一五年）擢升廣東水師提督時，其北山宅第始懸掛「振威第」匾額，那麼或許可以推証這座宅第應建於乾隆五十四年（公元一七八九年）討平林爽文變亂之後有功被擢升為千總時。或者是五十九年（公元一七九四年）任福建水師督標時所建。以上的推測若以千標或督標之官階考量之，較能與現存之北山故居規模相匹配。

基於上述之分析，吾人初步推斷這座振威第應為乾隆五十四年或五十九年前後所建。當然也許將來進行修護工程時，應特別注意其門廳及正廳中脊桁上是否仍存有初建時木匠之墨跡。按中國古代工匠之習慣，在上樑禮時，大木工匠師會在中脊桁上或下皮書以良辰吉日。這項字跡可作為最直接的證據判斷古建築之初建或修繕紀錄。

振威第在嘉慶二十四年（公元一八一八年）光顯提督逝世後，由其親族繼續居住。從目前所存建築之構造及格局觀察，至少在清末或民國初年以來皆未遭受破壞或改建。光顯提督之後代於清末民初多遷至南洋求發展，仍留居北山故居者甚少，故能完整地保存這座古宅。

據我們訪問北山村之老者及鄰居，約略得悉振威第近代之變遷。根據北山村居民李朝壯及李榮勵兩位老先生之回憶描述，民初至民國三十八年（公元一九四九年）時期內，振威第由光顯嫡派後裔李光明先生之叔父居住。民國三十八年至三十九年由於國軍駐守金門島，古寧頭又發生慘烈的戰役，整個北山及南山村受損甚大，國軍與登陸共軍進行巷戰，建築物十之八九遭受毀壞。振威第的外牆上尚可建許多彈痕。

從民國三十九年（公元一九五零年）至民國四十四年左右，振威第充為古寧頭的國民學校校舍，為了增加教室的光線，門廳及正廳左右山

牆皆被鑿開數個長方形窗子。

　　民國四十四年（公元一九五五年）之後，古寧頭新校舍落成，振威第空出來轉由軍隊單位進駐，駐軍將室內的棟架及桷木塗刷白色油漆，部分木屏塗刷草綠色油漆。不久之後又轉為理髮部，直到民國六十年左右才遷出。這時振威第遂變成一座無人居住的空屋。近年，一位光顯提督的後裔因年老且行動不便，暫住於正廳一隅。

　　民國七十七年（公元一九八八年），正廳右前廂房因年久失修，遇颱風來襲而傾倒，亦波及前廳及正廳之屋簷。最近一次破壞為民國七十九年（公元一九九零年），前廳右房之外牆整堵倒塌，石窗及角柱皆受損。綜合上述之沿革，振威第從初建至今，可以下表簡扼說明之：

1. 乾隆五十四年（1789 年）——光顯任澎湖協右營千總，振威第可能始建。
2. 乾隆五十九年（1794 年）——光顯調任福建水師督標，振威第可能始建。
3. 嘉慶二十一年（1815 年）——光顯升廣東提督，宅第懸振威第匾額。
4. 嘉慶二十四年（1818 年）——光顯逝世，歸葬金門，振威第由後裔居住。
5. 民國三十八年（1949 年）——古寧頭之役，共軍進犯北山振威第。
6. 民國三十九年（1950 年）——振威第圍牆倒塌。室內充為國民小學教室。
7. 民國四十七年（1958 年）——八二三砲戰，振威第遭到砲擊。
8. 民國六十年（1971 年）——振威第由駐軍使用，一度充為理髮室。
9. 民國七十七年（1988 年）——正廳右前廂房倒塌。
10. 民國七十九年（1990 年）——前廳右房外牆倒塌。

　　依據此表格之沿革事略，吾人初步推斷振威第為一座約有兩百年歷史之清代宅第。

第二節　建築格局與特色

一、建築平面與形式

振威第基本上是兩組可以獨立存在的合院所組成的，前面為四合院，包含門廳、兩廂（金門謂之櫸頭）及正堂。後面的三合院，包含後堂及兩廂。這種合院前後排列的模式可視為分佈於廣大的華南一帶村落佈局的一種縮影。合院住宅以格子狀的系統排列，據學者研究，被稱為「梳式佈局」，他不但是一種土地分割的產物，也是有效解決炎熱氣候的巧妙手段。當許多住宅單元成列地配置時，可收對流風之效。在金門的山后、西山前、水頭、瓊林等村落皆可見到規模宏大的梳式佈局佳例。

事實上，古寧頭南山及北山亦屬於這種梳式佈局之村落。只不過有時受制於地形，或發展時間較久，無法保持嚴謹的縱橫對齊關係而已，台灣漁村及澎湖亦可見「梳式」佈局之聚落。了解到這個傳統，也就可以知道振威地平面佈局之淵源。

當然，同屬於一個家族的住宅，如果要擴張，可以前後排列，也可以左右並置。左右並置之例在金門亦有多例，如湖下楊宅及歐厝的歐陽氏宅，除了兩座並列，也有三座橫向並置的。這兩種佈局之差異主要來自居住者的宗族關係。一般而言，左右並置多可能是同輩份的兄弟關係，而前後排列，除了兄弟關係之外，也可能屬於高低輩份之關係。以振威第來看，主人居前面一組四合院，家中老一輩的人可能住在後面一組三合院。

振威第面寬三開間，前後三進皆等寬。第一進門廳明間為入口，兩側次間為房。符合中國傳統三開間「一廳二房」及「光廳暗房」之規矩。入口凹進步口廊。即匠師術語中「凹壽」式。進入門廳後可見後屏，屏在平時封閉，只有「紅白事」時才開啟，即喜事或喪事才打開，方便花轎或壽木進出。平常則使用左右門扇，門廳在清代官家裡常用為停轎用。

門廳左右棟架下各闢一門可通左右房，房間又有朝中庭的門。這種房間在大戶人家中即為門房，供轎夫或僕役使用。

穿過門廳後屏即進入中庭，即天井。振威第之中庭呈扁寬形，即面寬大於進深。按一般金門及台灣之傳統，天井喜作扁寬形，如果天井太深，則在中間以圍牆再一分為二，成為前後天井，其目的無他，要始之成為扁寬形而已。振威第天井兩側為「櫸頭」，即廂房。「櫸頭」在一般金門居民中做為廚房或貯物室。振威第在清代被里民尊稱為「提督衙」，它只是官宅，並非衙門。因而左右櫸頭似乎不可能充為廚房，很可能為下人居所，或貯物室。櫸頭面向中庭只闢窗，與前後進之間留設小巷路間隔。

振威第之正堂三開間中，明間為堂，左右次間為房。與第一進不同的是，正堂中不留設直通房間的門。正堂之平面頗接近正方形，進深略大於面寬。前有六扇槅扇門窗，後有屏，屏左右闢門可通屏後之小廳。在未查證金門習慣名稱之前，暫用澎湖所用之後殿。後殿左右亦闢有門可通房間。一般而言，正堂左右房若進深很大，亦擁有前後門，以利進出。前可出中庭，後可出後庭，不必繞經較嚴肅的正堂。這兩間大房間，想必即為光顯將軍或其兄弟所居。

振威第正堂平面較特殊的是後牆中央闢一門，據當地老者云，此為古代具備官家資格者始可為之。事實上大清會典並未規定如此細微之處，不過據我們近年訪查台灣地區之古宅如新竹鄭用錫「進士第」，亦有在屏後闢中門之例，按新竹鄭氏先祖即來自金門，鄭崇和神位尚存於金門東溪之家廟裡。既有鄭進士第為佐證，前述說法頗值重視。

振威第第三進後堂為一座獨立的三合院，與正堂尚隔一小段距離，恰容納一門出入。後堂的平面簡單，亦屬「光廳暗房」格局，左右房自中堂進出。兩側的「櫸頭」亦小巧，左室作為廚房，現仍有灶。右側可能為貯物室或佣僕居所。另外，子孫巷有一門可通右翼之「突歸」。「突歸」為單開間小屋，平面呈狹長狀，以一座雙落水硬山頂與平頂覆之。

金門居民中的「突歸」是一種頗具地方特色的作法，台灣並不多見，不過新竹鄭進士第即為台灣罕見之附有「突歸」之例。「突歸」使得一座住宅之面寬形成偶數開間，即四開間或六開間。在中國建築史上亦屬少見形式。

我們認為「突歸」亦屬於金門居民之一種典型模式，在其他村落如山后王宅即瓊林蔡宅亦可見之。他使得一座對稱佈局的住宅有了變化，多出側庭或可在其上建小樓，豐富了生活之情趣。

至於振威第之「突歸」附有平頂，亦具有實用功能。金門居民中常故意將廂房作平頂，其構造係舖以密佈之桁木，其上舖木板及尺磚，澎湖亦見之，匠師術語謂「磚坪」或「磚平」。在古代為了醃製食物，或為了曬乾作物，「磚坪」提供了陽光充足之好處所。

振威第「突歸」之前，原有側院，院中目前仍保有一口井，深約十多尺，水質佳。原來圍牆從「突歸」側牆始，圍至門廳前埕，據附近老一輩鄰居回憶，前埕左右闢牆門，正前方有磚花窗。此種作法在金門甚為普遍。

其次，振威地在形式方面所呈現的，是一座樸實無華的磚、石木混合構造的金門傳統民居。從門廳至正堂至後堂，皆採用硬山是兩坡落水頂，屋面坡度有如宋營造法式所定之緩坡。因而當我們走近時，無法看到全部的屋瓦。而這時的視覺重點反而被簷口下的水車堵取而代之。

正立面也同樣顯得硬朗樸素，中門兩側只施簡單之「畫磚」，「對看垛」稍較講究，出現卍字不斷紋之磚牆。檻牆方面則有樸拙之「櫃台腳」及「地牛」（宋法式名為地栿）。

從側立面看，山牆高聳，自門廳經正堂至後堂，連結成昂揚有力的天際線，其中正堂最高，門廳次之，後堂最低，主從分明，亦呈現了一種靜中有動的造型精神。

二、尺寸分析

古代住屋的興建，在擇地、相地及方位選擇委由風水先生勘定外，即由建屋匠師掌握全局。依據風水師所勘定的金線來推算屋宇平面及高度尺寸。振威第建造過程應該大都遵循古代一般的原則，反映出閩粵地區的大傳統。但亦有某些部位別具特色，可歸屬為地方性的特殊手法。振威第大約建於清乾隆時期，迄今已近兩百年。由於年代久遠，無法得

知其興建匠師或其匠派，所幸宅第本身大致完好，亦未經過大規模的重建及修葺。因此吾人可藉由詳細的調查及測繪資料加以整理分析，從中探詢尋建屋之始，匠師所遵循的法則及其則特殊的作法。

提督衙坐東北朝西南，合羅經為「寓寅朝申」。按匠師傳統方位法則，一卦管三山，則提督衙衙坐「艮卦」。核對納甲法，納「丙」。屋宇高度依天父卦由「武曲」起尺，平面進深及面寬依地母卦，應由「文曲」起尺。再按九星排列可得出天父吉利尺數為 1、3、4、5、6、10、12、13、14、15、19、21 及 22 尺。地母吉利尺白為 3、5、6、7、8、12、14、15、16、17、21、23 及 24 尺。寸白的吉利寸數分別為 1、3、5 寸及皆 1、3、8 寸。以提督衙的現況核對之，門廳明間中脊高 13 尺 8 寸，寬 17 尺 2 寸，次間 8 尺 8 寸皆合吉利尺寸。正堂明間寬 17 尺 3 寸，合吉利尺寸。高 17 尺 2 寸，尺合寸不合。後堂明間寬 16 尺 2 寸，寸數亦不合。進深 16 尺 8 寸，高 13 尺 5 寸合。台灣地區傳統匠師大都認為廟宇的興建重尺白，民宅較重寸白。但在我們過去的調查中如北部淡水的李姓匠派在建造民居時亦重尺白。或許應將之歸類為某區域匠師自行約定成俗之原則。

天井的深度以「步」計，一步四尺半，奇數為佳。提督衙前天井共得三步，吉。門廳入口凹壽處以文公尺度量寬 3 尺 6 寸，合「義」字。其餘步口廊亦以文公尺測量，以正堂前、後廊為最寬，門廳次之，後堂前步口廊較小。核對其他尺寸，如明間中間高度，平面進深及面寬皆顯示正堂為全屋最尊貴之處，次為門廳，再次為後堂。唯獨地坪高度卻以後進為最高，依序向前降低，此乃基地呈斜坡之必然。

正立面寬十一公尺四一，背立面只十一公尺三十，呈後窄前寬之格局，較為特殊，其因不明。而屋頂舖瓦之瓦隴數各進不同，門廳 32 道，中堂 31 道，後進 28 道。中堂採奇數瓦隴使得分金線上為覆瓦，此為大多數匠師所極欲避免之作法。

至於門窗開口尺寸，門窗的尺寸以文公尺度量之，文公尺上共分「財、病、離、義、官、劫、害、本」八字，以合財、義、官、本等字為佳。

提督衙以正立面入口大門為最寬大。台澎地區部分民宅，使外牆上的門略小於屋中的的門，據說如此「有關無現」才能守住錢財。提督衙似乎並無此禁忌。外牆上開窗較少，只有門廳正立面左右次間各有一石櫺窗，寬 102 公分、高 134 公分，及前後三進左右山牆山尖處的長方形（44X68 公分）通氣窗。而門廳及正堂及通氣窗的位置並不位於山牆面的正中央，而皆向前偏 3 至 8 公分，十分特殊，吾人疑其可能隱藏著某種意義。

三、振威第之建築材料與構造特色

（一）第一進門廳

1. 台基及鋪面

振威第台基如同一般金門民居以較佳質地之花崗石作「石碖」。中庭鋪石板，亦在地盤線上鋪「丁碖」，對仗工整。第一進門廳步口「對看牆」下置石雕「櫃台腳」，正面次間檻牆之下亦置「地牛」（即宋法式之地栿）。

2. 柱珠及牆基

振威第門廳均使用附壁柱（即「封柱」或「平柱」），其柱珠均為「方珠」或「竹節珠」，方珠四角上半段收「桃灣」抹角。比較重要的特色為所有隔間牆之基腳皆墊一層石檻，其高度與門檻即柱珠齊，系統嚴謹，且有效地鞏固牆體，並具防潮作用。

3. 山牆及牆體

第一進左右山牆之構造採三段式，腰線以下之檻牆以花崗石作不規則之人字砌，石質不若正立面者佳，判斷應為金門當地所產者。中段為斗砌外粉白灰泥，鳥踏線作「一字平」，兩端不作「葫蘆屏」，形式一如金門傳統，頗簡潔。山尖部分為以優質之「顏只磚」作平砌。菸斑斜度錯落，形成自然而富變化之圖案。山牆前簷口高出後簷二皮磚乃前高後低之原則。

前廳步口「對看牆」與正立面檻牆同樣安嵌接近「泉州白」石，上

半段則作斜「卍字不斷堵」，角度約近六十度，富修長之美。牆頂出現木結構斗栱鑲嵌於壁內，直承明間挑簷桁。

另外，牆體角柱之構造亦分上下二段，以腰線磚為界。下段為條石，面朝前，側面接以人字砌。上段為「顏只磚」平砌，勾出凸線灰縫，作工頗精緻。

正立面明間上半段為白灰粉平畫磚線，次間為斗砌，邊框作標準交叉之「騎湖」，兼有強化結點及美觀之作用。

4. 門窗開口

振威第門廳之中門從外觀之，為常見的石條「門楣」與「門豎」所構成，但從內部視之卻頗特別，在門框之外緣尚有一層斜入之巨大石條。此種做法亦見於正堂之後門。

其次，在山牆內側亦可見「山尖」之通氣窗石框，門臼亦完整，可証當初應有小木門。

在屏門方面，門廳四片式後屏大都已失，只剩一片堆置於正廳房內。為一般標準式作法，已「頂」、「心」、「腰」及「裙」分段落。後屏上方「橫批窗」採「雙只折交」作法，呈現柿蒂及錢紋圖案。

5. 棟架

「棟架」及樑架，振威第為「小式」建築，大木作技巧較簡單。面寬三開間，只有明間出之以棟架，次間為「擱檁式」，結構簡潔有力，雖為近兩百年建物，然基本上完好。

前廳明間左右二路棟架對稱，使用「三柱二穿」式的五架穿斗棟架。但是前柱與正面入口牆重合，故事實上只有二柱，穿枋直接插入壁中。至於前步口「對看牆」上之斗栱構件，因其高度與室內「二穿」下之「員光板」齊，可能為同一根構件。

門廳棟架乍看頗單純，亦有其特點。由於前坡高而後坡低，故後坡的二、三架之間減去「束木」，此為變通之法。至於厚簷口之出挑斗栱，係自「一穿枋」伸出「關刀栱」而成。

棟架之中柱（即匠師所稱之「將軍柱」）直承「頭巾」與中脊桁，不過再「穿枋」之空檔裡填以「柱抱」，藉以鞏固棟架之剛性。棟架空

檔則以「編竹夾泥」補滿，據脫落之處觀之，壁中並非竹片，而是一種類似芋蓁桿的植物材料。

細部方面，瓜柱採「開鼻式」，不過鼻頭呈三角狀。瓜柱上出單栱，直承雞舌木（即江南的「機」）。雞舌下腹與栱身連成順暢之曲線，匠師熟練之技巧表露無疑。「束木」面向明間施以「修肥」，呈凸狀，不作「魚尾叉」，背面則平。

6. 斗栱

振威第屬小式作法，斗栱運用不多。門廳前後簷皆以簡單之「偷心造」斗栱支撐，後簷出挑約 125 公分，栱身修長，至今仍未下墜變形。棟架所用栱，有「關刀栱」及「葫蘆平」二式，而斗則悉為「方斗」帶「桃彎」式。

在門廳後屏門的左右二柱上的「柱頭斗」，作出「斗口」，但獨缺「斗串」或類似之木雕構件，疑為掉落遺失，或者為初建時工匠之疏忽?尚未可確定。

7. 屋頂及脊規

振威第第一進門廳為前後兩落水之硬山式屋頂，正脊為「一條龍」式，曲線和緩，只在兩端處略微翹起，，以燕尾終結。脊垛分三段，「垛仁」，內塗朱色，但未見泥塑或剪黏裝飾。「規帶」亦簡潔，不施脊飾。

屋頂坡度據實測得知約為「四分水」，即一尺升四寸，合現代的二十三度左右。同時亦有明顯的「上尊而宇卑」，近中脊處之坡度較陡，近簷口處較緩。

屋頂所鋪為板瓦，每片約疊七左右，瓦與「望磚」之間填以黃土，作出曲面。門廳之板瓦共鋪三十二隴，中央為凹槽。

8. 彩畫及雕刻

振威第由於曾遭到駐軍以白油漆塗刷過，木作部分未明是否有彩畫。不過門廳中脊桁下仍存紅方巾之油漆，應為原來太極八卦圖之「襯地包巾」無疑。

石雕方面，門廳正立面角柱下方之「櫃台腳」有卍字紋，「地牛」亦有卷草紋，皆「壓地隱起」法所雕。

泥塑方面以山牆的「鵝頭脊墜」及正面「水車堵」較可觀，門廳左右山牆上皆有荷葉、方鏡、懸魚及兩螭虎之脊墜，作工略帶拙趣。屋脊燕尾「印斗」之下，塞以泥塑桃子，亦具特色。水車堵泥塑很少，或掉落不存。不過正立面只有明間作「堰頭」，次間則將「水車堵」直接延長至兩端。

（二）第二進正堂

1. 台基、鋪面及牆基

振威第正堂台基及鋪面作法與門廳同一系統，前步口全鋪石板較罕見，正堂內地坪尺二紅磚斜鋪，屏後及左右房則為尺磚丁鋪。而所有的牆體基腳亦墊有石檻，作法紮實優良。

2. 山牆及牆體

正堂左右房可見山牆之內壁，均為紅磚平砌，但灰漿呈黃土色，應是一種土漿，石灰的部分較少，為清代金門居民常見的作法。它的外壁為「斗砌」及「顏只磚」平砌，兩層之間以間歇式之交丁砌結合。室內架木樑，不但可鋪木板形成夾層，且促成山牆與明間棟架成為一體之構造，加強穩定。

正堂山牆前簷口較後簷口約高出三皮磚，符合「前陽後陰」之原則。正堂後牆中央闢一門，牆體作法分上下二段，下段為不規則「人字砌」，磚腰線之上則為斗砌，外粉白灰。

3. 門窗開口

正堂明間原安槅扇門，楣上置橫批窗，使宅內與中庭之空間連為一氣。後屏現為一土牆，但視屏堵橫眉及木柱之作法，推斷原應為木板屏風。左右門已失，未知其原制，楣上橫披窗猶存，為「單只折交」式。屏後闢中門出後庭，可通後堂。後中門之作法與第一進中門相同，在門框之外尚有一層巨大石條。

正堂前步口左右「子孫巷」經側門可通屋外，右側門下設一貓孔。另外，正堂山牆山尖處亦闢通氣小石窗，石楣尚可見門臼，顯見原應有木門。值得注意的是這種山尖處的通氣石窗並不設於中脊正下方，而是

略向前移幾寸，相信應具有某種習俗或禁忌上之意義。

4. 棟架

振威第正堂棟架採用「四柱三川」式，為「十架」屋架，偶數屋架並非捲棚，其因為後坡拖長，直接嵌入後牆。故事實上只用三柱。中央「將軍柱」高達 515 公分，為全屋最高之柱。

正堂棟架在形式上雖屬一般標準作法，但仔細分析仍有幾點特色。前後柱與「將軍柱」之距離約略相等，並未明顯地調出前大後小之差別，易言之，後坡長是拉長屏風之後的桁距所造成的。另外，前步口出挑斗栱之上方不施「束木」，直接以挑樑承接桁木，作法較簡潔有力。

5. 斗栱

正堂前步口施二跳斗栱，承樑頭及挑簷桁。正栱為「關刀栱」，上皮作出栱眼。副栱則較簡單，下腹卷殺，上皮鑿出栱眼，係自柱身伸出之「丁頭栱」正栱則與「一穿枋」為同一構件。棟架上瓜柱之出栱亦與門廳相近，以單層栱直承雞舌及桁條。

6. 頂及脊規

振威第正堂亦為前後落水「硬山式」屋頂，正脊曲線和緩，兩端作燕尾脊，脊垛按明次間分為三段，未見有剪黏或交趾陶裝飾。屋頂全蓋板瓦，後坡之瓦隴為奇數只得三十一道，與第一進門廳不符，頗罕見。

正堂屋頂坡度經實際測量，前坡為「四分水」，即每尺升四寸，約合八十度。後坡較斜一些，得二十一度，在第二架桁時，開始增加「分水」，使有「上尊卑宇」之效。若比較宋代「營造法式」之作法，振威第屋頂之高與進深比為一比四，而宋法式定為一比四，兩者相同似乎也印證了閩南式建築承續宋風甚多。另外，正堂次間之中脊高度又比明間中脊高出約一尺，構成兩端起翹之基本條件。

7. 塑裝飾

振威第正堂左右山牆之「鵝頭脊墜」反較第一進門廳簡單，以泥塑作花瓣形，下置弧形垂巾。在子孫巷出口的側門門額上卻尚保留完整的泥塑卷書形裝飾，中有凹線之文字。

（三）正堂前左右櫸頭

在金門，居民及匠師皆稱左右廂房為「櫸頭」，如果單邊再有「護龍」，則特稱之為「突歸」，或「徒歸」。

振威第正堂前左右櫸頭皆不完整，右櫸頭於近年倒塌，屋架及瓦礫散落一地。其屋架為簡單的「一通三瓜柱」式，即在一支通樑上直接立三根小柱，柱間貫以「束木」拉繫。不過樑柱皆為方斷面再抹角，榫卯頭結點作工尚稱嚴謹兩座櫸頭之屋頂相同前端如龜殼狀搭在第一進門廳屋頂之上，後端則接於正堂屋簷之下，空隙處以磚牆填補，以防雨水。

（四）第三進後堂及後院

振威第後堂的用材及構造雖不如門廳及正堂講究，但也有一些特色值得提出。後堂為敞堂式，明間直接連通後院。後院亦舖石條，但中央略為凹下表示在正堂與後堂之間仍作出天井之意。天井的左右各闢側門，使居住於後堂的人可直接出入。

其次，後堂的屋頂屋架結構全為「擱檁式」左右兩「櫸頭」則採簡單的「一樑三瓜柱」，「束木」直平，起一點拉緊作用而已。正堂前出簷之斗栱是以樑頭出挑，下置一支「關刀栱」。左右房的入口從明間進出，正面闢窗，其形式頗罕見，有以磚及灰泥砌或之窗簷，初步推定並非原樣。

後堂之山牆亦為三段式作法，腰線以下為亂石砌，中段內為斗砌，外加粉刷。鳥踏呈水平狀，鳥踏以上則露出細緻的「顏只磚」平砌。「鵝頭脊墜」作成雲紋及扇面，小巧而貼切。

後牆之轉角柱為石條，腰磚線隨著角柱上升轉背立面後再降低，很明顯地特別凸出了角柱之重要性。左側及右側的角柱做法一樣，似乎互為犄角，在拱護著這座宅第。古代的匠師與懂得陽宅風水先生似乎取的一致的看法，振威第後堂這兩根角柱皆刻上「石敢當」三字。在金門乃至台灣、澎湖，實為罕見之例。

（五）突歸及側院

在金門的民居類型中，對於在三合院或四合院的右側或左側再建一間。形成四開間或六開間之格局，特稱之為「突歸」。（亦可寫成凸歸或陡歸，皆音譯也）。「突歸」的功能多用為貯物室，或休閒之小樓。比較典型的實例可見山后王氏十八座住宅群。

振威第後堂的右側亦建有「突歸」，其「突歸」之形態為一間硬山式小屋，前帶另一平頂小屋。據附近老者指出，原來有一圍牆沿著「突歸」伸出前埕。振威第「突歸」的材料之主屋為粗，壁體分二段式，腰線之下以花崗石作不規則的人字砌，上段則為磚塊斗砌，磚為大塊之「紅甓」。

在「突歸」之後牆又有一座泰山石敢當，其形制較特殊，值得細觀。石敢當有如碑形，上方浮雕一獅首，碑身直書「泰山石敢當」陰文五字。石條立於高約九十公分的石座之上，石座本身為幾片石板所構成，並出現類似搭榫之接法。這座石敢當的方向對準振威第背後的路口，也有當地人認為對準背後不遠的一座廟。無論如何，它的方向與振威第本身方位不完全一致。易言之，振威第後堂的角柱「石敢當」與這座獨立的「石敢當」所欲辟邪的來源不同。從「突歸」與這座石敢當交接處之構造看，「突歸」的年代要晚於石敢當。

最後，我們略論及側院。側院在振威第右側，據當地老一輩人士告知，在一九四九年之前原有圍牆，圍牆從「突歸」伸出，與振威第山牆平行，延長至前埕，再轉至左邊，接上第一進門廳之左側牆腳。側院目前尚有一口井，井口為整塊石所雕成，外框不甚工整，但井口為圓形。井內水質尚佳，附近鄰居皆取用之。我們可以知道，這口井在清代時，即為振威第側院內的自用井。

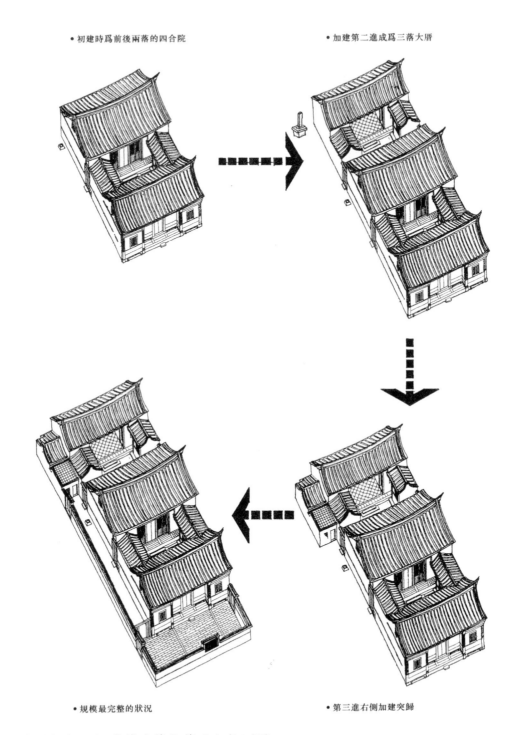

• 初建時爲前後兩落的四合院　　　　　　• 加建第二進成爲三落大厝

• 規模最完整的狀況　　　　　　　　　• 第三進右側加建突歸

金門提督衙振威第建築興築過程推測圖。

振威第前埕圍牆。

振威第門廳正面。

第十八章　新竹鄭進士第

第一節　歷史沿革

　　新竹鄭式家族為當地望族，在清乾隆年間從福建金門移民來台，居住在後壠。至鄭崇和一代才遷到竹塹，即今新竹。他擔任私塾老師，教育地方人士，頗受鄉人愛戴。崇和之子鄭用錫、鄭用鑑亦極傑出。用錫在嘉慶二十三年（1818）中舉人，在道光三年（1822）中進士。在台灣清代歷史上，以本地出身中進士者，以鄭用錫為始。所以被尊稱為開台進士。用錫督建竹塹城工程，後又募兵勇抵抗英艦入侵，屢獲官銜。當時漳、泉及客家之間常常發生械鬥，用錫著「勸和論」，用心良苦。用錫逝世於清咸豐八年（1858）。留有「北郭園全集」。用錫之弟用鑑，襄助兄長，貢獻地方，同治元年（1863）被舉為孝廉方正。鄭氏家族在清道光年間，由於族人屢獲功名，除了進士與舉人外，又有貢生、附貢生及庠生等，家業亦興盛，使鄭氏家族成為竹塹之鉅戶，與林占梅家族分庭抗禮。並大興土木，建築規模宏大之宅第與園林，因位於竹塹北門外，被稱為外公館，與內公館的西門內林家宅園並稱。

　　今天在新竹市北門街仍可見到一片鄭家的宅第，包括進士第、吉利、春官第及家廟等大體完整。但其園林北郭園在近代都市化變革中所存無幾。鄭氏宅第與家廟形成一組完整建築群，在台灣建築史上雖非特例，但具有多方面特色。本文就其建築特徵，試作幾個方面的探討。

第二節　建築佈局

　　鄭氏宅第位於竹塹城北門外，昔日北門大街為通往北郊以及台北一帶城鎮之陸路要津，因為地位重要，商業繁華。嚴格言之，鄭氏宅第群並非一個聚落，而是新竹市街的延伸。中國古代的城門口常常發展為一條大街，人車輻湊，店舖櫛比鄰次。例如北京城的前門大街、台南府城

的小北門外銃街或台北府城西門外的新起街。

　　鄭氏原籍漳州府漳浦縣，後遷至金門。金門的內洋東溪村至今仍以鄭姓為多，且村中保存一座鄭氏家廟。東溪村之佈局屬於金門及閩南一帶典型的「梳式佈局」聚落，即家廟居中，四周排列數十座大體上座向相同的住宅，形成一種格子狀的配置結果。在金門最嚴謹的例子為山后村的王氏宅第，共有十八座四合院宅第建在背山面海的山坡上，其家廟設在較高的後列，左右及前面則分佈著排列整齊並且同向的住宅。各宅之間留設縱向的防火巷，各宅本身前面則留設前院，院巷之間又設置許多隘門，使內外有別，有資防禦。東溪的鄭氏村落亦屬於相同的佈局，只不過空間較為鬆散，各座建築之間的距離較大而已。

　　在台灣及澎湖亦可見到相似的所謂「梳式佈局」，澎湖的村落如菓葉、二崁及白沙村等皆屬之。嘉南平原靠海的漁村亦有相似之佈局。梳式佈局不但能符合中國傳統封建社會的宗族倫常尊卑的空間秩序，就實質環境而言，亦具有背風向陽與通風排水之利。據學者研究，它能產生微氣候的優點，夏天能藉由對流作用產生穿巷風，冬天能產生避風與增加幅射熱之效果，即冬暖夏涼的自然調節優點。因此廣為華南的聚落所採用。

　　新竹鄭氏宅第群雖非典型的「梳式佈局」，但仍然屬於它的一種變體類型。亦即宅第數座並列，共同朝向，且有維繫族人向心力的家廟宗祠坐鎮其中。這種模式在台灣另有相同例子可作比較，即台北大龍峒的陳悅記宅群與台中霧峰林家宅第群。

　　新竹鄭氏宅第群的肇建，應始於鄭崇和時期，因為在崇和之前，鄭家尚未取得足夠的社會地位與財力。依文獻史料，鄭氏宅第群各座建築興建年代為：

1. 進士第　建於道光十八年（西元一八三八年）。
2. 春官第　年代未詳，可能早於進士第。
3. 吉利　年代未詳，可能早於進士第。
4. 鄭氏家廟　咸豐三年（西元一八五三年）建。

在鄭用錫尚未獲得進士銜之前，鄭氏族人已經在北門外水田街一帶

閣族而居。因此應先有幾座房舍，鄭用錫在道光三年（西元一八二三年）中進士之前，可能住在吉利或春官第建築，這兩座建築可能在進士第之前已存在，也可能在進士第完工之後再重修成後日所見形式。不論如何，它應是鄭崇和遷到竹塹城之後，鄭氏族人聚居之所。

分析這四座古建築的平面配置，有幾點值得注意：方位選擇皆為坐西朝東，但中間的吉利與春官第互相平行，南邊的進士第略偏一點角度，北邊的家廟所偏的角度更大，使防火巷呈現一個外寬內窄的夾角。這點說明這四座建築的建造年代不同，依傳統建屋習慣及風水因素，不同年代產生不同的吉祥方位。房子的分金線（中軸線）亦隨之改變。

其次，四座雖然並列，但門面並非齊頭式排列，中間的兩座大致平頭，但進士第向前凸出三公尺多，而家廟反而凹入五公尺多。依閩南及台灣傳統建屋習慣，凹入者為尊，鄭氏家廟的年代最後，但在佈局上卻居於尊者之地位，反而是進士第最凸出。

就各座的面寬而言，吉利與春官第皆為五開間，進士第為四開間，家廟為三開間。其中進士第採用的金門居民常見的三開間附帶一間「突歸」的模式。

家廟位居四座之左側，事實上符合中國古代「左祖右社」之規矩，家廟或宗廟應位於宅第之左，左尊而右卑的思想反映到建築佈局上。至於什麼原因使進士第位居最右，且門面最凸出？尚未見文獻或史料直接述及、但中國古代亦有「前朝後寢」之制度，即前面為處理公務之所，後面才是私密的臥房。鄭用錫在道光三年（西元一八二三年）中進士後，於道光七年（西元一八二七年）督建竹塹城工程，被授同知銜。後又補授禮部鑄印局員外郎。或者因擔任官職，常有達官貴人往來，進士第當時具備公務功能，頗接近「前朝後寢」之制。

一、建築平面特徵

這四座古建築的平面各不相同，分別反映了台灣古建築的幾種不同平面模式。現分述如下：

（一）吉利

面寬五間，前後共有三落。地一落採用三間步口廊，凹入三開間，有二支步口柱支撐屋簷。第二落廳堂背後開中門，可通第三落院子，此種作法在四座中為唯一例，與板橋林本源三落大宅一樣。從吉利的平面看起來，似乎初建時只有兩落，第三落為後增者。

（二）春官第

面寬五間，前後三落。第一落門廳入口採凹壽式。第二落正廳背後不闢中門，第三落廳堂背後才闢中門。在春官第與吉利之間的房舍缺乏系統可言，應是日後增補之物。

（三）進士第

面寬四間，左邊多出一間，這種形態在金門很平常。第一落入口採「雙凹壽」式，即凹入折角兩次，顯得較華麗，如台北林安泰古宅。第二落正廳背後闢中門可通後院。第三落近代遭改建，保存舊物較少。

（四）鄭氏家廟

面寬三間，前殿設步口廊，闢三川門。正殿面寬亦為三開間，兩殿之間以左右過水廊銜接。做側有一列護室，右側則無，僅為一狹長之防火巷。易言之，鄭氏家廟與進士第一樣採用不對稱之平面。

比較起來，吉利的面積最大，房間也較多，當年可能作為鄭崇和住所。春宮第面積次之，可能為鄭用錫家人住所。而進士第也可能是用錫住所，或為辦公之用。鄭氏家廟前院尚存四座旗桿座，為用錫中舉人及進士時所立，原先可能屹立在進士第之前，後來家廟於咸豐三年（西元一八五三年）落成後，旗桿才移置至家廟前，或許有光宗耀祖之意。

現在已經不容易查考清道光年間鄭氏家族成員的居住情形，主要的人物包括鄭崇和（西元一七五六到一八二七年）、鄭用錫（西元一七八八到一八五八年）及鄭用鑑（西元一七八九到一八六七年）等以及他們

的妻妾、子女、親族及佣僕如何使用這三座大宅第。不過，依傳統習俗及倫理關係判斷，鄭用錫應該使用進士第，他的房間應該是第二落正廳左邊的臥室。而進士第於道光十八年（西元一八三八年）落成時，鄭崇和已經不在人間，崇和可能使用吉利這座宅第，至於春官第，可能是鄭用錫尚未獲進士第功名之前的住所。

進士第的平面在三開間的左側又多出一間，這是閩南及金門常見的作法。它可使左邊的大房可得到較寬敞的空間，並且也有一個小的側院。

進士第的建築平面、材料與大木結構的風格與金門古建築相似，我們推測建造它的匠師，包括大木匠師、木雕匠及石匠等可能聘自泉州同安縣一帶。三座宅第與一座家廟並列一起，自成一個生活區域。它們面對北門外街，對面築有一排店面及北郭園，東北角有水田福地土治公廟，而且宅第前的旗桿高聳，可以想像的確非常壯觀。三座宅第的側門也可互通。易言之，外觀上四座建築各自獨立，但內部空間卻可串通，提供家居生活的方便性。同時，防火巷也可設隘門，如今在家廟與吉利之間尚可見一座隘門，遇有事時可以關閉，使四座建築聯結成一個封閉體，此為梳式佈局的防禦機能，也是我們分析這幾座建築的平面所不能忽視的。

第三節　建築特色

這四座建於清道光與咸豐年間的建築，基本上屬於閩南風格，從建築材料、構造、結構技術與裝飾藝術等幾個方面分析，都毫無疑問地屬於閩南式。福建山多，地形複雜，方言眾多，造就了一省之內擁有多樣的建築風格。閩南式建築之特色，表現在紅磚、大木棟架及屋脊造型等方面最為明顯，現以新竹鄭氏這四座建築分析：

（一）石材

進士第門面的石材多用新竹當地山區所產的黃色砂岩，同樣質地的石材也可見於北埔慈天宮、金廣福公館以及新竹東門。或可推測清道光

年間竹塹淡水廳城興築時期曾運用了一些新竹山區的石材。另外，吉利、春官第與家廟則用了不少福建所產的花崗石，其質地堅硬、色澤較白。南寮港與泉州船集往來便利，推測可能是經由船運而得者，或即為一般所謂之壓艙石。在進士第及吉利中庭地面所舖者為一種普石，色澤有青色及紅色兩種，皆福建進口之舖地石。

（二）磚材

這四座建築皆用紅磚，計有尺寸較大的「紅甓」及尺寸較小的「顏只磚」。進士第正面以「顏只磚」砌出八角形圖像，非常精緻。另外，家廟前殿步口廊牆有「磚刻」，進士第背面有「卍」字花樣之磚牆，亦具有藝術價值。吉利與春官第外牆本亦為紅磚斗砌牆，但近代毀損後以簡陋方式修補，不復見原貌也。

（三）大木結構

鄭用錫進士第的木結構非常優秀，吉利與春官第木結構較疏朗，雕花較簡潔。家廟的年代較晚，木結構反而不如進士第精緻。但這四座都呈現出泉州方面的木結構風格，其特色是屋頂坡度較緩，匠師的術語謂之「出三分水」，即每尺才升高三寸。屋坡平緩為泉州、廈門與金門一帶靠海建築為了防風之特點。其次棟架所用的「束木」呈現圓身月樑形，「瓜筒」採用尖長的木瓜形，通樑之下多用「員光板」，員光以巾狀曲形線條收邊為其明顯特色。進士第前廳用「二通三瓜式」棟架，正廳用十一架的「穿斗式」棟架。家廟三川殿亦用「二通三瓜式」棟架，但正殿用「三通五瓜式」，前步口用捲棚暗厝，這是常見於寺廟的作法。

（四）泥塑

這四座建築皆在正面牆上作「水車堵」，進世第的水車堵乃為清道光年初建原物，以泥塑出亭台樓閣與人物走獸之形為裝飾。吉利之簷下亦可見之。家廟的三川殿步口廊則為近年所補修之物。山牆鵝頭下的脊墜亦有一些泥塑裝飾，作螭虎銜磬牌，皆清代舊物，彌足珍惜。

（五）彩繪

進士第之樑柱以黑色為主，線條則安金，呈現黑底金邊的高雅對比。以黑色為主調，符合清代官宦宅第之規制，「禮記」所載「天子丹、諸侯黝，大夫蒼士黈」為先秦時期建築木作色彩制度，其中諸侯用黑色，士大夫用青色。但証諸清代台灣建築，台北林安泰古宅為黑色，林家只是地主及富商，並未獲正式功名。霧峰林家的林文欽曾獲舉人功名，林朝棟官至提督，其宅第使用黑色與青色。台北板橋林本源家，林平侯因屢捐輸，累官至柳州知府，林維源官至太僕寺正卿，門額題為「光祿第」，其樑柱以黑色為主。比較起來，新竹鄭進士第亦以黑色為主，在彩畫制度而言是一致的。黑色是否使室內幽暗？事實上在黑色的樑柱之外，尚有一些雕花板、斗栱與格扇門以安金裝飾，呈現出典雅高貴之感。家廟的色彩以朱色為主，台灣民間有所謂「紅宮黑祖厝」，意即廟宇為紅色，家廟為黑色。在台灣有許多家廟及宗祠是以黑色為主的，如新竹北埔姜氏家廟及台中張廖家廟。金門的瓊林蔡氏家廟亦以黑色為主，甚至金門的鄭氏家廟亦為黑色。比較起來，新竹鄭氏家廟的色彩似有僭越之嫌。不過如果正殿神龕內供奉神格高的帝后或諸侯等級的神明，家廟也可以將樑柱漆為朱色。鄭氏家廟的油漆彩繪在樑枋上繪以「包巾」，這是中國南方建築的特色。台灣近年的寺廟彩繪常混合了北方宮殿彩畫的技巧，鄭氏家廟雖然也在近年重畫，但仍然保持南方傳統。

（六）石雕

進士第門廳的石雕較為考究，代表著清道光年間新竹地區的石雕水準。中門左右兩側的石雕花窗，使用螭虎團爐圖案，單面見光鏤空雕刻。構圖疏密有致，線條柔美，在同類之石雕窗中，其尺寸最大。其次門柱下的石門枕，造型玲瓏可愛，簡潔中散發著樸拙之美，亦值重視。春官第與吉利的石雕較少，牆體下方的「石櫃台」與「地牛」比例美好，雕工嚴謹。家廟前的旗桿座為泉州白石所雕，雕刻不多，只有「剔地起突」的琴棋書畫或如意圖案，但皆呈現出樸拙之美。家廟三川殿「對看牆」

下的裙垛石雕，亦有同樣的藝術風格。宅的年代較遲於進士第，但風格相近，可能出自同一派匠師之手。

（七）木雕

進士第的木雕在這四座古建築中最精緻。主要表現在門廳正面的吊筒（垂花）、托木（雀替）、獅座與員光之上。它的吊筒有蓮花二式，托木為鰲，拱身雕螭虎，「看架斗栱」亦雕螭虎，雕紋明晰，為新竹地區所見最優秀傑作之一。進士第正廳的格扇門有六扇精美的木雕，底板為卍字不斷，正面為「博古詩句」浮雕，框以硬團枴子紋木雕。門扇中段的腰板（虎口垛）用螭虎圖案，充分展現出閩南式木雕重用螭虎之特色。家廟三川殿的步口廊員光亦用雙螭圖案，門扇則用八隻螭虎團成香爐圖案，皆屬於典型作法。

（八）磚雕

在台灣建築史上，磚刻盛行於清末咸豐、同治與光緒年間，彰化磺溪書院與板橋林家三落大厝皆保存著豐富的磚雕。磚雕如果先雕再進窯，燒出後容易變形，因此一般多採窯後雕，雕紋較犀利。鄭氏家廟三川殿「對看垛」的磚雕係以尺磚雕成，圖案為「花矸博古」，象徵如意平安。在旁邊的卍字不斷垛與進士第背牆的卍字不斷垛相似，係以色彩溫潤的「顏只磚」砌成，凹入的部分則填以灰泥，表面再上佛青色。

（九）附屬文物

進士第、春官第與吉利皆作為住宅使用，原來的家具如廳堂的供桌與太師椅大都已佚失，臥室內的眠床或洗面架亦不復見。家廟內的供桌及樑上所懸掛的牌匾具有較高的文物價值。供桌為翹頭案式，桌面兩端凸起，木雕採用硬團的螭虎圖案，造型優美。家廟內尚保存著許多匾額，如「恩元」、「明經」、「優魁」、「文魁」及「進士匾」，為當年鄭如松、鄭用鑑及鄭用錫等中功名時所立。另又有「滎陽世澤」、「崇祀鄉賢」及「鄭氏家廟」等匾額，有的為綠底金字或螺片地金字，皆是鄭氏家族功

名史之見証，彌足珍惜。至於家廟前得二對旗桿，由於木質旗桿已失，不知原壯如何，但如以台北大龍峒陳悅記老師府的石雕旗桿為例來看，應是上端有旗斗。可能有兩個旗斗。遇有節慶喜事時，才斜掛旗子。這種掛旗法可在木雕中見之。

新竹鄭進士第與家廟全區透視圖。

開台進士鄭用錫之「進士第」匾。

新竹鄭氏家廟。

第十九章 淡水街長多田榮吉故居

第一節 建築背景與其官階分析

一、臺灣日式住宅之發展背景與建築特色

1895 年臺灣被割讓給日本，迄二戰結束，臺灣成為日本的殖民地長達五十年之久，隨著日人移居臺灣，大量的日式住宅也出現在臺灣南北各地，包括山地、海邊及澎湖離島地區，一般也稱為「日本宿舍」。日本的行政官員被派來臺灣，他們由於具有公務人員身份，由官方為其建造宿舍，因而全島各地大量出現所謂「日本宿舍」，當然臺人受其影響也漸漸接受日式住宅，有些民宅也開始設日式「榻榻米」房間，屋瓦使用日式黑色「薰瓦」。

日本住宅多分布於經過「都市計畫」或「市區改正」地區，而臺灣傳統的老市街較少。在都市計畫之後，都市中的住宅區常有日式住宅群。以臺北市而言，艋舺與大稻埕為臺灣老市區，日式住宅較少，而中山北路、大安區或南門外一帶為 1910 年代之後才規畫出道路，因而出現成群的日本住宅。特別是在 1905 年之後，全島各主要都市展開都市計畫，地方行政機關、學校、生產機構逐漸增加，為提供公職人員之居住，日式住宅增加較迅速。

所謂「日本住宅」，其實上也經過漫長的演變，傳統的日本為一封建社會，其上流社會的宅邸與中下層庶民的住宅有明顯不同，至十九世紀也吸收西洋建築，融合後成為近代的日本住宅，我們在臺灣所看到，除了少數大宅如金瓜石太子賓館或臺北總督官邸內的日式住宅外，其餘大都屬於明治年間普遍出現的庶民住宅。它源自於江戶時期的中下層武士住宅。臺灣的日式住宅大部分可歸類於「殖民地官僚住宅」，主要的使用者包括各級政府的官員，生產機構的職員與學校裡的老師等。

日人治臺之後，為了有效統治臺灣，派遣大量日本官員入臺，為了適應臺灣炎熱的氣候與特殊地理條件，臺灣總督府制定法令、規定官舍

標準之等級大都依據特定的土地坪數與建物坪數興建。至日治後期，也出現所謂「營團會社」依據標準設計圖興建許多日式住宅。

1922 年臺灣總督府發佈「臺灣總督府官舍建築標準」，宿舍共分為八等級，每一等級依官職之高低有所不同，包括用地面積、建物面積與設施，但對於建材卻無明確嚴格限制。

高等官舍有四種：[1]

種類	建築坪數限制	基地坪數限制	官等配給
一	100 坪	6-7 倍	敕任官、稅關長官等。
二	55 坪	5.5 倍	高等官三等、總督府屬各官衙長及各課長州事務官、中等學校以上校長。
三	46 坪	4.5 倍	高等官四等以下、總督府層屬各官衙長各課長等。
四	33 坪	4 倍	高等官六等以下、稅關支署長、專賣支局長。

判任官舍有四種：

種類	建築坪數限制	基地坪數限制	官等配給
一	25 坪	4 倍	判任官二級俸以上州廳郡課長、支廳長等。
二	20 坪	3.5 倍	判任官五級俸以上郡課長與同等級官員。
三	15 坪	3.5 倍	判任官六級俸以下官員。
四	12 坪	3 倍	巡守、看守及同等待遇官等官員。

雖有上列這些建物坪數的規定，但基地可以較大，以便庭園綠地之設置。敕任高等官如臺灣總督、民政長官、帝國大學總長等，技師為三等高等官。文武判任官如州、廳、郡課長為一等判任官，各廳技手從一等至五等皆有，以我們從《臺灣建築會誌》所載資料來看：

屬高等官第一種有「臺北帝國大學總長官舍」（昭和四年），建坪

---

[1] 高等官舍、判任官舍，參考自《臺北市日式宿舍調查研究專案報告書》，頁 97。

100 坪。屬高等官第二種有「官房營繕官長宿舍」井手薰宅（昭和五年），建坪 55 坪。

　　至於 1930 年代後期，由於戰爭關係，資源漸缺、建材也縮緊，總督府乃設立「臺灣住宅營團特殊法人」設計及建造大量的廉價日式住宅供應一般庶民。1942 年臺灣住宅營團設立，並募集設計圖，1943 年展開建設。臺灣住宅營團的設計圖有甲、乙、丙、丁、特丁、丁、戊等 7 種，坪數皆不大，大者 25 坪建坪，小者才 10 坪而已。

　　日式住宅的空間及平面設計有其特色，可分為下列幾項：

（一）起屋空間

座敷—最主要的大空間，日常起居活動之所，即今天之客廳。
居間—家族聚會之所，即起居室。
食堂—近廚房，為用餐之所，也稱為茶間。
寢所—臥房。
子供所—幼兒房。
書齋—書房。
應接室—受到西方住宅影響，不作「榻榻米」，可置沙發。
女中室—女傭房。

（二）服務性空間

臺所—廚房。
風呂—浴室。
便所—廁所。
洗面所—洗臉。
押入—各房間之壁櫃。
物置—戶外之儲藏室。
納戶—倉庫
戶袋—掛在外牆，以收納門板。

（三）走道空間

玄關─主要出入口的脫鞋空間，多為水泥或石板地。

緣側─住屋與後院之間的廊道，多鋪木板。

廊─屋內之通道，多鋪以木板。

1920 年代之後五州三廳時期，臺北州轄七星、淡水、基隆、宜蘭、羅東、蘇澳、文山、海山、新莊等九郡，淡水郡下轄街役場或庄役場，包括淡水街、八里庄、三芝庄及石門庄，街役場的首長也被稱為「街長」，街長的官階應屬判任官的一等或二等，與州、廳、郡的課長或技手平行。如依二或三等判任官的郡課長宿舍標準，官舍可建築坪數應為 20 坪，基地面積乘以 3.5 倍，約在 70 坪上下。對照我們在淡水多田榮吉街長現場測量結果相異，多田榮吉故居土地約為 140 坪，建築面積約為 27.24 坪（不含後院之水泥樓房建築），基地為建築數的五倍，均較官舍之標準面積大。其次，我們從表 5 可知他在 1905 年即到淡水居住經商，遲至 1930 年才出任淡水街長，中間長達二十五年之久，所以這棟故居極有可能是是一座私人宅邸，而非日本官建宿舍，其住宅之坪數或可不受前述官舍等級大小之限。

二、日治中期臺灣的南北向小住宅

多田榮吉故居並非日治時期大量由官方所營建的宿舍，它是由屋主自行擇地建造而成。同時期臺灣有些建築家提出一個共同的課題，住宅是否應當反映臺灣本地風土的因素？是否應該不同於日本內地的住宅？日治中期的 1930 年代初，《臺灣建築會誌》第二輯第一號發表「臺灣建築會住宅設計圖案」競賽案發表得獎名次，《臺灣建築會誌》第二輯第三號定為「住宅號」，刊介八座住宅的圖樣與現場圖片，包括井手薰、大島金太郎、栗山郡一、白倉好夫、小原時雄、淺井新一、尾辻國吉與臺灣人林熊光住宅。

至 1943（昭和 18）年，在戰爭逐漸進入困難時期中，「臺北建友會」主辦「臺灣北南方向小住宅懸賞」，要求適合臺灣的社會與風土條件之

住宅設計，臺北建友會的會員主要為金融機關，包括高砂、臺北、南邦、錦町、兒玉町、新起町、大成、水道町、大和及千歲建築信用購買利用組合，這是類似今天信用合作社的銀行，提供低利貸款給需要房屋的人。

「臺灣北南方向小住宅懸賞」由著名的臺灣建築界頭人井手薫擔任審查委員長，當時有八十位參選設計建築家，提出三百多種圖案，其中最小坪數為 15 坪，其次為 18 至 20 坪，再增大為 24 坪。

為什麼選取「北南向」？因為亞熱帶的臺灣最適合與日照角度取得良好關係之方向，即為「北南向」。對於臺所、風呂、便所、押入、緣側、廊下等空間，井手薫也有一些建議，我們以多田榮吉故居為例來比較，發現便所設在最後端，這也是井手薫的文章所強調的位置。

第二節　建築平面分析

一、滬尾礮臺埔的建築特質

滬尾為臺北開埠較早的地方，早期荷蘭商人所繪地圖已經顯示淡水河口北岸分布著不少聚落，其中多為平埔族所居。漢人在荷商時期的人數可能較少，淡水的所謂五虎崗的地形，每條山崗在日後的發展各自皆形成本身的特色，例如第一崗為軍事礮臺，第二崗為洋人居留地，第三崗漢人較多，寺廟如媽祖廟（福佑宮）、觀音寺（龍山寺）及米市王爺宮（富美王爺）較集中。荷蘭人在第二崗建造紅毛城，它的地理位置最適合扼守港口，地勢較高，形成漢人所謂的「埔」，因此礮臺埔指的是有紅毛城的山丘，而這一片山丘也稱為「埔頂」。

1860 年天津條約之後，淡水、雞籠、安平及打狗四口開放通商，外人入臺漸多，其中淡水的「埔頂」成為洋人居留之地，雖然清廷並未正式割為租借地，但海外機關如海關，領事館、教堂、學校、洋樓、洋行及倉庫等多集中於埔頂。

現存建築如英國領事館，海關碼頭、牛津理學堂、傳教士宿舍牧師樓、姑娘樓、馬偕住宅、華雅各住宅及總稅務司官邸等皆在埔頂。另外

根據文獻史料，還有一些洋行分佈在埔頂山腳下臨淡水河岸一帶的烽火街，例如德記洋行、瑞記洋行、德記利士洋行及寶順洋行，皆分布在河岸，方便貿易事務。

可以說，清末咸豐十年（1860）至光緒二十年割臺之前，外商主要居留及活動地區為礮臺埔與山丘下方碼頭區狹長地帶，這一帶也被稱為「烽火街」。根據一些史料及現有建築作一些分析後，發現明顯的空間布局特色，即近碼頭區為倉庫、洋行及海關公共建物，埔頂第一排景觀最佳之處為領事館、宿舍、住宅；第二排為學校，如牛津堂、女學堂、婦學堂；第三排為墳墓，如淡江中學後面的馬偕家族墓及外僑墓園。

埔頂的建築及空間布局在 1895 年日治之後有了一點變化，從日本到臺灣之航線以基隆港較為便利，且基隆港的水深，得利於河道不易淤淺，因此淡水港不受重視，漸漸被基隆港所取代。淡水港的航線變少，使得淡水－香港、淡水－福州航線也漸少，雖然總督府當局曾經疏浚淡水港，在烽火街臨河岸一帶進行「海灘地埋立」，即是河岸填土工程，在所得到的新生地建設碼頭及公共建築，如港務局、郵便局、郡役所、警察局及消防組等。礮臺埔山丘上仍然以長老教會傳教士的學校、宿舍為主，日本當局也建立了淡水女子公學校（今文化國民小學）及公會堂（在二戰中被毀局部，1960 年代全拆）。

日治初期，原清代的公有地由日本政府接收，因而埔地及碼頭邊也開始出現日式宿舍，提供在淡水服務的日本官員住宿，主要分布地點在淡水女子公學校東側、碼頭邊郡役所及警察署附近，淡水郵局邊也有一些。至於多田榮吉故居的地點非常難得，比前述的一些日式宿舍更好，它位在埔頂山丘的半山腰，後（北）有山坡，前（南）為陡峭駁坎，基地居高臨下，可以俯瞰淡水河岸及觀音山優美的風景。多田榮吉故居與一般常見的日式宿舍不同，它似乎是依據基地特色所設計出來的住宅。在多田榮吉故居附近並沒有成排成列的日式住宅，或可據此推證它自始即是一座私人住宅。

二、日治時期日人在臺一般住宅空間使用概述

　　1895 年之後日本依據馬關條約統治臺灣，大量日本公務人員進入臺灣，也伴隨著不少日本商人入臺。初期由官方所建的宿舍多經整體規畫，有獨棟、雙併或四併、連棟等平面。高級的官員則多採獨門獨院布局，例如州府知事或工商專科大學校長等官邸。明治及大正時期的日本住宅常常受到西洋文化的影響，在日式木造住宅的一側另建洋房，稱為「和洋混合式」，例如大同大學林校長公館，另外臺灣總督府官邸亦是在洋式建物旁邊附建日式住宅。究竟「和」較多或「洋」較多？每個個案不同。為了探討在臺灣的日式住宅設計方向，臺灣建築界幾位重要人物曾舉辦設計研究會，刊在 1934 年《臺灣建築會誌》上。一般較考究的設計，包括車寄（門廊）、玄關（入口門廊）、廣間（入口大廳或梯間）、座敷（主要接待客廳，常作洋式，有洋式家具）、居間（臥房）、子供室（小孩房）、女中室（傭人房）、食堂（餐廳）、書齋（書房）、臺所（廚房）、風呂（浴室）、便所（廁所）及押入（儲藏）等。

　　依據官員身分及所需，每座官舍的平面及形式很少相同者，附設庭園最大者當推總督官邸（今臺北賓館），它的住宅入口朝南，但北側留設規模巨大的日式庭園。至於高級官員，如臺灣軍司令官邸（在臺北市南昌街）也有近百坪的庭園與綠地。

　　住宅的構造多以木造為主，但也有近代的水泥加強磚結構層或 RC 構造，由於日式住宅多有榻榻米房間，因而多採墊高床板作法，以防潮氣。外牆多用「雨淋板」，這種構造據研究，係傳自北美洲美國及加拿大木造建築；另外，牆體亦常用編竹夾泥作法，即「小舞壁」。室內隔間多用輕巧的糊紙木拉門扇（障子），天花板（天井板）多用極薄的木板，即打格子天花板。屋瓦在早期多用黑瓦（薰瓦），後期發展出水泥壓製的「文化瓦」。

三、多田榮吉故居的設計特色

　　淡水礮臺埔山腰的多田榮吉故居是一座充分反映基地特色的日式

住宅，它利用狹長的地形，北邊緊鄰山坡，南邊緊鄰駁坎，根據現場地形觀察，當時可能有挖方與填方的基地整備工程。在南北深度只有 15 公尺，東西寬度有 40 公尺的基地內設計一座住宅，首先解決的是入口、庭園、車寄、座敷、寢所、臺所、風呂即便所等空間的安排順序問題。從平面及配置特徵觀察，多田榮吉故居的平面順應狹長地形，以中央「廊下」貫穿全宅，將平面分為「北」與「南」兩區，而廊下的東端設置入口及玄關，西端設置便所及風呂（浴室）。平面利用非常機能化，將前緣側（應接間）朝向具有遠景的東南面，可遠眺淡水河與對岸的觀音山，值得注意的是西南角可遠眺淡水河口，又設計出有明亮落地窗扇（障子）的後緣側。

1. 北側—多配置不須景觀的服務空間如：茶ノ間、臺所（廚房）、風呂（浴室）。
2. 南側—多配置有良好景觀的主要空間如：前緣側、座敷（應接間）、次ノ間（主臥房）及後緣側。
3. 東南側—與前緣側呼應，設庭園。
4. 西北側－配合斜角地界線，將臺所、風呂、寢所、押入與便所多次轉折或鋸齒形平面。

屋頂高低也反映室內空間的主從居次，屋脊最高的是座敷（應接間）與茶ノ間（餐廳），至風呂及寢所屋脊降下來，而最後端的便所則降至最低。

多田榮吉故居的建物面積不大，室內房間也不多，反映當時多田氏的家人並不多，值得注意的是「前緣側」及「後緣側」深度及面積特別大，本來「緣側」是一種類似陽臺的空間，作為臥房與室外的過渡。多田榮吉故居的前、後緣側皆放置雙面落地木拉門（障子戶），它提供最好的視野，可遠眺觀音山及淡水河口。

在戶外綠地方面，西端現有二棵巨大蓮霧樹與樟樹，其樹幹直徑約有 50 公分，樹齡推斷應超過 80 年，應與建築年代相近。東端則為入口庭園，日本建築常將庭園設在屋後，但也有設在戶前之側，使訪客更易欣賞主人的庭園品味。多田榮吉故居庭園的水池已被填平，現場只露出

數十粒石頭，應是當年池畔之假山造景。日本近代常作所謂「心形」水池，以不規則形狀挖地，池畔疊以石山，高低參差變化，有時池中亦堆石山，並有石板橋連接，池畔常置石燈籠，富倒影之趣。

四、多田榮吉故居的通風、排水與採光

日式木造住宅重視通風，地板之下以布基礎墊高，為的是通風，使木地板乾燥。在 1910～1920 年代曾有研究指出，通風良好與否對住宅內部的使用者健康有明顯影響。我們分析淡水多田榮吉故居，也可發現其通風與採光之設計思考。

多田榮吉故居位於山坡，北面靠山，整地時以挖方約 2 公尺之坡嶺，坎壁以磚石疊成約 70 度之斜坡，磚石之上尚留約 60 公分實土壤才築牆，磚石之間留出空隙，以利後山土壤中的水份排出，在住宅的四周皆設「犬走」及「明溝」，承接屋簷滴下來的雨水，水溝從北向南排出，據現場看，原先在南側水溝銜接一條排往山坡下水溝，但後來可能為了風水因素，將排水溝改為西南方向。庭園水池可能也與水溝相連，但未經挖掘，尚未明。通風方面，布基礎四周皆留設方形通氣孔，南側留設五孔，其中「緣側」各留一孔，便所因水氣較多，獨自留一孔。東側入口左側留設一孔。因而地板下方的通風條件非常佳。

採光方面，建築物的坐向與方位事關日照角度，多田榮吉故居的方位，其長軸為東西向，短軸為南北向，經現場實測，其南北軸與正南北軸相差約 15 度～20 度。在亞熱帶的臺灣，這個角度提供設計者決定南邊出簷之長度。據實測，多田榮吉故居出簷為 53 公分～57 公分，它在夏天具有良好的遮陽作用，在冬天則提供較多的陽光。

淡水街長多田榮吉故居全區透視圖。

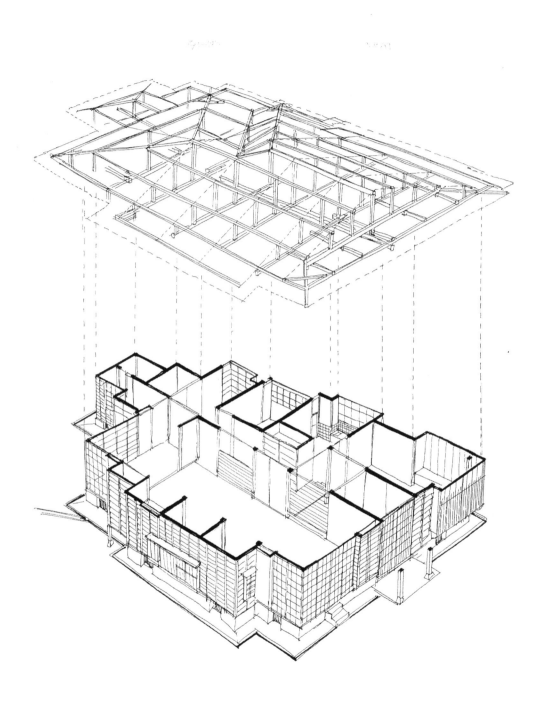

多田榮吉故居之小屋組與住宅之關係示意圖。

多田榮吉故居正立面，前有走道通往大門。

多田榮吉故居背立面。

多田榮吉故居室內空間，前方戶外即為庭園。

多田榮吉故居室內之床の間與床脇。

第二十章　樹林聖蹟亭

第一節　各地聖蹟亭形制之淺析

　　聖蹟亭的建築除了可以燃燒字紙的功能外，其外觀形式也具有象徵意義。我們從臺灣地區所見的幾十座實例，可以歸納出來一些通則。平面有四角、六角或八角，也有底層為四角形，上層轉為六角或八角。如果從龍潭聖蹟亭的對聯內容來看，不同形狀的組合反映《易經》「太極、兩儀、四象、八卦」的意義。

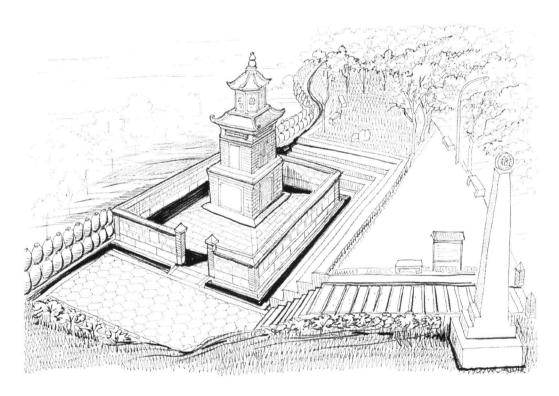

樹林聖蹟亭修復規劃透視圖。

　　除了平面形能之外，屋頂形式也頗富變化，臺北府城內登瀛書院舊照片中顯示其惜字亭用六角攢尖頂，桃園大溪齋明寺敬字亭用四面攢尖頂，寶頂作成葫蘆形。高雄瀰濃庄敬字亭則為盝頂（又名轎頂）式，有

　　優美之曲線脊與樹林潭底這座聖蹟亭較為相似。

　　比較罕見的是屏東佳冬與屏東枋寮石頭營的聖蹟亭，亭身為六角，但最上端卻轉成兩坡頂，在臺灣其他地區確屬罕見之作法。形式變化最豐富的乃是桃園龍潭聖蹟亭，下層為八角，中層為四角，頂層轉為六角。至於惜字亭與一般廟宇所設之金亭（金爐），有時很相像，但屋頂仍可見到一差別，惜字爐因並非每天都使用，所以煙囪不朝天，通常在頂層即橫向出口，可減少雨水流入爐內。總之，一座惜字爐從其爐身的聯對、橫額文句來判定較為可靠。

臺灣各地聖蹟亭分布一覽表

所在地	名稱	建築形式	材質	創建年代	西元
宜蘭市	仰山書院敬字亭	不存		嘉慶十七年	1812
宜蘭市	文昌宮敬字亭			清代	
臺北市	臺北城西門惜字亭	三層四面體歇山頂不存	磚石	光緒十年	1884
臺北市	臺北城登瀛書院	二層六面體轎頂不存	磚石	光緒六年	1880
臺北縣	板橋林本源園邸惜字亭	三層六面體	磚造	光緒十九年	1893
臺北縣	樹林潭底聖蹟亭	二層四面體轉八面體轎頂	磚造	同治十一年	1872
臺北縣	泰山明志書院敬文亭	三層六面體葫蘆頂	磚造	同治十三年	1874

桃園縣	蘆竹五福宮聖蹟亭	三層四面體攢尖頂	磚石	同治六年	1867
桃園縣	龍潭聖蹟亭	八面體轉四面體轉六面體攢尖頂	石構	創於光緒元年	1875
桃園縣	大溪蓮座山觀音寺敬聖亭	三層四面體歇山頂	磚、砂岩	約清同治五年	1866
桃園縣	大溪齋明寺敬字亭	三層四面體攢尖頂	砂岩	約清同治五年	1866
桃園縣	中壢新街聖蹟亭	三層六面體轉四面體轉六面體攢尖頂	內磚外洗石子	創於晚清，日治昭和年間重建	
苗栗縣	苗栗英才書院惜字亭	三層四面體轉圓柱體	內磚外洗石子	光緒十五年	1889
苗栗縣	竹南中港惜字亭	三層四面體攢尖頂	磚造與彩瓷	不詳	
彰化縣	員林興賢書院敬聖亭	三層四面體歇山頂	磚石	光緒十七年	1891
彰化縣	鹿港龍山寺聖蹟亭	三層四面體歇山頂	磚石	疑為咸豐年間	
彰化縣	和美道東書院惜字亭	三層四面體歇山頂	磚石構	光緒十二年	1886
南投縣	集集明新書院敬聖亭	三層四面體歇山頂	石構造	光緒八年	1882
南投縣	鹿谷鄉新寮村聖蹟亭	二層四面體歇山頂	砂岩	同治十年	1871
南投縣	竹山開漳聖王敬聖亭	二層四面體廡殿頂	砂岩	咸豐十一年	1861

南投縣	草屯登瀛書院聖蹟亭	三層四面體歇山頂	磚石構	道光二十七年	1847
南投縣	南投藍田書院惜字亭	三層四面體歇山頂	磚造	道光十一年	1831
雲林縣	西螺振文書院聖蹟亭	四層六面體攢尖頂	磚造	嘉慶二年	1797
臺南市	臺南府城大南門敬聖樓	不存		雍正四年	1726
臺南市	臺南市德化堂惜字亭	二層四面體攢尖頂	磚造	不詳	
高雄縣	鳳山鳳儀書院敬字亭	不存		嘉慶十九年	1814
高雄縣	瀰濃庄敬字亭	三層六面體轎頂	磚造	光緒二十二年修	1896
屏東縣	佳冬鄉蕭宅聖蹟亭	四層六面體轉四面體硬山頂	磚造	康熙年間	
屏東縣	枋寮鄉石頭營之聖蹟亭	三層六面體轉四面體硬山頂	磚構造	嘉慶至同治年間	
屏東縣	新埤東門惜字亭	三層六面體懸山頂	磚構造	不詳	
屏東縣	萬丹李宅惜字亭	三層六面體攢尖頂	磚構造	不詳	
屏東縣	竹田糶糴敬字亭	三層六面體攢尖頂	磚構造	不詳	
屏東縣	竹田西勢文筆亭	三層六面體攢尖頂	水泥造	不詳	

澎湖縣	文石書院惜字亭[1]	不存		清光緒年間	

第二節　樹林聖蹟亭之建築特色

　　聖蹟亭名稱雖曰「亭」，實際上建築形式為「爐」、「塔」與「樓閣」之結合物，故也有謂之「惜字爐」或「敬聖樓」。文獻上所載臺灣較早的聖蹟亭，如清初乾隆年的《重修福建臺灣府志》〈卷九·典禮（祠祀附）〉謂：

　　「敬聖樓」，在南門外，雍正四年，拔貢施世榜建，祭祀文昌帝君。

　　昭和二年（1927）武內貞義之《臺灣大觀》則稱「惜字塔」；另又有「敬字堂」或「敬字亭」之稱謂。它的建築多配置在書院內、衙署及廟宇旁，也有坐落在聚落市街或城門附近。板橋林本源園林及屏東萬丹李宅內則可見到少數於宅第內之案例。從實例分析得知，無論稱「亭」、「爐」或「樓」或「堂」，它的形式都接近一座小塔。

　　以中國陝西北部韓城縣黨家村所見，村落形成於明初，村中的惜字爐為青磚所砌，平面為正方形，共兩級，上部為疊澀式方錐形頂，造型略如山東歷城隋代的四門塔。另外，江西南部客家地區的土圍子也常見到惜字爐，其形式多為方形兩級，頂為攢尖式四坡頂，且有全石造者，年代多在清初所建。比較臺灣的惜字爐，似乎臺灣的造型傾向於華麗風格。特別是平面的變化，一座惜字爐同時有四角、六角及八角等平面。或者圓形與方形並用，屋頂則包括「硬山」、「歇山」、「攢尖」及「轎頂」等，造型變化較為豐富。

　　為何多用四角、六角與八角形？未見相關史料記載，可能係表現《易經》所謂之四象[2]、六氣[3]及八卦。桃園龍潭聖蹟亭本身即刻一個八卦圖

---

[1] 林豪 1963《臺灣文獻叢刊第一六四種澎湖廳志—第一冊》〈卷四·文事〉，p.111，臺北市：臺灣銀行。

[2] 四象泛指綜合了時間（春夏秋冬四季）與空間（以青龍、白虎、朱雀、玄武為代表的四方）之體系。

[3] 六氣由「三陽」風、暑、火及「三陰」燥、寒、濕共同組成。

案，且屋頂安「葫蘆頂」。一般爐口的方位也要由地理師勘定。

　　樹林聖蹟亭的形式在臺灣目前所存聖蹟亭中也屬於精美且具多項特色者，它有三層，下兩層平面為正方形，頂層為八角形。屋頂用轎頂式，即「盝頂」，屋面呈「S」形，寶頂為「葫蘆」形。它的排煙口不在葫蘆上，而設在頂層的八角中的四面，闢磚花窗排煙，外表以泥塑作成懸吊之牌狀物。最具特色之處為屋脊伸出八條螭虎，而中層的「盝頂」也出四隻張口吐草的螭虎，水車堵也使用螭虎圖案，可說是一座充滿了螭虎造型裝飾的聖蹟亭。

　　聖蹟亭使用多種尺寸的紅磚，其尺寸與部位如下表，其中層與下層表面磚砌使用「騎湖」框邊與下層泥塑四隅使用磚砌「撻角[4]」，作工細膩，亦是清代建築常見之磚砌作法。

項目	尺寸 L×W×H（CM）	置放部位
漏空花磚	14.3×14.3×3.5	頂層煙窗
顏只磚	20.8×10×3.7	中層與下層之轉角表面
尺磚	31.5×3 1.5×2.3	頂層八角與中層四角屋頂
紅磚	20.8×11.1×4.2	下層泥塑下的結構

第三節　樹林聖蹟亭之建築裝飾

　　在傳統建築中，常可見到各式各樣的建築裝飾，題材與技法多樣。這些建築的裝飾藝術所表現出的內容，多是日常生活所見之花卉植物、飛禽走獸，或是戲曲、神話傳說等，這些題材大致上可分為花鳥、人物、走獸、集瑞等四類裝飾題材。

　　位於樹林潭底公園內的聖蹟亭，與其他各地之聖蹟亭或惜字爐比較不同的是亭上紅磚與豐富之灰塑裝飾為其特色。但聖蹟亭從初建至今，經過長久的歲月，使得聖蹟亭上的灰塑裝飾風化、受損，雖是如此，現

---

[4] 李乾朗 2003 《臺灣古建築圖解事典》，p.79，臺北：遠流出版事業股份有限公司。「騎湖—磚砌法的一種，有如框邊。且將磚加工成為榫卯形，互相咬合，頗為精工，這種工法稱為『插騎湖』。撻角—八角形石窗或磚牆四隅的三角形部位，常飾以雕飾，宋《營造法式》稱為『角蟬』」。

今仍可看出在昔日匠師的細心施作下，細緻靈活的灰塑裝飾。

現就聖蹟亭上的灰塑裝飾由上至下，就其圖案與意涵，加以探討：

一、頂層

在聖蹟亭最上層的八角形屋頂上方為一葫蘆型的立體裝飾，葫蘆諧音「福祿」，為常見的裝飾題材，於一般寺廟的金爐或惜字亭上也可見到。在八角頂的屋脊尾端處為螭龍，螭龍又稱「螭虎」，為龍生九子之一，「螭」即指無角之龍[5]。

而在八角頂之下方，尚有與屋頂相呼應之八角形牆體，其中有四面嵌入花窗，以達到排煙之功效。花窗的下方做著簡單的流蘇裝飾，在中央的流蘇上方作有如意頭，「如意」因其外形與所具備的功用[6]，而被稱為「如意」，常被應用在各類事物上。[7]

其它的四面牆體，其中有兩面皆作薔薇花，薔薇花因每月皆可開花，四季不絕的緣故，又被稱為「月季花」、「長春花」，寓有四季之意。餘下的兩面牆體皆作「瓶供」，瓶供為民間常見的裝飾構圖，瓶供其一，壁體下方作回紋狀，但依其不對稱圖案，亦可能為文字，因曾修補過，目前無法辨識出。而上方的花瓶瓶身纏有彩帶，瓶中則插有孔雀羽及花卉等等。另一個則似做卷軸[8]於壁體下方，軸身纏彩帶，上方為供盤，其上放置數項物品與花卉，但形體模糊不清，難以辨認。

孔雀羽指的是孔雀的尾羽，據傳孔雀具有九大美德[9]，開屏時有祥瑞之兆，因此深得人們喜愛。在清官服裡，凡是帶上孔雀尾羽的皆是高位階的官員，寓意吉祥。另外，花卉因風化磨損的緣故，依外形推測可能為木蓮花，其實木蓮花即是一般俗稱的玉蘭花，又名「木筆花」，而

---

[5] 野崎誠近著，古亭書屋編譯 1991《中國吉祥圖案》，p.407，臺北：眾文圖書股份有限公司。

[6] 「如意」外形源自古時的搔癢器及文官上朝時所帶具備忘錄功能之笏板，且其功能皆是使人方便，後來因道教興盛，又出現以靈芝、祥雲等象徵「如意」之名與形的吉祥物，「如意」便更加廣泛應用於各式用品上。

[7] 見前註46，《中國吉祥圖案》，p.1。

[8] 在纏有彩帶的物品下方，留有長型的痕跡，且與上方相接，故推測為卷軸。

[9] 九德為一顏貌端正，二音聲清澈，三行步翔序，四知時而行，五飲食知節，六常念知足，七不分散，八不淫，九知反覆。

「筆」不但諧音「必」，更具備傳統風俗的意義[10]，有必定高中之意。卷軸屬四藝[11]之一的「畫」，有時也歸為雜寶，應用廣泛，是常見的題材之一。

二、中層亭身與水車堵

八角形牆體下接中層的四方形屋頂，四方頂的屋脊作「螭龍吐脊」，並在屋脊尾端捲一回紋。

四方頂下方作上下兩層水車堵[12]環繞亭身，其兩端皆有做灰塑垛頭。上層垛頭有兩種形式，一種是位於左右兩方的如意形垛頭，一種是位於前後兩方的螭龍形垛頭。左右之如意形垛頭樣式相似，但前後方的螭龍形垛頭則略有不同。前方的螭龍形垛頭將螭龍頭作成半立體式，而身體使用浮雕的手法表現；後方則多採用陰刻手法。至於下層則都作雲形垛頭。但值得注意的是後方的垛頭上有遺留佛青與色粉等色料的殘跡，可推測出，聖蹟亭之灰塑過去曾經上彩繪。

上層的水車堵中央則作各式的灰塑，可約略分成人物、雜寶與花鳥等題材。正立面的水車堵作人物題材，背立面飾以雜寶，但因風化磨損，保存情況不佳，難以辨認其典故緣由；左右兩面則作花鳥題材，一邊是作由梅花與喜雀搭配而成的「喜上眉（梅）梢」，另一邊則作金盞花。在亭身之間還有一圈灰塑裝飾。其左右兩端做雲紋垛頭，中央做一獅子，獅子為百獸之王，具有鎮邪辟凶之力[13]，為祥獸之一。

水車堵下方的亭身正面開一爐口，爐口上方作一簡單的扇形裝飾，而亭身後方牆體所作之灰塑裝飾，只能看出圖中花卉為菊花與四角有作如意裝飾，其餘部分因模糊不清，難以辨認。另外，左右亭身牆體之灰塑裝飾分別是做「竹鹿」與「梅雀」，其四角也有作如意裝飾。鹿音喻

---

[10] 傳統舊俗：即將參加考試的學子其親友常贈筆、米粽以預祝學子金榜題名，今亦同。
[11] 四藝為琴、棋、書、畫。
[12] 水車堵一又作水車堵。
[13] 據《正字通》：「獅，百獸之長，狀如虎而小，黃色；頭大尾長，……弭耳印鼻，聲吼如雷。牡者有髵髯，尾大如斗；怒則威在齒，喜則威再尾，每一吼，百獸辟易。」

「祿」，竹則為有德之君子[14]，諧音可讀為「祝」，因此有祝多祿之意；喜雀自古以來常被人認為是能帶來好事的報喜鳥，而梅可諧音「眉」，故有「喜上眉梢」之意。

三、下層基座

下層基座的四面也皆有作灰塑裝飾，正前方的裝飾損壞甚多，但仍可見到中央豐富水果放置於三腳的圓供盤上，水果由佛手、壽桃、鳳梨與石榴等所組成。佛手的「佛」諧音「福」，壽桃代表「長壽」，鳳梨臺語「旺梨」諧音旺，象徵運勢旺盛，均具有吉祥意義。

而左右兩側的灰塑裝飾分別為「燻煙繚繞的香爐」與「四季平安」，「香爐」的「爐」諧音「祿」，而「四季平安」則是因為月季花（薔薇花）插於花瓶中，花瓶的「瓶」音同平安的「平」，而月季花可表「四季」，故有此喻意。

基座的後方則是設「風口」，所以此處的裝飾較為簡潔，僅在「風口」邊緣的兩耳做如意造型。

---

[14]「竹」的特性是夏不畏酷暑，冬不屈霜雪，生不避貧壤，因此自古被人認是堅貞高節的象徵，受文人墨士所喜愛，不但被列為歲寒三友之一，同時也為梅蘭竹菊四君子之一。

中國江南土圍子惜字爐。

中國陝西黨家村惜字爐。

南投竹山聖蹟亭。

南投鹿谷聖蹟亭。

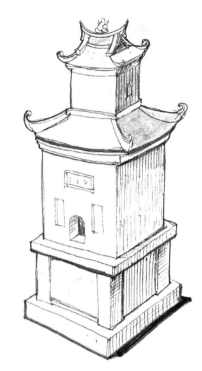

彰化員林興賢書院敬聖亭。

桃園蘆竹五福宮惜字亭。

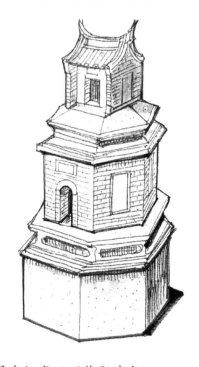

屏東枋寮石頭營聖蹟亭。

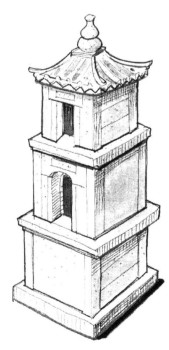

大溪齋明寺惜字亭。

大溪齋明寺惜字亭。 屏東佳冬聖蹟亭。

樹林聖蹟亭。

第二十一章
宜蘭傳統藝術中心之文昌祠

第一節　緣起

　　時代與社會日新月異改變，台灣傳統農業社會時期的民俗技藝、戲曲、手工藝與建築技藝等逐漸凋零，老師傅後繼無人，而年輕人對傳統文化陌生，失去了學習的機會，這無疑是我們國家社會的損失。民國91年，行政院核定成立國立傳統藝術文化中心，即是傳習與推廣工作，維護傳統民藝的傳承，並進而對當代的藝術創造具有啟迪作用。

　　傳藝中心園區佔地二十四公頃，其中傳統藝術傳習，傳統戲曲展演及傳統工藝推廣等區是主要重點，遊客來此不但可以欣賞傳統民俗技藝，也可以體會到傳統的古街與寺廟空間。

　　文昌帝君的信仰源自於中國古代對星宿的崇拜，古人稱「斗魁六星」為文昌，又名「文曲星」或「文星」。另外，古代的文人也崇拜「奎星」，也稱為「魁星」。中國各地常可見「魁星閣」，台南孔廟內即保存著一座魁星閣。至於文昌祠更為普遍，現在台灣尚有多座文昌祠。文昌祠有許多別稱，例如「梓潼廟」、「七曲山大廟」、「文昌靈應寺」及「文昌宮」等。傳說唐玄宗曾作夢得到應驗，故稱靈應祠，梓潼是個四川的地名，宋朝之後，才普遍改稱為文昌祠，道教特別尊崇文昌帝君，認為其為主宰功名與祿位之神。至元朝又被封為「輔元開化文昌司祿宏仁帝君」，今天在台灣，我們可以看到「文昌帝君」或「梓潼帝君」，其實為同一神明。

　　傳藝中心內百藝雜陳，百匠競技，古代每一種行業都有其守護神明，所以一座文昌祠可以配祀魯班、荷葉先師或田都元帥等神明。清代台灣較顯著的文昌祠例如新莊文昌祠、苗栗文昌祠、台中文昌祠及大甲文昌祠等。古時無論是台灣或中國大陸的村莊與城市，為了振興文運、祈求功名，文昌祠極為普遍。另外如魁星閣、風水寶塔也可與文昌祠並

存，成為古時城鎮的地景特色。

　　傳藝中心內的文昌祠，規模屬於中型，但正殿、中庭、前殿、廟埕與戲台各組建築皆備，形制完整。建築材料與施工皆具特色，它同時也構成了民藝大街中段的一個高潮點，人們逛民藝大街，將不期而遇到這座深具文化內涵的文昌祠。

第二節　傳藝中心文昌祠的建築格局

　　眾所周知，台灣傳統的市街或聚落，常以彎曲的街道與寺廟、家祠、市場與店鋪住宅所構成。傳藝中心的仿古市街，在民藝街坊與傳統小吃坊之間設置一處廣場，廣場的一端興建文昌祠，另一端則建造戲台，這是很典型的台灣傳統城市空間佈局。人們經過市街時，可以順道經過廟口，甚至可以停下來觀賞一齣戲曲。

　　文昌祠與廟埕廣場中央的戲台遙遙相對，符合台灣傳統習俗「演戲酬神」的制度。台灣古代的寺廟並非每一座都設固定戲台，大部分皆採臨時搭戲棚的方式。有的戲台也可設在廟內，如鹿港龍山寺與淡水福佑宮。宜蘭為戲曲發達的地區，廟口設戲台較普通，如原來宜蘭的昭應宮，礁溪協天廟皆有精緻壯麗的木造戲台，可惜近代被拆除了。傳藝中心這座戲台可以喚起人們對古戲台的記憶。

　　傳藝文昌祠主神供奉文昌帝君，坐東北，朝西南。廟內配祀工藝與戲劇等不同行業的守護神祇，採用兩殿兩廊式格局，面積約為六十七點七坪，屬於一座中型的廟宇。

　　台灣中型寺廟的特色為「兩殿兩廊式」，包括前殿（三川殿）與正殿（大殿）以及左右走廊。文昌祠的前殿面寬三間，進深用四柱，亦有三間。門及排樓裝在第二排柱子，因此前步口在門外。

　　正殿面寬亦為三開間，近深為四間，用了五排柱子。正面不裝設隔扇，屬於一種「敞廳」作法。從前殿可以直接看到正殿內部的神龕。左右走廊較短，各只有一間。中庭的平面呈扁長方形。正殿石砌之前設有斜坡的御路。

　　從外觀看，文昌祠沒有左右護室，因此高大的山牆直接露在外面，形式頗為雄偉。

第三節　傳藝文昌祠的建築特色

　　前殿闢有三個門，台灣將這種前殿稱為三川殿，意即三個門穿越之意。文昌帝君的神格高，所以可用三門之制。它的屋頂使用起翹的燕尾脊，脊上飾以泥塑，剪黏與交趾陶。色彩繽紛，非常華麗。

　　三川殿的棟架由「步口廊」與「架內」兩個部分所組成。步口廊即大門前面的廊道，屋簷下懸吊四個木雕花籃。中門左右設置「螺鼓」，又稱為「抱鼓石」，它具有加固門柱與裝飾雙重作用。中門左右的木雕「螭虎窗」由六隻夔龍所組成爐形圖案，這是最典型的台灣寺廟門窗雕刻主題。「架內」指跨入內檻之後的室內空間，棟架採用「二通三瓜」，即有二根通樑，用三個瓜筒。通樑下的「員光板」木雕精緻，為所謂「內枝外葉」雕法，層次分明，頗值欣賞。

　　戲台位於文昌祠廟埕正前方，面積約為八點七坪，屋頂為「單簷歇山式」，台灣俗稱為「四垂頂」，即四面皆有斜坡以便導水。它的台座為石材，台座上樹立八根木柱，棟架採用「三通五瓜」式。戲台背面有一座雕花「太師屏」，左右則為「出將」與「入相」門，演員在戲台上要遵循出入方向的規矩。

　　太師屏正面雕「天官賜福」主題，背面雕「雙鶴朝日」並有松、竹、牡丹花襯托，雕工巧奪天工。

　　正殿的棟架分為「捲棚軒」與「架內」兩個部分組成，捲棚軒也可以稱為拜亭，即祭拜者站立的位置。它的棟架上以精雕細琢的獅座與麒麟作為斗座承受斗拱及桁木的重量，兼有結構與裝飾之美。「架內」採用「三通五瓜」式，即有三根通樑與五個瓜筒，「大通樑」與「四點金柱」交點的「鰲魚」岔角雕刻極為精細，值得欣賞。

傳藝中心內的文昌祠。

文昌祠側立面。

文昌祠前有設一座戲臺。

國家圖書館出版品預行編目資料

李乾朗臺灣史研究名家論集（二編）/李乾朗　著者. -- 初版. –
臺北市：蘭臺, 2018.06
面；　公分. -- (臺灣史研究名家論集；2)
ISBN　978-986-5633-70-7　（全套：精裝）

1.臺灣研究　2.臺灣史　3.文集
733.09　　　　　　　　　　　　　　　　107002074

臺灣史研究名家論集 2

李乾朗臺灣史研究名家論集（二編）

著　　者：李乾朗
主　　編：卓克華
編　　輯：高雅婷、沈彥伶、塗語嫻
封面設計：塗宇樵
出 版 者：蘭臺出版社
發　　行：蘭臺出版社
地　　址：台北市中正區重慶南路 1 段 121 號 8 樓之 14
電　　話：(02)2331-1675 或(02)2331-1691
傳　　真：(02)2382-6225
E—MAIL：books5w@gmail.com 或 books5w@yahoo.com.tw
網路書店：http://bookstv.com.tw/、http://store.pchome.com.tw/yesbooks/、
　　　　　博客來網路書店、博客思網路書店、三民書局

總 經 銷：聯合發行股份有限公司

電　　話：(02) 2917-8022　　　　傳　真：(02) 2915-7212
劃撥戶名：蘭臺出版社　帳號：18995335
香港代理：香港聯合零售有限公司
地　　址：香港新界大蒲汀麗路 36 號中華商務印刷大樓
　　　　　C&C Building, 36,Ting, Lai, Road, Tai,Po, New,Territories
電　　話：(852) 2150-2100　　　傳真：(852) 2356-0735
經　　銷：廈門外圖集團有限公司
地　　址：廈門市湖里區悅華路 8 號 4 樓
電　　話：86-592-2230177　　　　傳　真：86-592-5365089
出版日期：2018 年 6 月初版
定　　價：新臺幣 30000 元整（套書，不零售）
ISBN：978-986-5633-70-7

版權所有 • 翻印必究

《臺灣史研究名家論集》

（共十四冊）卓克華總編，汪毅夫等人著作

王志宇、汪毅夫、卓克華、周宗賢、林仁川、林國平、韋煙灶、
徐亞湘、陳支平、陳哲三、陳進傳、鄭喜夫、鄧孔昭、戴文鋒

ISBN：978-986-5633-47-9

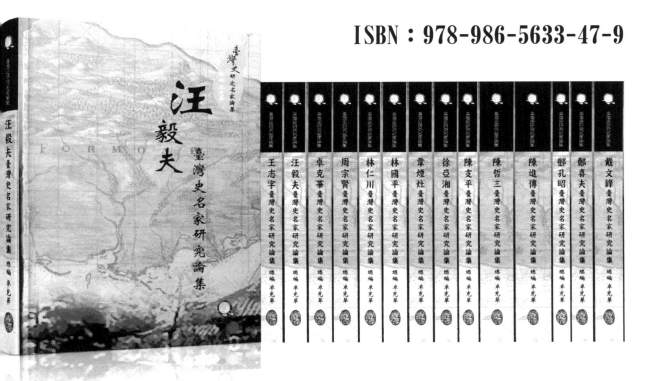

這套叢書是兩岸研究台灣史的必備文獻，解決兩岸問題也可以從中找到契機！

　　這套叢書是十四位兩岸台灣史的權威歷史名家的著述精華，精采可期，將是臺灣史研究的一座豐功碑及里程碑，可以藏諸名山，垂範後世，開啓門徑，臺灣史的未來新方向即孕育在這套叢書中。展視書稿，披卷流連，略綴數語以說明叢刊的成書經過，及對臺灣史的一些想法，期待與焦慮。

9 789865 633479　28000

臺灣史料研究叢書(套書)定價：28000元

《臺灣史研究名家論集》 共十四冊

陳支平——總序

　　臺灣史研究的興盛，主要是從二十世紀八十年代開始的。臺灣史研究的興起與興盛，一開始便與政治有著密切的聯繫。從大陸方面講，「文化大革命」的結束與「改革開放」政策的實行，使得大陸各界，當然包括政界和學界，把較多的注意力放置在臺灣問題之上。而從臺灣方面講，隨著「本土意識」的增強，以及之後的「臺獨」運動的推進，學界也把較多的精力轉移到對於臺灣歷史文化及其現狀的研究之上。經過二三十年的摸索與磨練，臺灣歷史文化的學術研究，逐漸蔚為大觀，成果喜人。以大陸的習慣性語言來定位，臺灣史研究，可以稱之為「臺灣史研究學科」了。未完待續……

汪毅夫——簡介

1950年3月生，臺灣省臺南市人。曾任福建社會科學院研究員，現任中華全國臺灣同胞聯誼會會長，福建師範大學社會歷史學院兼職教授、博士生導師，享受國務院特殊津貼專家。撰有學術著作《中國文化與閩臺社會》、《閩臺區域社會研究》、《閩臺緣與閩南風》、《閩臺地方史研究》、《閩臺地方史論稿》、《閩臺婦女史研究》等15種，200餘萬字。曾獲福建省社會科學優秀成果獎7項。

汪毅夫名家論集—目次

100 台北市中正區重慶南路1段121號8樓之14
TEL：（8862）2331 1675 FAX：（8862）2382 6225
E-mail：books5w@gmail.co
網址：http://bookstv.com.tw